泰和泰律師事務所 TAHOTA LAW FIRM | 二十周年庆文丛

A PRACTICAL GUIDE TO CAPITAL MARKETS

资本市场实务指引

泰和泰资本市场法律中心◎编

法律出版社 LAW PRESS · CHINA

《资本市场实务指引》

编审委员会

总　序

2000年，泰和泰律师事务所（以下简称泰和泰）创立。20载岁月峥嵘，泰和泰布局全国，展业全球，演绎出区域崛起突围的传奇故事。2020年，泰和泰创立20周年，时节如流，我们回眸20年，著书立言，凝练思想、沉淀方略，探索理论、互融经验，实践的艰苦磨砺与思想的精彩绽放，泰和泰期翼以“卓越、专业、远见、合作”的精神赢得未来。

改革开放42年，泰和泰半程陪伴，倍感荣光。“法者，治之端也。”全面推进依法治国、努力建设法治中国，泰和泰全体同仁将秉持法治理念、坚守法治理想，培养专业人才、打造专业精神，风雨兼程，与国家同向，与时代同行。

深耕专业20年，泰和泰持续发力，深为自豪。“功以才成，业由才广。”泰和泰始终坚信品质提升和专业培养是落实发展规划的基石，不断升级人才培养战略，积极融入“一带一路”倡议大格局，致力于打造更加完善的全球法律服务网络体系。

过去20年，泰和泰以专业突破赢得了现在；未来，泰和泰以专业传承继往开来。20周年庆文丛的出版，是泰和泰人的经验总结、理性思考和执业探索，是泰和泰以专业虚心谋求行业互鉴的品格呈现，更是泰和泰建设百年律所进程中文化积淀的重要里程碑。

有字谜云：春夜喜雨。谜底为“泰”。好雨知时节，20华诞，泰风正劲、和帆正稳，泰和泰正全力构建全新云端知识管理体系，正强力布设以法律服务为引领的国际化、高端化、文化密集型服务产业生态集群，融于时代之变。

理查德·萨斯坎德写道："法律机构和律师们正站在十字路口，20 年之内将会遭遇剧烈变革，其变化程度将超过过去两个世纪的总和。"值此文丛付梓之时，2020 年疫情仍在全球蔓延，世界经济格局和法律服务行业发展趋势已受到颠覆性影响，危机与机遇并存，戢鳞潜翼，思属风云，泰和泰已然提前布局，进行深度思考。

我们深知："志之所趋，无远弗届。志之所向，无坚不入。"泰和泰，志愈坚，行愈远，将在巨变中迎接未来。

泰和泰律师事务所

二〇二〇年五月

序　言

资本市场作为现代金融市场的重要组成部分，一直被视为经济的晴雨表。近年来，随着资本市场的全面深化改革，围绕多层次资本市场建设的进一步推进和发展，国家各部门相继出台了多项深改政策，以市场化、开放化和法治化为主要方向，推动全面深化改革的总目标。

2019年3月，科创版诞生，首推注册制试行，科创版对机制和规则的调整揭开中国资本市场的另一个时代。时隔一年，2020年3月1日起正式实施的《证券法》进一步完善了资本市场的基本制度，从证券发行、证券上市、证券交易、投资和保护、市场监管等各个方面，为打造开放、规范、透明、有活力、有韧性的资本市场提供了坚实的法治保障。至此，中国资本市场迎来了最深远的一次改革。

本书系泰和泰资本市场法律服务中心结合资本市场最新的政策法规，围绕企业上市、上市公司再融资、上市公司并购重组、上市公司合规运作及私募投资基金参与资本市场等方面，结合多层次资本市场的重要组成部分——全国中小企业股份转让系统，对所涉法律法规进行解读，并以多个案例作为切入，对资本市场的合规运作问题展开研究和论证。

本书分为三个部分，“资本市场政策解读”、“资本市场合规运作与实务”及“私募基金与其他问题”。其中，“资本市场政策解读”包括了对科创版制度、上市公司并购重组、新证券法以及2020年新型冠状病毒肺炎疫情期间“再融资新规”及抗疫政策的系列解读；“资本市场合规运作与实务”则以多个案例为基础、分析论证了资本市场的相关合规问题，囊括了上市公司现场检查、股东大会、股东及董监高减持股份等规范运作的相关事宜，并对在港上市的内地公司在2020年新型冠状病毒肺炎疫情期间的合规建议；最后，“私募基金与其他问题”涵盖了政府引导基金的相关操作实务、新型冠状病毒肺炎疫情期间私募基金投资协议核心条款的履约管理、新三板挂牌股权代持及跨境电商企业新三板挂牌反馈要点等方面的丰富研究成果。

本书旨在为拟上市企业、上市公司、上市公司股东及投资人等资本市场重要参与方提供政策解读、实务及合规指引，编者均为长期从事境内外资本市场的专业律师，具有资深的专业能力和丰富的执业经验，擅长为资本市场重要参与方提供综合、全面、优质及专业的法律服务。

由于资本市场深化改革仍在进一步推进中，政策法规亦处于不断更新阶段，本书仅以截至2020年2月的相关法律法规及政策文件为基础，后续泰和泰资本市场法律服务中心亦将持续关注并适时更新实务合规操作。

本书虽经编者反复校对编辑，但难免有纰漏或不当之处，还望得到广大读者的批评和指正，以期后续更正完善。

目 录

资本市场政策解读

资本市场合规运作与实务

私募基金与其他问题

资

资本市场政策解读

"再融资新规"的市场影响及风险提示

刘姝肖

2020年伊始，持续近1个月的新型冠状病毒肺炎疫情（以下简称为"疫情"）给宏观经济增长造成不小的影响。如图1所示，2020年2月14日晚间，中国证券监督管理委员会（以下简称"证监会"）发布了修改后的《上市公司证券发行管理办法》《创业板上市公司证券发行管理暂行办法》和《上市公司非公开发行股票实施细则》，至此正式的再融资新规终于落地。（上述所提及文件以下统一简称为"再融资新规"或"新规"）此次修改显著放宽了对主板（中小板）、创业板上市公司定向增发股票的监管要求，具体包括对认购者限售期、定向发行对象人数、最高发行折价、定价基准日认定等方面的放松。

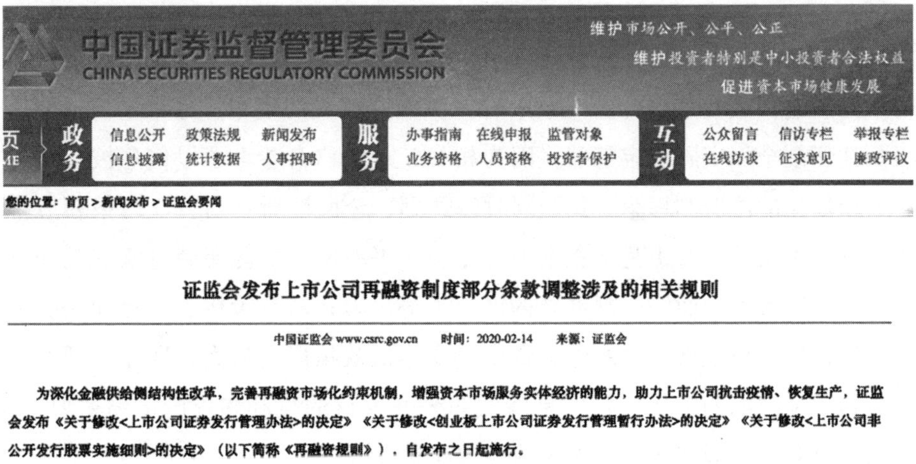

证监会发布上市公司再融资制度部分条款调整涉及的相关规则

中国证监会 www.csrc.gov.cn 时间：2020-02-14 来源：证监会

为深化金融供给侧结构性改革，完善再融资市场化约束机制，增强资本市场服务实体经济的能力，助力上市公司抗击疫情、恢复生产，证监会发布《关于修改<上市公司证券发行管理办法>的决定》《关于修改<创业板上市公司证券发行管理暂行办法>的决定》《关于修改<上市公司非公开发行股票实施细则>的决定》（以下简称《再融资规则》），自发布之日起施行。

图1

其实，此次政策的意见征求稿早在2019年11月8日就已发布。相较于征求意见稿，本次证监会还同步对《发行监管问答——关于引导规范上市公司融资行为的监管要求》进行了修订，适度放宽非公开发行股票融资规模限制，由此前不得超过本次发行前总股本的20%提高至30%。可以说再融资新规的正式发布，标志着我国进入以市场需求及投资人为导向的成熟资本市场的一次重大调整，针对投资者的信心受挫问题，给深受疫情影响的一级、二级市场带来一剂强心针。

对于本次政策新旧对比的具体内容，泰和泰公众号其他文章已做了较详细研究，因此本文仅结合笔者多年来服务私募股权投资基金及创新创业企业的视角，对本次再融资新规对于创业板上市公司、一级市场融资、私募股权投资机构、行业及板块的市场影响及此次的松绑可能带来的市场风险进行一定程度的思考和探讨。

一、“再融资新规”对于创业板上市公司的影响

总体而言，再融资新规的发布，是为主板、创业板的注册制全面实施奠定基础。因为相关新规的修订参考了以信息披露为核心、市场化的注册制理念。可以预见，在深刻借鉴科创板经验的基础上，各版块将逐步贯彻市场导向、适度监管、归位尽责、效率优先的原则，为实现全面注册制打下坚实的基础。

从落地时间上来看，监管层以本次政策应对疫情对资本市场和经济可能带来的影响；从政策出台的体系来看，再融资新规的发布，是为主板、创业板的注册制全面实施奠定基础。因为相关新规的修订参考了以信息披露为核心、市场化的注册制理念。我们同时注意到，全面注册制的IPO政策相应推迟，表明本次政策对于我国资本市场逐步、平稳向全面注册制过渡的缓冲意义，避免冒进到全面注册制带来的证券市场风险；从政策构成内容和松绑程度来说，创业板上市公司的再融资市场受本次政策影响最大，即非公开发行的价格和锁定期的缩短，特别是降低非公开发行的盈利和资产负债率要求，将可能刺激创业板公司迎来更多的定增和配股机会。

这次融资政策的宽松，将会降低定增投资方面的不确定性，提升投资者参与定增的热情，把社会闲余资金积极调动起来，对上市公司进行输血，从而改善创业板上市公司生存环境，进而改善其经营业绩与未来增长预期。

根据天风证券股份有限公司于 2020 年 2 月 16 日发布的证券研究报告——《策略 · 专题：科技景气度扩散化的起点》，以 2017 年、2018 年创业板公司年报公告盈利、分红及资产负债率情况，对于此次新规发布后，新增的符合定增条件的创业板公司进行推算如下：（1）对于公开发行而言，新规取消资产负债率要求后，增加 347 个符合条件的创业板标的；（2）对于非公开发行而言，新规取消了最近两年盈利要求，增加了 72 个符合条件的创业板标的；（3）在发行规模上限上，新规较征求意见稿做出重大变化，由总股本 20% 提高到 30%。这对于提高创业板公司定增规模从而进一步改善其流动性而言同样是一个增量利好。

就增发方案时效而言，较征求意见稿，新老融资规定划断的节点由取得核准批复调整为发行完成，意味着更多案例适用新规，即最近 6 个月内拿到批文，但还没有发行完毕的创业板上市公司均可受益于新规，受到新规积极影响。

二、再融资新规对一级市场的影响

就上市公司而言，利润提升构成可以简单划分为主营业务利润提升和并购标的产生的利润提升，特别是创业板中具有成长性的领域和板块的并购重组。自 2017 年起，除行业和板块特征外，上市公司并购重组受到的主要障碍为减持新规，即证监会于 2017 年 5 月发布的《上市公司股东、董监高减持股份的若干规定》。而本次再融资新规明确，非公开发行解禁期缩短，原来控股股东 36 个月、普通投资者 12 个月，现在都减半，分别改为 18 个月、6 个月，且不再受减持规则的限制。作为本次新规的重要内容，此项限制的解绑或对激活创业板并购重组市场起到显著的作用。

就一级市场而言，创业板允许符合国家战略的高新技术产业和战略性新兴产业相关资产重组上市，可与科创板形成良好的竞合关系，助力新兴产业的发展壮大，同时，创业板壳公司同样受益。从融资方式来说，之前受制于减持新规，Pre – IPO 投资中 PE 可能会要求更低的估值，以补偿上市后股票减持时间拉长带来的不确定性。本次再融资新规定价机制与减持的放宽能够较大提高对投资者的吸引力，有利于助力社会资金进入市场，有效支持实体经济，提高直接股权融资占比。从估值方面而言，众所周知，2017 年、2018 年都是科技企业估值缩水期，而本次科技企业外延并购的想象空间和投资人较为确定的预期，可以期待，科技类企业的估值将回归到市场水平，而已经进入融资后期的企业，二级市场和后轮融资对于消化科技企业的前期较高估值提供了空间，具有正面积极作用。

三、再融资新规对行业及板块的影响

2020 年开工即到来的疫情给企业全面复工带来困难，可以预见，本次再融资新规体现了决策层期待以融资政策松绑使科技类上市公司可以通过融资使其现金流尽快恢复，再生产能力扩大，提升利润空间，同时带动其上下游企业尽快从停工损失中恢复；与此同时，发行限制的放宽可提高企业参与定增的积极性及可行性，不仅对前述流动性紧张、研发投入高的科技企业具有重大意义；对处于转型期的传统行业企业，同样有望发挥“及时雨”的作用，助推传统型企业的科技创新和产业转型。中小企业、新兴产业也是再融资及并购重组较为活跃的领域。本次解绑可以视为资本市场对于新兴科技行业迎来需求端和供给端的双向扩容。

资本市场的募集规模扩容与券商主营业务收入提升直接相关，券商行业将成为直接受益增量业务。就行业细分而言，根据上市公司的再融资公告，再融资的目的可大致划分为两类——重大资产重组和补充现金流。其中重大资产重组分类下，绝大多数都是并购重组业务的配套融资需求；补充现金流可进一步细分为补充流动资金和以投资为目的的融资。从历史情况来看，补充现金流的需求在数量和金额均占约 70%（图 2、图 3）。因此，本次再融资新规对股权融资直接带来正面积极影响的主要为轻资产、高风险的成长性行业，如计算机、医药生物、电子、大消费行业。例如，本次再融资新规首例就是 2020 年 2 月 16 日晚间的医药外包龙头企业凯莱英，其成功通过定增项目引入高瓴资本作为战略投资者，公司拟非公开发行股票不超过 1870 万股，发行价格 123. 56 元/股，高瓴资本以不超过 23. 11 亿元现金方式全额认购。

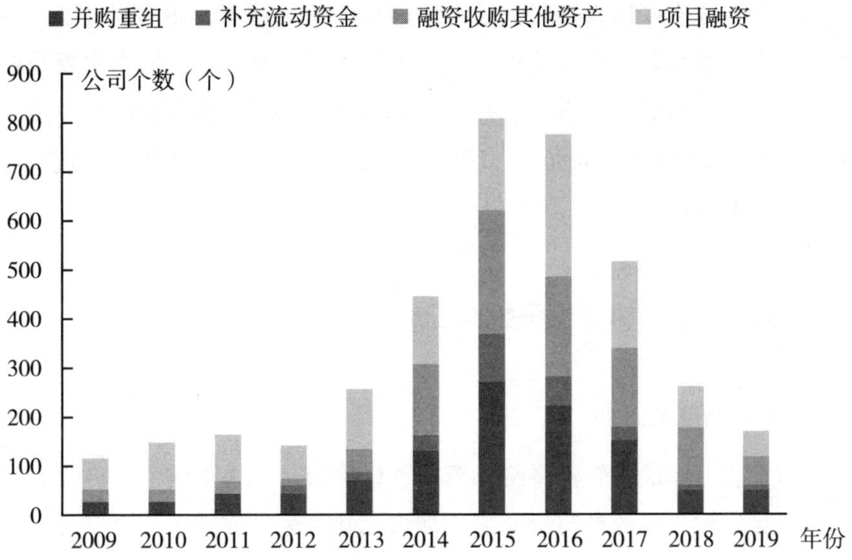

图 2

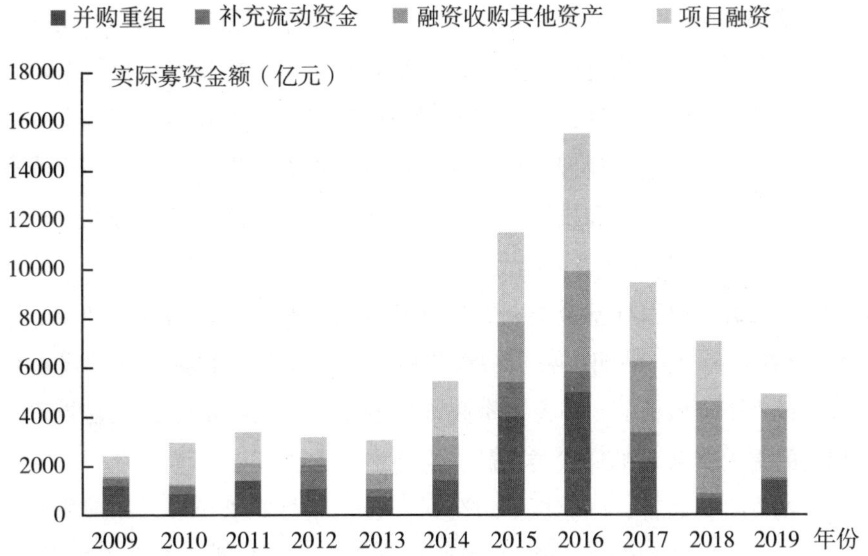

图3

来源：Wind，莫尼塔研究

·并购重组可进一步分为配套融资、集团公司整体上市、公司间资产置换重组、实际控制人资产注入等，其中配套融资类别在数量和类别上均占据90%以上，故图2和图3中没有列出并购重组的细分项。

·补充现金流涵盖补充流动资金、融资收购其他资产、项目融资等，后两项合计在数量在金额上分别占90%、85%。

另一个与本次疫情直接相关是互联网在线科技行业，如远程办公、直播视频、云办公系统、在线咨询等，可以预见相关行业企业会借本次新规迎来并购重组规模的回暖和估值的上升。而2019年6月5G牌照也已经发放，大规模商用将在2020年全面展开，所以，创业板在以上行业并购重组规模或将进入显著回升阶段。

四、再融资新规对私募投资机构的影响

（一）定增基金产品

总体而言，本次再融资将给私募投资机构带来积极影响。一方面，降低参与门槛，定增市场的参与资金将更加多元化；另一方面，定增定价和限售条件大幅优化，私募投资基金产品可以发行定增产品基金投资于定增市场，即只参加定向增发项目的基金。从中国证券投资基金业协会已登记备案的含有定增基金产品字样的情况来看，2017年、2018年多数定增基金的实际投资规模较备案募集规模都有较大差距，甚至有受制于减持政策和投资策略零投资标的的情况存在，此外，也有较多因为项目退出效率被迫延长基金存续时间的案例。本次再融资新规，项目退出效率或将大大提高，私募基金或有一轮新的定增类产品备案和投资高峰。值得注意的是，就存量私募基金产品而言，有两类基金产品投资可能受限，一是备案为“创业投资基金”的基金类；二是部分政府引导基金类，财政类基金出于产业扶持的政策初衷，通常作为LP在基金合同中明确要求只能投资于非上市公司权益。即使没有明确要求，投资于定增标的，涉及投资政策的改变，可能触发“其他与投资人利益相关的重大事项”的兜底类条款，需要引起关注。

就投资机会而言，创业板上市公司非公开发行要求松绑，如前所述，更多科技型或传统转型期的上市公司加入定增市场，大量新增投资机会出现，私募投资机构的竞争会更加激烈，非公开发行对象数量的扩大，要求私募投资机构对定增标的谨慎甄别，全面了解定增标的，具有较强项目评估和项目获取能力的管理机构会获得更大的募集规模和超额收益。

就投资标的选择而言，如前所述，增量的定增标的主要以新兴行业、科技企业为主，通常而言，传统资本市场对企业融资后的资金使用用途，特别

是资金使用效率、现金流改善较为关注。而前述行业的投资标的，要求管理机构对于企业核心技术的资金使用、技术应用和市场预期有更高的评估能力。

（二）新上市公司＋PE 体内孵化模式

传统的上市公司＋PE 模式为“体外孵化”，即上市公司参与发起设立产业并购基金，收购标的资产，适当培育后上市公司发行股份购买资产的形式整合进入上市公司。就私募股权投资机构而言，与本次再融资新规一并引起关注的为证监会 2019 年 12 月 12 日发布的《上市公司分拆所属子公司境内上市试点若干规定》。这一政策普遍认为为境内分拆上市政策通道的正式打开，及上市公司联合私募投资机构进行“体内孵化模式”提供了可能。

近年来，上市公司经营战略更加多元，借助分拆实现业务聚焦和均衡发展的需求逐步凸显。允许符合一定条件，特别是具有科技创新业务发展需求的上市公司分拆在境内上市，是我国资本市场发展的必然要求。新技术投资周期长，不确定性大，上市公司受制于利润及业绩的要求，无法全力以赴加码新技术。同时，创新发展需要给技术人员好的回报和收入，但是在原有上市公司体内做股权激励等也有一定限制。新的上市公司＋PE 的基金模式的“体内孵化”可以使分拆来的新公司具有获得较高市场估值的能力，而从整个创新驱动的发展来看，也给投资机构提供更好的退出渠道。这一政策配套本次再融资新规的落地，上市公司联合 PE/VC 等投资机构进行产业并购与体内孵化的模式也将得到较好的发展。

五、再融资新规市场风险

如前所述，本次再融资新规体现了我国资本市场市场化、法治化的改革方向，解除了对上市公司再融资的不必要限制，有利于上市公司利用资本市场做大做强，但任何改革政策都可能是一把双刃剑。本次政策势必带来一场定增和并购盛宴。以 2015 年、2016 年为例，随着定增市场持续火爆，开始出现投资机构不规范宣传和营销、上市公司在发行前恶意炒作股价、虚开项目融资等乱象。因此，如何防止非法机构以新规在一级半市场通过资本运作进行融资圈钱，是监管政策下一步的关键。

首先，充分信息披露是证券发行注册制有效运行的关键。信息披露作为公共品，存在有效供给不足、质量有待提高等问题，需要立法和监管提供强制性安排。在股权分散的市场架构下，公司管理层对董事会及其代表的全体股东提供决策相关信息。在大股东、上市公司董事会、管理层三位一体的公司架构下，对外信息披露的产生动力先天不足。在外部，市场专业投资者队伍及监督力量还未形成气候，集团诉讼制度尚在审慎论证，司法救济制度仍有待完善。其次，一级半市场的投资机构应该更加理性专业，监管层对于投资类机构、投资理财产品及类投资产品、合格投资人的管控应当持续严格规范，保证定增市场的净化和秩序良好。

同时，就参与定增的投资机构来说，新修订的再融资规则明确禁止直接或间接的保底、保收益承诺，禁止向发行对象提供财务资助或者补偿。通过明确“明股实债”的违法违规性质，加强发行人的信息披露责任和中介机构的鉴证责任。再融资新规明确要求上市公司及大股东等不允许提供收益保底，不许提供财务资助或补偿，这意味着一方面投资机构有待采用其他变通条款或方式合法合规来保障自身权益，另一方面也有待我国证券发行机制的进一步市场化改革，需要及时跟进股份流通制度改革，研究试点限售股份的转售注册的特定规定，并适当缩短特定类型投资者的限售期，包括天使投资人和VC、PE私募投资者以及认购定增的投资者，培育资本市场全链条的融资、投资、退出的良性循环。

总体而言，本次再融资新规为深化金融供给侧结构性改革，完善再融资市场化约束机制，增强资本市场服务实体经济的能力提供了重要路径，给开局低迷的2020年提供新的希望，以期通过资本市场推动产业改革升级。

上市公司再融资新规解析及其对上市公司与投资人的影响

郑雯文、张洪艺

2020年2月14日，中国证券监督管理委员会（以下简称“证监会”）同时发布了《关于修改〈上市公司证券发行管理办法〉的决定》《关于修改〈创业板上市公司证券发行管理暂行办法〉的决定》及《关于修改〈上市公司非公开发行股票实施细则〉的决定》。（以下合称“再融资新规”）同日，证监会一并公布了《发行监管问答——关于引导规范上市公司融资行为的监管要求（修订版）》（以下简称“《监管问答新规》”）。

根据证监会发布的关于再融资新规的立法说明及证监会要闻“证监会发布上市公司再融资制度部分条款调整涉及的相关规则”，本次再融资新规的修订旨在深化金融供给侧结构性改革，完善再融资市场化约束机制，增强资本市场服务实体经济的能力，助力上市公司抗击疫情、恢复生产。

本次再融资新规的出台，反映了较为明确的政策方向，亦促进了资本市场基础制度的不断调整完善。从本次再融资新规修订的条款及主要内容等来看，对主板（中小板）、创业板上市公司再融资相关规则进行了较大的修订，在新冠病毒疫情期间出台，对上市公司、投资人均有较为深远的影响。

本文将立足对再融资规则修订前后内容对比，阐释主要修订内容，分析主要修订要点，并进一步讨论本次再融资新规对上市公司及投资人的影响。

一、本次再融资规则修订前后对比

《上市公司证券发行管理办法》

序号	修订条款	修订前	修订后
1	第6条	第六条　上市公司的组织机构健全、运行良好，符合下列规定： （一）公司章程合法有效，股东大会、董事会、监事会和独立董事制度健全，能够依法有效履行职责； （二）公司内部控制制度健全，能够有效保证公司运行的效率、合法合规性和财务报告的可靠性；内部控制制度的完整性、合理性、有效性不存在重大缺陷； （三）现任董事、监事和高级管理人员具备任职资格，能够忠实和勤勉地履行职务，不存在违反公司法第一百四十八条、第一百四十九条规定的行为，且最近三十六个月内未受到过中国证监会的行政处罚、最近十二个月内未受到过证券交易所的公开谴责； （四）上市公司与控股股东或实际控制人的人员、资产、财务分开，机构、业务独立，能够自主经营管理； （五）最近十二个月内不存在违规对外提供担保的行为。	第六条　上市公司的组织机构健全、运行良好，符合下列规定： （一）公司章程合法有效，股东大会、董事会、监事会和独立董事制度健全，能够依法有效履行职责； （二）公司内部控制制度健全，能够有效保证公司运行的效率、合法合规性和财务报告的可靠性；内部控制制度的完整性、合理性、有效性不存在重大缺陷； （三）现任董事、监事和高级管理人员具备任职资格，能够忠实和勤勉地履行职务，不存在违反公司法第一百四十七条、第一百四十八条规定的行为，且最近三十六个月内未受到过中国证监会的行政处罚、最近十二个月内未受到过证券交易所的公开谴责； （四）上市公司与控股股东或实际控制人的人员、资产、财务分开，机构、业务独立，能够自主经营管理； （五）最近十二个月内不存在违规对外提供担保的行为。

续表

序号	修订条款	修订前	修订后
2	第8条	第八条　上市公司的财务状况良好，符合下列规定： （一）会计基础工作规范，严格遵循国家统一会计制度的规定； （二）最近三年及一期财务报表未被注册会计师出具保留意见、否定意见或无法表示意见的审计报告；被注册会计师出具带强调事项段的无保留意见审计报告的，所涉及的事项对发行人无重大不利影响或者在发行前重大不利影响已经消除； （三）资产质量良好。不良资产不足以对公司财务状况造成重大不利影响； （四）经营成果真实，现金流量正常。营业收入和成本费用的确认严格遵循国家有关企业会计准则的规定，最近三年资产减值准备计提充分合理，不存在操纵经营业绩的情形； （五）最近三年以现金或股票方式累计分配的利润不少于最近三年实现的年均可分配利润的百分之二十。	第八条　上市公司的财务状况良好，符合下列规定： （一）会计基础工作规范，严格遵循国家统一会计制度的规定； （二）最近三年及一期财务报表未被注册会计师出具保留意见、否定意见或无法表示意见的审计报告；被注册会计师出具带强调事项段的无保留意见审计报告的，所涉及的事项对发行人无重大不利影响或者在发行前重大不利影响已经消除； （三）资产质量良好。不良资产不足以对公司财务状况造成重大不利影响； （四）经营成果真实，现金流量正常。营业收入和成本费用的确认严格遵循国家有关企业会计准则的规定，最近三年资产减值准备计提充分合理，不存在操纵经营业绩的情形； （五）最近三年以现金方式累计分配的利润不少于最近三年实现的年均可分配利润的百分之三十。
3	第37条	第三十七条　非公开发行股票的特定对象应当符合下列规定： （一）特定对象符合股东大会决议规定的条件； （二）发行对象不超过十名。 发行对象为境外战略投资者的，应当经国务院相关部门事先批准。	第三十七条　非公开发行股票的特定对象应当符合下列规定： （一）特定对象符合股东大会决议规定的条件； （二）发行对象不超过三十五名。 发行对象为境外战略投资者的，应当遵守国家的相关规定。

续表

序号	修订条款	修订前	修订后
4	第38条	第三十八条　上市公司非公开发行股票，应当符合下列规定： （一）发行价格不低于定价基准日前二十个交易日公司股票均价的百分之九十； （二）本次发行的股份自发行结束之日起，十二个月内不得转让；控股股东、实际控制人及其控制的企业认购的股份，三十六个月内不得转让； （三）募集资金使用符合本办法第十条的规定； （四）本次发行将导致上市公司控制权发生变化的，还应当符合中国证监会的其他规定。	第三十八条　上市公司非公开发行股票，应当符合下列规定： （一）发行价格不低于定价基准日前二十个交易日公司股票均价的百分之八十； （二）本次发行的股份自发行结束之日起，六个月内不得转让；控股股东、实际控制人及其控制的企业认购的股份，十八个月内不得转让； （三）募集资金使用符合本办法第十条的规定； （四）本次发行将导致上市公司控制权发生变化的，还应当符合中国证监会的其他规定。
5	第47条	第四十七条　自中国证监会核准发行之日起，上市公司应在六个月内发行证券；超过六个月未发行的，核准文件失效，须重新经中国证监会核准后方可发行。	第四十七条　自中国证监会核准发行之日起，上市公司应在十二个月内发行证券；超过十二个月未发行的，核准文件失效，须重新经中国证监会核准后方可发行。
6	新增条款	无	第七十五条　依据本办法通过非公开发行股票取得的上市公司股份，其减持不适用《上市公司股东、董监高减持股份的若干规定》的有关规定。

《上市公司非公开发行股票实施细则》

序号	修订条款	修订前	修订后
1	第1条	第一条　为规范上市公司非公开发行股票行为，根据《上市公司证券发行管理办法》（证监会令第30号，以下简称《管理办法》）的有关规定，制定本细则。	第一条　为规范上市公司非公开发行股票行为，根据《上市公司证券发行管理办法》《创业板上市公司证券发行管理暂行办法》（以下统称《管理办法》）的有关规定，制定本细则。
2	第7条	第七条　《管理办法》所称“定价基准日”，是指计算发行底价的基准日。定价基准日为本次非公开发行股票发行期的首日。上市公司应按不低于发行底价的价格发行股票。 《管理办法》所称“定价基准日前20个交易日股票交易均价”的计算公式为：定价基准日前20个交易日股票交易均价=定价基准日前20个交易日股票交易总额/定价基准日前20个交易日股票交易总量。	第七条　《管理办法》所称“定价基准日”是指计算发行底价的基准日。定价基准日为本次非公开发行股票的发行期首日。上市公司应当以不低于发行底价的价格发行股票。 上市公司董事会决议提前确定全部发行对象，且属于下列情形之一的，定价基准日可以为关于本次非公开发行股票的董事会决议公告日、股东大会决议公告日或者发行期首日，认购的股份自发行结束之日起十八个月内不得转让： （一）上市公司的控股股东、实际控制人或其控制的关联人； （二）通过认购本次发行的股份取得上市公司实际控制权的投资者； （三）董事会拟引入的境内外战略投资者。 定价基准日前二十个交易日股票交易均价的计算公式为：定价基准日前二十个交易日股票交易均价＝定价基准日前二十个交易日股票交易总额/定价基准日前二十个交易日股票交易总量。
3	第9条	第九条　发行对象属于下列情形之一的，具体发行对象及其定价原则应当由上市公司董事会的非公开发行股票决议确定，并经股东大会批准，认购的股份自发行结束之日起36个月内不得转让： （一）上市公司的控股股东、实际控制人或其控制的关联人； （二）通过认购本次发行的股份取得上市公司实际控制权的投资者； （三）董事会拟引入的境内外战略投资者。	

续表

序号	修订条款	修订前	修订后
4	第 8 条	第八条　《管理办法》所称“发行对象不超过10 名”，是指认购并获得本次非公开发行股票的法人、自然人或者其他合法投资组织不超过10 名。 证券投资基金管理公司以其管理的2 只以上基金认购的，视为一个发行对象。 信托公司作为发行对象，只能以自有资金认购。	第九条　《管理办法》所称“发行对象不超过三十五名”，是指认购并获得本次非公开发行股票的法人、自然人或者其他合法投资组织不超过三十五名。 证券投资基金管理公司、证券公司、合格境外机构投资者、人民币合格境外机构投资者以其管理的二只以上产品认购的，视为一个发行对象。 信托公司作为发行对象，只能以自有资金认购。
5	第 10 条	第十条　发行对象属于本细则第九条规定以外的情形的，上市公司应当在取得发行核准批文后，按照本细则的规定以竞价方式确定发行价格和发行对象。发行对象认购的股份自发行结束之日起12 个月内不得转让。	第八条　发行对象属于本细则第七条第二款规定以外的情形的，上市公司应当在取得发行核准批文后，按照本细则的规定以竞价方式确定发行价格和发行对象。发行对象认购的股份自发行结束之日起六个月内不得转让。 董事会决议确定部分发行对象的，该部分发行对象不得参与竞价，但应当接受竞价结果；并应当明确在没有通过竞价方式产生发行价格的情况下，是否继续参与认购、认购数量及价格确定原则。
6	第 12 条	第十二条　董事会决议确定具体发行对象的，上市公司应当在召开董事会的当日或者前 1 日与相应发行对象签订附条件生效的股份认购合同。 前款所述认购合同应载明该发行对象拟认购股份的数量或数量区间、定价原则、限售期，同时约定本次发行一经上市公司董事会、股东大会批准并经中国证监会核准，该合同即应生效。	第十一条　董事会决议确定具体发行对象的，上市公司应当在召开董事会的当日或者前一日与相应发行对象签订附条件生效的股份认购合同。 前款所述认购合同应载明该发行对象拟认购股份的数量或数量区间、认购价格或定价原则、限售期，同时约定本次发行一经上市公司董事会、股东大会批准并经中国证监会核准，该合同即应生效。

续表

序号	修订条款	修订前	修订后
7	第 13 条	第十三条　上市公司董事会作出非公开发行股票决议，应当符合下列规定： （一）应当按照本细则的规定确定本次发行的定价基准日，并提请股东大会批准。 （二）董事会决议确定具体发行对象的，董事会决议应当确定具体的发行对象名称及其定价原则、认购数量或者数量区间、限售期；发行对象与公司签订的附条件生效的股份认购合同应当经董事会批准。 （三）董事会决议未确定具体发行对象的，董事会决议应当明确发行对象的范围和资格，定价原则、限售期。 （四）本次非公开发行股票的数量不确定的，董事会决议应当明确数量区间（含上限和下限）。董事会决议还应当明确，上市公司的股票在董事会决议日至发行日期间除权、除息的，发行数量是否相应调整。 （五）董事会决议应当明确本次募集资金数量的上限、拟投入项目的资金需要总数量、本次募集资金投入数量、其余资金的筹措渠道。募集资金用于补充流动资金或者偿还银行贷款的，应当说明补充流动资金或者偿还银行贷款的具体数额；募集资金用于收购资产的，应当明确交易对方、标的资产、作价原则等事项。	第十二条　上市公司董事会作出非公开发行股票决议，应当符合下列规定： （一）应当按照本细则的规定确定本次发行的定价基准日，并提请股东大会批准。 （二）董事会决议确定具体发行对象的，董事会决议应当确定具体的发行对象名称及其认购价格或定价原则、认购数量或者数量区间、限售期；发行对象与公司签订的附条件生效的股份认购合同应当经董事会批准。 （三）董事会决议未确定具体发行对象的，董事会决议应当明确发行对象的范围和资格，定价原则、限售期。 （四）本次非公开发行股票的数量不确定的，董事会决议应当明确数量区间（含上限和下限）。董事会决议还应当明确，上市公司的股票在董事会决议日至发行日期间除权、除息的，发行数量和发行底价是否相应调整。 （五）董事会决议应当明确本次募集资金数量的上限、拟投入项目的资金需要总数量、本次募集资金投入数量、其余资金的筹措渠道。募集资金用于补充流动资金或者偿还银行贷款的，应当说明补充流动资金或者偿还银行贷款的具体数额；募集资金用于收购资产的，应当明确交易对方、标的资产、作价原则等事项。

续表

序号	修订条款	修订前	修订后
8	新增条款	无	第十五条　定价基准日为本次非公开发行股票的董事会决议公告日或股东大会决议公告日的，非公开发行股票的董事会决议公告后，出现以下情况的，应当由董事会重新确定本次发行的定价基准日： （一）本次非公开发行股票股东大会决议的有效期已过； （二）本次发行方案发生变化； （三）其他对本次发行定价具有重大影响的事项。
9	第20条	第二十条　上市公司取得核准批文后，应当在批文的有效期内，按照《证券发行与承销管理办法》（证监会令第121号）的有关规定发行股票。 上市公司收到中国证监会予以核准决定后作出的公告中，应当公告本次发行的保荐人，并公开上市公司和保荐人指定办理本次发行的负责人及其有效联系方式。 上市公司、保荐人对非公开发行股票进行推介或者向特定对象提供投资价值研究报告的，不得采用任何公开方式，且不得早于上市公司董事会关于非公开发行股票的决议公告之日。	第二十条　上市公司取得核准批文后，应当在批文的有效期内，按照《证券发行与承销管理办法》（证监会令第144号）的有关规定发行股票。 上市公司收到中国证监会予以核准决定后作出的公告中，应当公告本次发行的保荐人，并公开上市公司和保荐人指定办理本次发行的负责人及其有效联系方式。 上市公司、保荐人对非公开发行股票进行推介或者向特定对象提供投资价值研究报告的，不得采用任何公开方式，且不得早于上市公司董事会关于非公开发行股票的决议公告之日。

续表

序号	修订条款	修订前	修订后
10	第21条	第二十一条　董事会决议确定具体发行对象的，上市公司在取得核准批文后，应当按照本细则第九条的规定和认购合同的约定发行股票。	第二十一条　董事会决议确定具体发行对象的，上市公司在取得核准批文后，应当按照本细则第七条和第八条的规定及认购合同的约定发行股票。
11	新增条款	无	第二十九条　上市公司及其控股股东、实际控制人、主要股东不得向发行对象作出保底保收益或变相保底保收益承诺，且不得直接或通过利益相关方向发行对象提供财务资助或者补偿。

《创业板上市公司证券发行管理暂行办法》

序号	修订条款	修订前	修订后
1	第9条	第九条　上市公司发行证券，应当符合《证券法》规定的条件，并且符合以下规定： （一）最近二年盈利，净利润以扣除非经常性损益前后孰低者为计算依据； （二）会计基础工作规范，经营成果真实。内部控制制度健全且被有效执行，能够合理保证公司财务报告的可靠性、生产经营的合法性，以及营运的效率与效果； （三）最近二年按照上市公司章程的规定实施现金分红； （四）最近三年及一期财务报表未被注册会计师出具否定意见或者无法表示意见的审计报告；被注册会计师出具保留意	第九条　上市公司发行证券，应当符合《证券法》规定的条件，并且符合以下规定： （一）最近二年盈利，净利润以扣除非经常性损益前后孰低者为计算依据；但上市公司非公开发行股票的除外； （二）会计基础工作规范，经营成果真实。内部控制制度健全且被有效执行，能够合理保证公司财务报告的可靠性、生产经营的合法性，以及营运的效率与效果； （三）最近二年按照上市公司章程的规定实施现金分红； （四）最近三年及一期财务报表未被注册会计师出具否

续表

序号	修订条款	修订前	修订后
2		见或者带强调事项段的无保留意见审计报告的，所涉及的事项对上市公司无重大不利影响或者在发行前重大不利影响已经消除； （五）最近一期末资产负债率高于百分之四十五，但上市公司非公开发行股票的除外； （六）上市公司与控股股东或者实际控制人的人员、资产、财务分开，机构、业务独立，能够自主经营管理。上市公司最近十二个月内不存在违规对外提供担保或者资金被上市公司控股股东、实际控制人及其控制的其他企业以借款、代偿债务、代垫款项或者其他方式占用的情形。	定意见或者无法表示意见的审计报告；被注册会计师出具保留意见或者带强调事项段的无保留意见审计报告的，所涉及的事项对上市公司无重大不利影响或者在发行前重大不利影响已经消除； （五）上市公司与控股股东或者实际控制人的人员、资产、财务分开，机构、业务独立，能够自主经营管理。上市公司最近十二个月内不存在违规对外提供担保或者资金被上市公司控股股东、实际控制人及其控制的其他企业以借款、代偿债务、代垫款项或者其他方式占用的情形。
2	第11条	第十一条　上市公司募集资金使用应当符合下列规定： （一）前次募集资金基本使用完毕，且使用进度和效果与披露情况基本一致； （二）本次募集资金用途符合国家产业政策和法律、行政法规的规定； （三）除金融类企业外，本次募集资金使用不得为持有交易性金融资产和可供出售的金融资产、借予他人、委托理财等财务性投资，不得直接或者间接投资于以买卖有价证券为主要业务的公司； （四）本次募集资金投资实施后，不会与控股股东、实际控制人产生同业竞争或者影响公司生产经营的独立性。	第十一条　上市公司募集资金使用应当符合下列规定： （一）本次募集资金用途符合国家产业政策和法律、行政法规的规定； （二）除金融类企业外，本次募集资金使用不得为持有交易性金融资产和可供出售的金融资产、借予他人、委托理财等财务性投资，不得直接或者间接投资于以买卖有价证券为主要业务的公司； （三）本次募集资金投资实施后，不会与控股股东、实际控制人产生同业竞争或者影响公司生产经营的独立性。

续表

序号	修订条款	修订前	修订后
3	第15条	第十五条　非公开发行股票的特定对象应当符合下列规定： （一）特定对象符合股东大会决议规定的条件； （二）发行对象不超过五名。 发行对象为境外战略投资者的，应当遵守国家的相关规定。	第十五条　非公开发行股票的特定对象应当符合下列规定： （一）特定对象符合股东大会决议规定的条件； （二）发行对象不超过三十五名。 发行对象为境外战略投资者的，应当遵守国家的相关规定。
4	第16条	第十六条　上市公司非公开发行股票确定发行价格和持股期限，应当符合下列规定： （一）发行价格不低于发行期首日前一个交易日公司股票均价的，本次发行股份自发行结束之日起可上市交易； （二）发行价格低于发行期首日前二十个交易日公司股票均价但不低于百分之九十，或者发行价格低于发行期首日前一个交易日公司股票均价但不低于百分之九十的，本次发行股份自发行结束之日起十二个月内不得上市交易； （三）上市公司控股股东、实际控制人或者其控制的关联方以及董事会引入的境内外战略投资者，以不低于董事会作出本次非公开发行股票决议公告日前二十个交易日或者前一个交易日公司股票均价的百分之九十认购的，本次发行股份自发行结束之日起三十六个月内不得上市交易。 上市公司非公开发行股票将导致上市公司控制权发生变化的，还应当符合中国证监会的其他规定。	第十六条　上市公司非公开发行股票，应当符合下列规定： （一）发行价格不低于定价基准日前二十个交易日公司股票均价的百分之八十； （二）本次发行的股份自发行结束之日起，六个月内不得转让；控股股东、实际控制人及其控制的企业认购的股份，十八个月内不得转让； （三）本次发行将导致上市公司控制权发生变化的，还应当符合中国证监会的其他规定。

续表

序号	修订条款	修订前	修订后
5	第 17 条	第十七条　上市公司非公开发行股票募集资金用于收购兼并的，免于适用本办法第九条第（一）项的规定。	该条款被删除
6	第 32 条	第三十二条　股东大会就发行可转换公司债券作出的决定，应当至少包括下列事项： （一）本办法第三十一条规定的事项； （二）债券利率； （三）债券期限； （四）回售条款； （五）还本付息的期限和方式； （六）转股期； （七）转股价格的确定和修正。	第三十一条　股东大会就发行可转换公司债券作出的决定，应当至少包括下列事项： （一）本办法第三十条规定的事项； （二）债券利率； （三）债券期限； （四）回售条款； （五）还本付息的期限和方式； （六）转股期； （七）转股价格的确定和修正。
7	第 34 条	第三十四条　上市公司年度股东大会可以根据公司章程的规定，授权董事会决定非公开发行融资总额不超过最近一年末净资产百分之十的股票，该项授权在下一年度股东大会召开日失效。 上市公司年度股东大会给予董事会前款授权的，应当按照本办法第三十一条的规定通过相关决议，作为董事会行使授权的前提条件。	第三十三条　上市公司年度股东大会可以根据公司章程的规定，授权董事会决定非公开发行融资总额不超过最近一年末净资产百分之十的股票，该项授权在下一年度股东大会召开日失效。 上市公司年度股东大会给予董事会前款授权的，应当按照本办法第三十条的规定通过相关决议，作为董事会行使授权的前提条件。

续表

序号	修订条款	修订前	修订后
8	第35条	第三十五条 上市公司申请发行证券，应当由保荐人保荐，但是根据本办法第三十七条规定适用简易程序且根据本办法第四十条规定采取自行销售的除外。 保荐人或者上市公司应当按照中国证监会的有关规定编制和报送发行申请文件。	第三十四条 上市公司申请发行证券，应当由保荐人保荐，但是根据本办法第三十六条规定适用简易程序且根据本办法第三十九条规定采取自行销售的除外。 保荐人或者上市公司应当按照中国证监会的有关规定编制和报送发行申请文件。
9	第36条	第三十六条 中国证监会依照下列程序审核发行证券的申请： （一）收到申请文件后，五个工作日内决定是否受理； （二）中国证监会受理后，对申请文件进行初审； （三）创业板发行审核委员会审核申请文件； （四）中国证监会作出核准或者不予核准的决定。	第三十五条 中国证监会依照下列程序审核发行证券的申请： （一）收到申请文件后，五个工作日内决定是否受理； （二）中国证监会受理后，对申请文件进行初审； （三）发行审核委员会审核申请文件； （四）中国证监会作出核准或者不予核准的决定。
10	第38条	第三十八条 上市公司应当自中国证监会核准之日起六个月内发行证券。超过六个月未发行的，核准文件失效，须重新经中国证监会核准后方可发行。	第三十七条 上市公司应当自中国证监会核准之日起十二个月内发行证券。超过十二个月未发行的，核准文件失效，须重新经中国证监会核准后方可发行。
11	第52条	第五十二条 上市公司可以将公开发行证券募集说明书、发行情况报告书刊登于其他网站，但不得早于按照本办法第五十条、第五十一条规定披露信息的时间。	第五十一条 上市公司可以将公开发行证券募集说明书、发行情况报告书刊登于其他网站，但不得早于按照本办法第四十九条、第五十条规定披露信息的时间。

续表

序号	修订条款	修订前	修订后
12	第59条	第五十九条　上市公司违反本办法第十一条第（三）项、第（四）项规定的，中国证监会可以责令改正；情节严重的，自确认之日起三十六个月内不受理该公司的发行证券申请。	第五十八条　上市公司违反本办法第十一条第（二）项、第（三）项规定的，中国证监会可以责令改正；情节严重的，自确认之日起三十六个月内不受理该公司的发行证券申请。
13	第62条	第六十二条　保荐人以不正当手段干扰中国证监会及其创业板发行审核委员会审核工作的，保荐人或其相关签名人员的签名、盖章系伪造或变造的，或者不履行其他法定职责的，依照《证券法》和保荐制度的有关规定处理。	第六十一条　保荐人以不正当手段干扰中国证监会及其发行审核委员会审核工作的，保荐人或其相关签名人员的签名、盖章系伪造或变造的，或者不履行其他法定职责的，依照《证券法》和保荐制度的有关规定处理。
14	第65条	第六十五条　上市公司在非公开发行新股时，违反本办法第四十条规定的，中国证监会可以责令改正；情节严重的，自确认之日起三十六个月内不受理该上市公司的发行证券申请。	第六十四条　上市公司在非公开发行新股时，违反本办法第三十九条规定的，中国证监会可以责令改正；情节严重的，自确认之日起三十六个月内不受理该上市公司的发行证券申请。
15	新增条款	无	第六十七条　依据本办法通过非公开发行股票取得的上市公司股份，其减持不适用《上市公司股东、董监高减持股份的若干规定》的有关规定。

二、本次“再融资新规”修订的主要内容

根据“再融资新规”相关修订内容的比对及证监会相关立法说明、报道，上述本次再融资制度部分条款调整的内容主要包括：

1. 精简发行条件，拓宽创业板再融资服务覆盖面。取消创业板公开发行证券最近一期末资产负债率高于45%的条件；取消创业板非公开发行股票连续2年盈利的条件；将创业板前次募集资金基本使用完毕，且使用进度和效果与披露情况基本一致由发行条件调整为信息披露要求。

2. 优化非公开制度安排，支持上市公司引入战略投资者。上市公司董事会决议提前确定全部发行对象且该发行对象为战略投资者的，定价基准日可以为关于本次非公开发行股票的董事会决议公告日、股东大会决议公告日或者发行期首日；调整非公开发行股票定价和锁定机制，将发行价格由不得低于定价基准日前20个交易日公司股票均价的9折改为8折；将锁定期由36个月和12个月分别缩短至18个月和6个月，且不适用减持规则的相关限制；将主板（中小板）、创业板非公开发行股票发行对象数量由分别不超过10名和5名，统一调整为不超过35名。

3. 适当延长批文有效期，方便上市公司选择发行窗口。将再融资批文有效期从6个月延长至12个月。

三、本次“再融资新规”修订要点的简析

结合上述修订内容，本次再融资规则从促进上市公司非公开发行股份角度进行了深入调整，并对创业板进一步放宽了政策，主要体现在定价机制、锁定期、发行对象数量、发行规模、批文有效期、募集资金用途等几个方面，具体而言：

（一）定价机制灵活，锁价发行折扣范围增加

定价基准日由原来的发行期首日调整为竞价发行定价基准日为发行期首日；锁价发行定价基准日可以为董事会决议公告日、股东大会决议公告日或发行期首日。其中，如果存在董事会仅确定部分投资人的情况，仍适用竞价发行定价基准日；

定价原则由不低于定价基准日前20个交易日或前1个交易日均价的90%调整为不低于定价基准日前20个交易日的80%。

（二）锁定期减半，且不适用减持股份相关新规

锁定期由原来的竞价发行12个月/锁价发行36个月调整为竞价发行6个

月/锁价发行18个月。

明确《上市公司股东、董监高减持股份的若干规定》（以下简称“《减持新规》”）不适用于非公开发行对象，减持规则由适用减持规则调整为不适用减持规则，即发行对象可以根据市场情况考虑一次性减持。

（三）发行对象数量增加并统一

将主板（中小板）、创业板非公开发行股票发行对象的数量由分别不超过10名和5名，统一调整为发行对象不超过35名。

（四）发行规模限制扩宽

根据《监管问答新规》，上市公司申请非公开发行股票的，拟发行的股份数量原则上不得超过本次发行前总股本的20%调整为30%。

（五）批文有效期延长6个月

批文有效期由6个月调整为12个月。

（六）禁止保底保收益承诺

明确对发行对象的保底保收益承诺的禁止，本条新增条款系为了加强对“明股实债”行为的监管，也是第一次在发行的相关规范性文件中明确该等要求，对发行股票中存在的“明股实债”等现象将起到遏制作用。

（七）降低创业板上市公司再融资条件

《创业板上市公司证券发行管理暂行办法》删除了此前要求的创业板上市公司非公开发行股票连续2年盈利的条件、公开发行最近一期末资产负债率不高于45%的条件以及前次募集资金使用完毕的要求。

（八）进一步明确募集资金用途比例

《监管问答新规》对募集资金中用于补充流动资金和偿还债务的规模进行了进一步约定，即通过配股、发行优先股或董事会确定发行对象的非公开发行股票方式募集资金的，可以将募集资金全部用于补充流动资金和偿还债务。通过其他方式募集资金的，用于补充流动资金和偿还债务的比例不得超过募集资金总额的30%；对于具有轻资产、高研发投入特点的企业，补充流动资金和偿还债务超过上述比例的，应充分论证其合理性。

（九）明确新老划断政策

再融资申请已经发行完毕的，适用修改之前的相关规则；在审或者已取得批文、尚未完成发行且批文仍在有效期内的，适用修改之后的新规则。

四、本次再融资规则对上市公司与投资人的影响

总体来看，本次再融资新规修订基于市场化、法治化的改革方向，对上市公司再融资进行了一次松绑，较大地降低了发行门槛，放宽了上市公司的融资条件，优化了融资环境，有利于缓解上市公司融资难、融资贵等现实难题。同时，亦有利于更多的投资人深入参与到上市公司再融资过程，提振市场信心，激发市场活力。

对投资人而言，发行价格的折扣率调整、锁定期限的缩短、减持规则的调整，将增加投资人的盈利空间，助力投资人的资金募集及退出，也极大地增加了投资人退出时间安排的灵活性，在一定程度上将大幅提升投资者，尤其是定增基金参与定增的热情，也将进一步提升投资人参与上市公司的积极性。

对上市公司而言，发行对象数量的增加将有利于吸引更多投资人参与上市公司的定增，为上市公司赢得更多融资机会；批文有效期的延长、募集资金用途配比的调整也有利于上市公司更好地选择发行时机，并在一定程度上提高了上市公司的融资成功率，避免因批文有效期短导致发行失败的情形。

同时，本次再融资新规对创业板上市公司再融资的进一步松绑，为资产负债率相对较高的创业板上市公司通过定增融资提供了通道；取消创业板上市公司非公开发行股票对上市公司最近 2 年盈利的要求，有利于部分盈利状况欠佳的创业板上市公司进行融资；删除了创业板上市公司前次募集资金使用完毕的要求，降低了创业板上市公司的融资进度受限于前次募投资金使用的情况，且在一定程度上加快创业板上市公司再融资的频率，同时，更多地将盈利情况等非公开发行所存在的风险交由市场判断。

对发行对象、发行底价、锁定期、减持、批文有效期等的实质性调整，凸显了从制度、规则层面对上市公司非公开发行的支持和鼓励，种种措施亦将进一步提升上市公司再融资空间，增强资金的获取能力，降低上市公司融

资难度。有利于上市公司积极利用平台开展直接融资，促进资本市场良性、健康发展，更好地推动实体经济的发展。

同时，我们也应当关注到，本次再融资新规的相关修订，主要体现了市场化、法治化的改革方向，对再融资的定价方式等的调整，把定价及其博弈交给市场；对创业板上市公司再融资门槛的降低，更多地将盈利情况等非公开发行所存在的风险交由市场判断。这是修订后的再融资新规的明显特征，也是监管机构用于激发市场活力的重要手段。

业界分析认为，再融资新规的修订对 A 股市场，尤其是本次受益最大的中小市值上市公司的走势带来利好。A 股市场或打破过去 3 年龙头股票占优的市场风格，中小创预期将迎来更大的增长空间。科技、医药、新消费、高端装备等新经济领域的成长型企业可能更为受益。可以预计，再融资新规的出台，对上市公司与投资人均有利好，将会激发一场规模较大的资本狂欢，助力资本市场稳健走出这个疫情笼罩的寒冬。但对上市公司与投资人来讲，所要面临的机遇和风险亦是并存的。上市公司与投资人间的博弈亦将进一步加剧，双方能否用好证监会于 2020 年 2 月 14 日发布的这份“情人节礼物”，彼此之间的“情人感情”是更“如胶似漆”，抑或是“分道扬镳”，仍有待时间考验。

关于《上市公司证券发行管理办法》修订内容的逐条解析

周 勇

为深化金融供给侧结构性改革，完善再融资市场化约束机制，增强资本市场服务实体经济的能力，助力上市公司抗击疫情、恢复生产，中国证券监督管理委员会（以下简称“证监会”）于2020年2月14日发布《关于修改〈上市公司证券发行管理办法〉的决定》《关于修改〈创业板上市公司证券发行管理暂行办法〉的决定》《关于修改〈上市公司非公开发行股票实施细则〉的决定》（以下合称“再融资新规”）并从发布之日开始实施。

本文将结合上市公司再融资市场的反映对《上市公司证券发行管理办法》修订内容进行逐条解析，以供大家交流、探讨之用。

一、《上市公司证券发行管理办法》的概述

证监会于2006年5月6日首次发布了《上市公司证券发行管理办法》并于2006年5月8日开始实施，时隔13年后，证监会于2020年2月14日对《上市公司证券发行管理办法》进行了修改，本次修改虽然仅修改了5个条款，却涉及了上市公司主板、中小板的通过公开或非公开发行股票、可转换公司债券以及其他证券品种等各个方面。本次《上市公司证券发行管理办法》的修改，对资本市场却有重大的意义，尤其是在全国都在抗击新型冠状病毒肺炎疫情的特殊时期，更是对上市公司的重大利好。

二、《上市公司证券发行管理办法》的逐条解析

（一）第 6 条的修订：关于现任董监高人员任职资格

原规定	新规定
第 6 条　上市公司的组织机构健全、运行良好，符合下列规定： （三）现任董事、监事和高级管理人员具备任职资格，能够忠实和勤勉地履行职务，不存在违反公司法第一百四十八条、第一百四十九条规定的行为，且最近 36 个月内未受到过中国证监会的行政处罚、最近 12 个月内未受到过证券交易所的公开谴责	第 6 条　上市公司的组织机构健全、运行良好，符合下列规定： （三）现任董事、监事和高级管理人员具备任职资格，能够忠实和勤勉地履行职务，不存在违反公司法第一百四十七条、第一百四十八条规定的行为，且最近三十六个月内未受到过中国证监会的行政处罚、最近十二个月内未受到过证券交易所的公开谴责

解析：

第 6 条的修订主要修改的是引用的《公司法》条文，主要是因为全国人民代表大会常务委员会于 2018 年 10 月 26 日对《公司法》进行了第四次修正导致原有《公司法》相关条文的序号发生了变化，故本次修订仅根究《公司法》的修正而调整了引用法条序号，没有实质性的修改内容，对上市公司再融资市场无任何影响。

（二）第 37 条的修订：关于非公开发行股票特定对象数量

原规定	新规定
第 37 条　非公开发行股票的特定对象应当符合下列规定： （二）发行对象不超过十名。 发行对象为境外战略投资者的，应当经国务院相关部门事先批准	第 37 条　非公开发行股票的特定对象应当符合下列规定： （二）发行对象不超过三十五名。 发行对象为境外战略投资者的，应当遵守国家的相关规定

解析：

1. 第 37 条的修订将非公开发行股票的特定对象从“不超过 10 名”修改为“不超过 35 名”，如果上市公司的融资金额固定，那么投资者人数的增加，必将导致投资者的平均投资资金降低，也使更多的投资者能够参与

上市公司的非公开发行，直接提升上市公司非公开发行股票的成功率和融资效率。

2. 同时，本条修订还将境外战略投资者参与非公开发行股票应当“经国务院相关部门事先批准”修改为应当“遵守国家的相关规定”，本次没有明确境外战略投资者需要遵守什么样的具体规定，主要原因可能是因为证监会即将对《外国投资者对上市公司战略投资管理办法》进行修订，为了避免相关规定冲突以及将来对《外国投资者对上市公司战略投资管理办法》修订预留一定空间，但目前已经可以推测境外战略投资者将极有可能取消事前审批的前置条件，这将极大地鼓舞境外战略投资者对上市公司非公开发行股票的信心。

相关案例：

1. 调整原有再融资方案的案例：凯莱英（002821. SZ）将发行对象由“不超过 10 名”改为“1 名”（这是目前唯一的一个反向操作案例），联泰环保（603797. SH）、湘潭电化（002125. SZ）、凯撒文化（002425. SZ）、宁波银行（002142. SZ）、东山精密（002384. SZ）、领益智造（002600. SZ）均将发行对象由“不超过 10 名”改为“不超过 35 名”。

2. 新增再融资方案的案例：宏大爆破（002683. SZ）发布的新方案确定发行对象为“不超过 35 名”，东方银星（600753. SH）确定发行对象为“3 名”（这是目前唯一一个没什么变化的案例）。

（三）第 38 条修订：关于非公开发行股票的发行价格及锁定期

原规定	新规定
第 38 条　上市公司非公开发行股票，应当符合下列规定： （一）发行价格不低于定价基准日前二十个交易日公司股票均价的百分之九十； （二）本次发行的股份自发行结束之日起，十二个月内不得转让；控股股东、实际控制人及其控制的企业认购的股份，三十六个月内不得转让	第 38 条　上市公司非公开发行股票，应当符合下列规定： （一）发行价格不低于定价基准日前二十个交易日公司股票均价的百分之八十； （二）本次发行的股份自发行结束之日起，六个月内不得转让；控股股东、实际控制人及其控制的企业认购的股份，十八个月内不得转让

解析：

1. 第38条的修订将发行价格的底价由定价基准日前20个交易日公司股票均价的90%降到了80%，即原来的规定最多可以打9折，而现在可以打8折，使得非公开发行更加市场化、议价空间更大，也更加考验上市公司和投资者之间的博弈能力，扩大了投资者的安全边际，有利于提升投资者的积极性，能够直接提升上市公司非公开发行的成功率。

2. 同时，第38条的修订还将控股股东、实际控制人及其控制的企业的锁定期由36个月降到了18个月，其他投资者的锁定期由12个月降到了6个月，大幅度降低了投资者（含控股股东、实际控制人及其控制的企业）的退出时间、市场波动风险和资金成本，且有利于提升投资者的资金流动性和参与热情，能够直接提升上市公司非公开发行的成功率。

相关案例：

1. 调整原有再融资方案的案例：凯莱英（002821. SZ）、联泰环保（603797. SH）、湘潭电化（002125. SZ）、凯撒文化（002425. SZ）、宁波银行（002142. SZ）、东山精密（002384. SZ）、领益智造（002600. SZ）将发行价格由"定价基准日前二十个交易日公司股票均价的90%"改为"定价基准日前二十个交易日公司股票均价的80%"，并根据各自情况将锁定期分别由"36个月"改为"18个月"、由"12个月"改为"6个月"（其中湘潭电化两名特定对象的锁定期仍为36个月）。

2. 新增再融资方案的案例：宏大爆破（002683. SZ）、东方银星（600753. SH）将发行价格确定为"定价基准日前二十个交易日公司股票均价的80%"、将锁定期确定为"18个月"。

（四）第47条的修订：关于证监会批文的有效期

原规定	新规定
第47条　自中国证监会核准发行之日起，上市公司应在六个月内发行证券；超过六个月未发行的，核准文件失效，须重新经中国证监会核准后方可发行	第47条　自中国证监会核准发行之日起，上市公司应在十二个月内发行证券；超过十二个月未发行的，核准文件失效，须重新经中国证监会核准后方可发行

解析：

第 47 条的修订将证监会批文的有效期从 6 个月延长到了 12 个月，有利于上市公司应对市场波动风险，有更长的时间选择较优的发行窗口，能够直接提升上市公司非公开发行的成功率；另外，本次有效期的修订不仅适用于上市公司的公开发行，也适用于非公开发行，还适用于股票、可转换公司债券以及其他证券品种。

（五）第 75 条的修订：减持新规

原规定	新规定
无	第 75 条　依据本办法通过非公开发行股票取得的上市公司股份，其减持不适用《上市公司股东、董监高减持股份的若干规定》的有关规定

解析：

1. 第 75 条的修订明确投资者通过非公开发行取得的股票不适用《上市公司股东、董监高减持股份的若干规定》的减持规定，即是说，投资者在限售期届满后，如采用大宗交易减持则不用再寻找愿意锁定 6 个月的受让方，如采用集中竞价方式减持则不用再遵守解禁后 12 个月只能减持一半的规定，大幅度降低了投资者的退出时间、市场波动风险和资金成本，且有利于提升投资者的资金流动性和参与热情，能够直接提升上市公司非公开发行的成功率。

2. 另外，如果投资者减持通过非公开发行股票取得的上市公司股份仍需要按照相关法律规定履行相应的信息披露义务（如涉及）。

（六）新老划断的问题

根据 2020 年 2 月 14 日的《证监会发布上市公司再融资制度部分条款调整涉及的相关规则》以及再融资新规的立法说明的相关内容，再融资新规施行后，再融资申请已经发行完毕的，适用修改之前的相关规则；在审或者已取得批文、尚未完成发行且批文仍在有效期内的，适用再融资新规，上市公司履行相应的决策程序并更新申请文件或办理会后事项后继续推进，其中已通过发审会审核的，不需重新提交发审会审议，已经取得核准批文预计无法在原批文有效期内完成发行的，可以向证监会申请换发核准批文。

证监会的这个举措更加贴近市场，将有利于提升投资者的积极性并帮助上市公司更好地融到资，针对在审或者已取得批文、尚未完成发行且批文仍在有效期内的项目将是重大利好，尤其是针对已取得批文、尚未完成发行且批文有效期即将届满的项目更是有起死回生的效果，这些项目将可能全方位享受到上述关于发行对象、定价、锁定期、减持、有效期等五个方面的福利。

三、结语

证监会本次发布的再融资新规对上市公司而言无疑是重大利好，尤其是面临债务危机和发展困境的上市公司，应该抓住这次机会。

资本市场疫情防控措施汇总及简析

刘志强　郑雯文　张　浩　侯正中

庚子新年以一场席卷全国蔓延全球的疫情拉开了序幕。新型冠状病毒的肆虐带来了生命的危机，也带来了经济逆行的压力。各地政府纷纷出台政策，支持中小企业，以期共渡难关、共克时艰。

资本市场作为国民经济重要的晴雨表，与本次疫情的全面防控工作亦息息相关。自2020年1月月底以来，证监会、交易所、全国股转公司、交易商协会等部门及机构（以下统称“证券监管机构”）亦出台系列政策文件，指导发行人、拟上市/挂牌公司及上市/挂牌公司做好疫情期间的防控工作，并以最大的政策力度，支持资本市场的稳健过渡。

本文对上述资本市场的疫情防控政策进行了梳理整合，供各债券发行人、拟上市/挂牌公司及上市/挂牌公司参考。

一、证券监管机构的防控政策

表1　证券监管机构的防控政策

序号	发文日期	发文机构	文件名称
1	2020. 1. 27	中国证监会办公厅	《关于做好新型冠状病毒感染的肺炎疫情防控工作的通知》证监办发〔2020〕9号
2	2020. 1. 28	中国银行间市场交易商协会	《关于加强银行间市场自律服务做好疫情防控工作的通知》
3	2020. 1. 31	中国人民银行、财政部、银保监会、证监会、外汇局	《关于进一步强化金融支持防控新型冠状病毒感染肺炎疫情的通知》（银发〔2020〕29号）

续表

序号	发文日期	发文机构	文件名称
4	2020. 2. 1	深圳证券交易所	《关于全力支持上市公司等市场主体坚决打赢防控新型冠状病毒感染肺炎疫情阻击战的通知》（深证上〔2020〕67 号）
5	2020. 2. 2	上海证券交易所	《关于全力支持防控新型冠状病毒感染肺炎疫情相关监管业务安排的通知》（上证函〔2020〕202 号）
6	2020. 2. 2	全国股转公司	《关于全力支持防控新型冠状病毒感染肺炎疫情有关业务安排的通知》（股转系统公告〔2020〕89 号）
7	2020. 2. 3	中国证监会发行监管部	《关于发行监管工作支持防控新型冠状病毒感染肺炎疫情相关安排的通知》（发行监管部函〔2020〕137 号）
8	2020. 2. 3	中国银行间市场交易商协会	《关于进一步做好债务融资工具市场服务疫情防控工作的通知》
9	2020. 2. 4	国家发改委利用外资和境外投资司	《关于企业申请延长外债备案登记证明有效期事宜的指引》
10	2020. 2. 5	中国证监会	《关于公司债券行政许可批复延期事项的操作方式的通知》
11	2020. 2. 8	上海证券交易所债券业务中心	《关于疫情防控期间债券业务安排有关事项的通知》

二、债市的疫情防控措施

表 2　债市的疫情防控措施

	银行间交易商协会		国家发改委	证监会		深圳证券交易所	上海证券交易所	
	《关于加强银行间市场自律服务 做好疫情防控工作的通知》	《关于进一步做好债务融资工具市场服务疫情防控工作的通知》	《关于企业申请延长外债备案登记证明有效期事宜的指引》	《关于进一步强化金融支持防控新型冠状病毒感染肺炎疫情的通知》	《关于公司债券行政许可批复延期事项的操作方式的通知》（证监会于 2020 年 2 月 5 日发布）	《关于全力支持上市公司等市场主体坚决打赢防控新型冠状病毒感染肺炎疫情阻击战的通知》	《关于全力支持防控新型冠状病毒感染肺炎疫情相关监管业务安排的通知》	《关于疫情防控期间债券业务安排有关事项的通知》
债券发行	1. 孔雀开屏系统线上办理债务融资工具注册、发行。 受疫情影响无法按既有时效要求补充注册发行材料的，交易商协会将按照有关政策精神予以灵活处理。 2. 注册会议采用电话会	1. 积极支持受疫情影响较重企业及参与疫情防控企业债务融资工具注册发行。 2. 实施注册发行全环链快速响应。对于疫情地区企业和疫情防控相关企业，实行专人对接，“即报即办、特事特办”。		中国银行间市场交易商协会、上海证券交易所、深圳证券交易所等要优化公司信用类债券发行工作流程，鼓励金融机构线上提交公司信用类债券的发行申报		1. 设立业务咨询专项服务通道，疫情防控期间，债券、资产支持证券相关参与主体因疫情防控在审核、发行、上市、挂牌转让、信息披露、交易结算等相关业务中出现特殊情况的，可通	1. 疫情防控期间，原需向本所报送相关书面材料的，可以电子版文件形式先行发送，相应书面材料可后续以邮寄方式补充提供。 2. 支持发行人、主承销商等中介机构通过线上办理公司债券、资产支持证券的	1. 公募公司债券可以先行完成电子封卷，后续补充提供纸质材料。 2. 对受疫情影响较重地区和行业企业，债券募集资金用于疫情防控相关领域或用于偿还疫情防控期间到期公司债券的，建立发行服务绿色

续表

	银行间交易商协会	国家发改委	证监会	深圳证券交易所	上海证券交易所
	议形式召开。相关档案材料可在疫情结束后补充提供。首次注册项目发行人和主承销商也可通过孔雀开屏系统线上领取《接受注册通知书》。 3. 债务融资工具发行簿记建档截止日或缴款日原定于2020年1月31日、2月1日的，相关机构于2月3日对调整后的发行安排进行披露。 4. 对湖北省内企业以及疫情严重地企 3. 积极发挥创新产品优势，帮助中小企业，解决流动性问题。 4. 注册发行材料线上报送。 5. 注册会议以电话会议形式召开，注册通知书线上领取。 6. B类主承可选择在本机构现场簿记建档		材料，远程办理备案、注册等，减少疫情传播风险。对募集资金主要用于疫情防控以及疫情较重地区金融机构和企业发行的金融债券、资产支持证券、公司信用类债券建立注册发行“绿色通道”，证券市场自律组织对拟投资于防疫相关医疗设备、疫苗药品生	过电话、电子邮件等方式及时与本所固定收益部沟通联系。 2. 做好疫情防控融资服务工作，根据湖北省等疫情相对严重地区政府安排，积极配合做好地方政府一般债券、专项债券发行业务、技术支持和服务工作；对募集资金主要用于疫情防控以及疫情较重地区企业发行的债券、资产支持证券，建立	审核、发行上市、信息披露等各项业务，通过本所业务系统、互联网、传真、邮寄等方式提交债券发行申请等材料。原需现场提交的书面材料，可先以电子文件形式发送，纸面材料可在疫情防控结束后补充提供。 3. 对注册地在湖北等疫情严重省（区、市）的企业及债券募集资金用于疫情防控相关领域的，建立发行服务绿色通道，切实做好疫情防控融资服务工作 通道，即报即审、特事特办，简化审核流程，优先安排审核会议，提高服务效率。疫情防控相关领域企业或行业主要包括：1. 注册地或实际经营地在湖北等疫情严重地区的企业；2. 批发和零售业，交通运输、仓储和邮政业，文化、体育和娱乐业，住宿和餐饮业等受疫情影响较大行业的企业；3. 募集资金全部或部分用于

续表

	银行间交易商协会		国家发改委	证监会		深圳证券交易所	上海证券交易所	
	业，和债务融资工具资金用于疫情防控相关领域的，开通绿色通道			产研发企业的私募股权投资基金，建立登记备案“绿色通道”，切实提高服务效率		发行审核绿色通道，优化工作流程，实行“专人对接，专项审核”。 3. 通过非现场方式办理相关业务。 4. 鼓励采取非现场方式召开债券、资产支持证券持有人会议		疫情防控领域的企业，包括疫情防控涉及的重点医疗物资和医药产品制造及采购、科研攻关、生活必需品支持、防疫相关基础设施建设、交通运输物流、公用事业服务等。公司债募集资金全部或部分用于防控疫情有关用途的，在申报或发行阶段可以在债券全称后添加“（疫情防控债）”标识，并按规定和约定做好信息披露

续表

	银行间交易商协会		国家发改委	证监会		深圳证券交易所	上海证券交易所	
延长相关时限	1. 存续债务融资工具的付息日、兑付日在2020年1月31日、2月1日的，顺延至2月3日进行付息和兑付。 2. 因春节法定节假日延长而影响到原定持有人会议流程的，召集人可视情况延期召开持有人会议，会议尽量通过非现场形式召开	1. 延长注册和备案有效期。对于2020年2月、3月已到期和将要到期的注册或备案项目，若有需要可将到期日延长至2020年3月月末（发行缴款日的设置不晚于2020年3月月末）。企业注册地（或实际经营地）在湖北省的企业，可进一步延期至2020年4月月末。 2. 放宽受疫情影响企业及机构注册（备案）反馈时限	已取得外债备案登记证明的企业，如确因疫情影响未能在有效期内完成外债发行的，可在有效期届满的20个工作日前向我委提出关于延长有效期的书面申请。对符合条件的企业，有效期可延长6个月		公开发行公司债券的反馈意见回复时限、已核发公司债券批文的有效期，自2020年2月1日起暂缓计算，恢复计算时间将根据疫情防控形势变化另行通知。非公开发行公司债券、资产支持证券参照执行	适当放宽债券、资产支持证券发行办理时限。疫情影响未能在文件有效期内完成发行的，非公开发行公司债券及资产支持证券发行主体可向本所申请延期发行	1. 如因受疫情影响，发行人和中介机构无法按既有时效要求提交发行申请等材料的，可按规定向本所申请采取中止时限计算等措施；不能在规定期限内披露定期报告、临时报告的，可按规定申请暂缓披露。 2. 适当放宽债券、资产支持证券发行办理时限。非公开发行公司债券、资产支持证券已经取得发行办理文件，但因受疫情影响未能在文件有效期内完成发行的，发行人可向本所申请延期发行	1. 自2020年2月1日起暂缓计算公司债券、资产支持证券的反馈意见回复时限和中止后触发终止时限，恢复计算时间将根据疫情防控情况另行通知。 2. 申请文件所引用的财务报告因疫情影响不能及时更新的，发行人、主承销商可申请延长财务报告有效期

续表

	银行间交易商协会		国家发改委	证监会		深圳证券交易所	上海证券交易所	
信息披露	存续期债务融资工具发行人及相关方在春节法定假期期间有信息披露需求的，顺延至 2020 年 2 月 3 日挂网披露	1. 发行人因各地延期复工政策无法按约定或相关规则进行信息披露的，可延期至复工后 2 个工作日内披露。 2. 发行人受疫情影响预计难以按照规定在 2020 年 4 月 30 日前披露 2019 年年度报告或 2020 年第一季度报表的，应按照规定提前披露延期公告，并在公告中说明受疫情影响导致无法披露的详细情况、预计可披露时间以及基本经营和财务数据等信息。 3. 灵活开展持有人会议召开相关工作				支持发行人及管理人等做好定期报告和临时报告披露工作。如受疫情防控影响，预计难以按规定期限披露债券、资产支持证券定期报告、临时报告的，可向本所申请延期办理。本所正按照中国证监会统一部署，抓紧研究部分债券发行人和资产支持证券管理人、托管人等因疫情影响难以在法定期限内披露定期报告事宜，相关安排明确后将另行通知		发行人如因受疫情影响，预计难以在法定披露期限内披露相关债券 2019 年年度报告的，发行人、受托管理人应及时向本所报告相关情况，可以按照本所相关规定申请暂缓披露

三、股市的疫情防控措施

表 3　股市的疫情防控措施

	证监会		深圳证券交易所	上海证券交易所	全国股转公司
	《关于做好新型冠状病毒感染的肺炎疫情防控工作的通知》	《关于进一步强化金融支持防控新型冠状病毒感染肺炎疫情的通知》	《关于全力支持上市公司等市场主体坚决打赢防控新型冠状病毒感染肺炎疫情阻击战的通知》	《关于全力支持防控新型冠状病毒感染肺炎疫情相关监管业务安排的通知》	《关于全力支持防控新型冠状病毒感染肺炎疫情有关业务安排的通知》
行政许可方式	各证券基金期货经营机构和上市（挂牌）公司等市场主体，向证监会申请行政许可的，请尽可能通过互联网方式提交申请材料		疫情防控期间，发行人及主承销商原则上通过邮寄方式报送发行上市申请文件	发行上市申请文件通过业务系统实行电子化报送，无须提交纸质文件	

续表

	证监会		深圳证券交易所	上海证券交易所	全国股转公司
业务受理与市场培育	1. 改进服务方式，引寻投资者采取非现场方式进行交易活动。 2. 维护业务稳定，制作切实可行的业务应急预案，确保交易结算系统安全稳定进行。 3. 引导理性投资，客观分析疫情影响，引导投资者合规开展投资活动。 4. 关心关爱员工，为员工提供防疫物品，持续关注员工健康状况，并及时向住所地证监局报告		持续做好市场培育和服务工作。通过线上等形式做好市场培育，主动配合做好上市服务工作	优化调整现场业务办理方式，主要包括采取邮寄或线上等非现场方式寄送材料配合股份转让、配合司法等有权机关协助调查、视频或完成纪律处分听证、复核等业务	1. 疫情防控期间暂停现场业务受理，通过非现场方式办理各类受理业务。 2. 持续做好市场培育，加大对湖北等疫情相对严重地区市场培育服务支持，主动配合当地政府及拟挂牌企业做好市场推广与服务工作。 3. 畅通投资者诉求渠道，暂时关闭来访接待场所，投资者可通过线上非现场方式咨询问题。 4. 做好投资者教育服务。 5. 倡导理性投资

续表

	证监会		深圳证券交易所	上海证券交易所	全国股转公司
IPO/新三板挂牌	对于发行人的反馈意见回复时限、告知函回复时限、财务报表有效期届满后终止审查时限等与发行审核相关的时限，以及已核发的再融资批文有效期，均暂缓计算	1. 免收湖北省上市公司、挂牌公司应向证券交易所、全国中小企业股份转让系统缴纳的2020年年度上市年费和挂牌年费。免除湖北省期货公司应向期货交易所缴纳的2020年年度会费和席位费。 2. 疫情期间，对股票发行人的反馈意见回复时限、告知函回复时限、财务报告到期终止时限，以及已核发的再融资批文有效期，自本通知发布之日起暂缓计算。已取得债券发行许可，因疫情影响未能在许可有效期内完成发行的，可向证监会申请延期发行	1. 取消疫情防控期间上市仪式现场环节，上市协议通过邮寄方式签署，支持疫情影响消除后的补办上市仪式。 2. 减轻湖北省上市公司费用负担，免收注册地在湖北省的上市公司2020年的上市初费和上市年费。 3. 持续做好市场培育和服务工作。通过线上等形式做好市场培育，主动配合做好上市服务工作	1. 科创板发行上市审核：疫情防控期间，仍正常受理发行人通过科创板审核业务系统提交的首次公开发行上市、上市公司重大资产重组及其他相关申请；自2020年2月3日起，科创板首次公开上市审核、重大资产重组及其他审核发行人回复时限等规则规定审核时限，以及发行人更新财务报告的时限，中止计算；具体回复时间根据疫情防控情况另行通知；项目审核期间不接待现场咨询，可在线咨询。 2. 免受注册地在湖北省上市公司年费，免收2020年注册地在湖北省新上市公司的上市初费和上市年费。 3. 疫情防控期间暂不安排现场上市仪式。上市协议通过邮寄方式签署，支持疫情影响消除后的补办上市仪式	1. 免收2020年湖北省新增挂牌公司、新增优先股的挂牌初费及当年年费，免收湖北省存量挂牌公司的2020年年费。 2. 湖北等疫情严重地区企业以及疫情防控领域企业申请新三板挂牌的，全国股转公司开设审查绿色通道。一是设置“专人对接，专项审查”机制，二是设置“即报即审、审过即挂”机制

续表

	证监会		深圳证券交易所	上海证券交易所	全国股转公司
定向发行、并购重组		适当延长上市公司并购重组行政许可财务资料有效期和重组预案披露后发布召开股东大会通知的时限。如因受疫情影响确实不能按期更新财务资料或发出股东大会通知的，公司可在充分披露疫情对本次重组的具体影响后，申请财务资料有效期延长或股东大会通知时间延期1个月，最多可申请延期3次	1. 通过非现场方式办理股票发行上市业务。 2. 适当放宽并购重组业务相关时限。按照《关于进一步强化金融支持防控新型冠状病毒感染肺炎疫情的通知》相关要求，适当延长上市公司并购重组行政许可财务资料有效期和并购重组预案披露后发布召开股东大会通知的时限	1. 疫情防控期间，仍正常受理发行人通过科创板审核业务系统提交的首次公开发行上市、上市公司重大资产重组及其他相关申请。 2. 如因受疫情影响，上市公司在筹划并购重组过程中确实不能按期更新财务资料或发出股东大会通知的，可在充分披露疫情对本次重组的具体影响后，申请财务资料有效期延长或股东大会通知时间延期1个月，最多可申请延期3次	1. 全国股转公司出具的定向发行函件有效期经申请可以适当延长。 2. 挂牌公司筹划重大资产重组，因受疫情影响，股票暂停转让6个月内无法披露重组预案或重组报告书，或披露预案后无法在6个月内完成审计并披露重组报告书的，可向全国股转公司申请延期。 3. 在停牌后10个交易日无法提交内幕信息知情人报备材料的，可向全国股转公司申请延期报送。 4. 湖北省等疫情严重地区企业以及疫情防控领域企业股票定向发行和并购重组的，全国股转公司开设审查绿色通道。一是设置“专人对接，专项审查”机制，二是设置“即报即审、审过即挂”机制。三是探索投融资专项对接服务，针对湖北省挂牌公司发行融资，通过投融通平台联合商业银行提供线上信用贷专项产品，开展线上展示和融资专场服务，帮助挂牌公司对接投资人。 5. 针对湖北省等疫情严重地区的挂牌公司以及募集资金主要用于疫情防控领域的挂牌公司拟申请股票公开发行并在精选层挂牌的，即日起至疫情结束，全国股转公司开通咨询绿色通道

续表

	证监会		深圳证券交易所	上海证券交易所	全国股转公司
信息披露	从保护投资者知情权处罚，依法依规做好信息披露工作，真实准确完整及时地披露投资者决策所需信息。	信息披露等监管事项。上市公司、挂牌公司、公司债券发行人受疫情影响，在法定期限内披露2019年年报或2020年第一季度季报有困难的，证监会、证券交易所、全国中小企业股份转让系统要依法妥善安排。上市公司受疫情影响，难以按期披露业绩预告或业绩快报的，可向证券交易所申请延期办理；难以在原预约日期披露2019年年报的，可向证券交易所申请延期至2020年4月30日前披露。湖北省证券基灵活妥善调整企业金经营机构可向当	1. 设立上市公司信息披露专项服务通道，上市公司可直接联系管理部门进行业务咨询或办理信息披露义务。 2. 支持上市公司做好定期报告，难以在原预约日期披露2019年年报的，可向本所申请延期至2020年4月30日前披露。上市公司受疫情影响，在法定期限内披露2019年年报或2020年第一季度季报有困难的，本所将按中国证监会统	1. 依法依规做好相关信息披露工作，真实、准确、完整、及时、公平地披露投资者决策所需信息。如因受疫情影响，上市公司生产经营等重大事项达到信息披露标准的，需按本所主板、科创板股票上市规则相关规定及时披露，依法保障广大投资者的知情权。 2. 如因受疫情影响，预计难以在原预约日期披露2019年年度报告的，可以依规向本所公司监管部门申请办理延期至2020年4月30日前披露。上市公司如因受疫情影响，预计难以在法定披露期限（2020年4月30日）内披露2019年年度报告或2020年第一季度报告的，需联系监管部门。	1. 实施挂牌公司信息披露专岗服务。全国股转公司对应专岗人员对咨询及时做好解答，支持挂牌公司做好疫情防控与驰援抗疫情况信息披露工作。 2. 支持挂牌公司做好定期报告披露工作。全国股转公司将为挂牌公司调整年报预约披露时间提供便利，并通过年报在线培训等形式指导挂牌公司尽快推进年报披露工作。 3. 指导挂牌公司规范履行信息披露义务。如因受疫情影响，挂牌公司无法及时披露临时公告的，需主动告知主办券商，同时做好停牌业务办理，主办券商应及时披露风险揭示公告

续表

	证监会		深圳证券交易所	上海证券交易所	全国股转公司
		地证监局申请延期办理年度报告的审计、披露和报备。受疫情影响较大的证券基金经营机构管理的公募基金或其他资产管理产品，管理人可向当地证监局申请延期办理年报审计和披露。对疫情严重地区的证券基金期货经营机构，适当放宽相关风控指标监管标准	一部署依法妥善安排，相关安排明确后将另行通知。 3. 上市公司履行社会责任相关信息披露情况将作为年度信息披露考核重要评价指标	3. 如因受疫情影响，上市公司预计难以按规定在2020年1月月底前披露业绩预告或科创板上市公司预计难以按规定在2020年2月月底前披露业绩快报的，需要向监管部门申请办理延期	
公司治理					1. 允许挂牌公司延期或者取消股东大会。 2. 鼓励挂牌公司灵活安排股东大会的召开方式，灵活安排网络投票等非现场方式召开股东大会。 3. 延长控股股东、实际控制人信息报备时间。原通知“挂牌公司于2020年2月7日前通过业务支持平台完成控股股东、实际控制人的信息报备工作”，现将上述信息报备工作延长至2020年2月16日前完成

续表

	证监会		深圳证券交易所	上海证券交易所	全国股转公司
股份／股票协议转让			通过非现场办理股份协议转让业务。疫情防控期间，申请人可通过邮寄方式将申请文件、《承诺函》等寄至本所。对符合条件的申请，本所将通过电子邮件方式向申请人发送相关通知，出具确认意见书并邮寄给申请人；申请人已提交申请但尚未领取确认意见书的，参照前述方式办理后续业务	1. 股份协议转让业务优先通过邮寄方式办理。申请材料中需指定用于业务办理反馈的联系电话、电子邮箱、邮寄地址等信息。对符合条件的申请，将通过电子邮件等方式向申请人发送相关通知，出具确认意见书并邮寄给申请人。 2. 申请人可通过邮寄方式向中国证券登记结算有限责任公司上海分公司提交过户申请	1. 2019 年 7 月 24 日后签署的转让协议，投资者因疫情延误申请办理的，不受签署之日起 6 个月内申请的限制。对于 2019 年 11 月 24 日后出具的特定事项协议转让确认函，投资者尚未办理过户的，不受确认函有效期的限制。 2. 疫情防控期间，申请人原则上应通过邮寄申请材料等非现场方式向全国股转公司申请办理特定事项协议转让业务。对符合条件的申请，全国股转公司将通过电子邮件方式向申请人发送相关通知和特定事项协议转让确认函

续表

	证监会		深圳证券交易所	上海证券交易所	全国股转公司
主办券商的工作					1. 督促主办券商切实履行持续督导职责，协助挂牌公司做好公司治理、信息披露、日常业务办理等工作，及时向全国股转公司报告挂牌公司重大事项。 2. 鼓励主办券商进一步完善与挂牌公司的日常联系机制，在疫情防控期间，鼓励主办券商通过电话、网络等非现场方式对挂牌公司进行指导、督促、检查和培训。 3. 支持主办券商通过多种方式，切实做好投资者教育和投资者服务工作，引导投资者采取非现场方式进行权限开通和交易活动，并为非现场开通权限、交易提供有效的技术保障和相关服务。 4. 对于确因疫情影响无法正常开展做市业务的，可根据实际情况向全国股转公司申请豁免一段期间内的做市义务。 5. 支持主办券商制定有针对性、切实可行的业务应急预案，对关键岗位实施双岗互备，并做好特殊情形下有关人员的替岗安排，确保各项业务平稳运作。 6. 疫情防控期间，主办券商业务备案通过非现场方式办理

四、疫情防控措施的总结及其影响

从上述政策来看，证券监管部门针对资本市场的疫情防控措施主要集中在以下几个方面：

1. 调整行政许可的申请及业务开展方式。以电子版文件形式、通过业务系统线上提交及纸质文本邮寄等方式避免人员的现场流动，同时也将沟通反馈方式以非现场的业务系统、邮箱及电话方式替代。针对债券簿记现场的律师见证，更是明确发行人律师可选择线上视频连线或查阅监控摄像资料等方式进行见证并出具法律意见书。本次疫情导致的业务方式变更，一定程度上也进一步推进了证券监管部门的无纸化办公和线上多元化办公趋势的发展。

2. 中止、暂停或延长相关期限。对债券发行（包括境外债券的发行）、上市申请、再融资等的反馈的回复期限、已核发批文的有效期限中止、暂停或延长，并视疫情情况另行通知。

3. 费用减免。对疫情严重地区，减免相应费用，如上市费用、挂牌年费等。

4. 设置发行及审批的绿色通道。加大政策倾斜力度，充分发挥资本市场机制功能，优先为疫情严重地区相关企业提供高效便捷的绿色通道服务。

从债券市场来看，债务融资工具、公司债券、资产支持证券等的发行实施绿色通道政策，优化工作流程，实行“专人对接，专项审核”。截至2020年2月7日，已有多家企业或金融机构发行防控疫情专题债券，融资规模超过200亿元，募集资金用途亦主要集中于药品生产、药品及医疗物资采购、医院建设、物资仓储及运输物流等。同时，针对受疫情影响较大的行业，如批发和零售业，交通运输、仓储和邮政业，文化、体育和娱乐业，住宿和餐饮业等，亦可享受绿色通道政策。债市绿色通道政策的设置无疑为疫情主要辅助性企业的生产和经营提供了强有力的资金后盾。

从上市公司层面看，对注册地在湖北省等疫情严重地区的企业，开通绿色咨询通道及审查绿色通道，并对因疫情导致无法更新财务资料或再融资重组方案的，可以申请延期。虽然该等政策未对申请上市企业一季度的财务考核情况给予明确意见，但有鉴于证监会对证券经营机构因受疫情影响而导致的流动性等风控指标不符合监管标准情况将评估后酌情豁免，我们倾向认为，该等企业疫情期间的财务情况在审核中会给予充分考虑，不会构成实质性障碍情况。

5. 延迟信息披露。对受疫情影响严重的上市/挂牌公司，可酌情延期披露定期报告及年报等，且已设立专门服务通道，随时接受上市公司及挂牌公司的沟通咨询。

截至目前，各地政府、各职能部门的防疫政策文件仍层出不穷，后续我们也将及时予以跟进更新。防疫不仅是与新型冠状病毒的抗战，除证券监管部门外，其他金融机构亦在以政策为导向给予企业直接融资的便利，疫情对经济的影响可能无法预测估计，但望疫情防控早日取得胜利，资本市场再现繁荣。

从投资者保护角度看“康得新事件”
——兼论《证券法》的修改

张 云

一、基本情况

2019年1月，康得新复合材料集团股份有限公司（以下简称“康得新”）手握150亿元现金却无力兑付15亿元债券，中国证券监督管理委员会（以下简称“证监会”）对康得新业绩真实性产生质疑并决定对其立案调查。2019年7月6日，康得新收到证监会行政处罚事先告知书，依据该告知书，其涉嫌违法行为包括：一是近四年共虚增利润119亿元；二是年报中未披露控股股东非经营性占用资金的关联交易情况，四年合计逾530亿元；三是未及时披露及未在年报中披露为控股股东提供关联担保的情况；四是未在年报中如实披露募集资金使用情况，存在虚假记载。证监会拟对康得新责令改正，给予警告，并处以60万元罚款；对康得新实际控制人钟某给予警告并处以90万元罚款（其中作为直接负责的主管人员罚款30万元，作为实际控制人罚款60万元)，且同时给予终身证券市场禁入措施；对时任财务总监王某、时任资金部主管张某雄给予警告，并分别处以30万元罚款，同时给予终身证券市场禁入措施；其他相关人员亦遭受了不同程度的处罚。

二、影响广泛

证监会相关人员表示康得新所涉及的信息披露违法行为持续时间长、涉案金额巨大、手段极其恶劣、违法情节特别严重。

康得新可能让约15.55万元（截至2020年3月31日）投资者不幸踩雷，其作为曾经的白马股，市值一度接近千亿元，而今余约120多亿元，仅剩约一成市值，不知道多少投资者心在流血。

三、“康得新事件”遇到新证券法

（一）行政处罚

面对钟某等的罚款出台后，市场存在不同意见。有部分投资者认为，案涉行为情节严重、违法程度极其恶劣，罚款数额仅90万元，无法起到警示作用。但是，殊不知证监会对钟某、王某、张某雄的罚款是当前现行有效的《证券法》规定范围内的顶格处罚，虽然证监会已对相关违法行为人作出顶格处罚，但仍不能完全平息市场及中小投资者的愤怒。

根据2019年12月28日发布的《中华人民共和国证券法》（以下简称“《证券法》”）之规定，康得新的违法情节最高罚款是500万元人民币，对于直接负责的主管人员和其他直接责任人员最高100万元人民币，钟某作为直接负责的主管人员及实际控制人，合计最高罚款额可达600万元。

（二）民事赔偿

1. 民事诉讼

相关人员表示，康得新重大违法行为一旦认定，将启动重大违法行为退市程序。退市固然是对发行人及其实际控制人的惩戒，但损失更大的是中小投资者尤其是数十万计的“散户股民”。投资者权益遭受损害，其可以通过诉讼主张责任人赔偿。但是，诉讼无疑是有成本的，特别是个人起诉，往往势单力薄，无法形成合力。为了提高诉讼效率，保障中小投资者的合法权益，现行有效的《民事诉讼法》第53条、第54条规定了代表人诉讼制度。2003年最高人民法院《关于审理证券市场因虚假陈述引发的民事赔偿案件的若干规定》第14条、第15条也规定了代表人诉讼制度。但现实中，代表人诉讼执行的情况不容乐观，鲜有股东请求赔偿的代表诉讼案例，笔者认为具体可能有如下原因：

（1）代表人诉讼的法律原理是诉讼标的相同或同类，如果诉讼标的不同，无法进行代表人诉讼。如果每一个中小投资者诉请金额和时间、依据等不一致，将无法通过代表人诉讼的方式来实现惠及所有人的判决，因此必须单独立案审理。

（2）代表人需要获得委托人的特别授权，如果没有获取那么其放弃诉讼请求或者承认对方当事人的诉讼请求进行和解必须经被代表的当事人同意，授权权限、授权次数的增加无疑导致代表人诉讼实现困难的增加。

（3）对于起诉时人数不确定的诉讼，法院没有意愿做公告登记。

反观《证券法》第95条的规定，“投资者提起虚假陈述等证券民事赔偿诉讼时，诉讼标的是同一种类，且当事人一方人数众多的，可以依法推选代表人进行诉讼”。但笔者认为，这不过是老生常谈，与上述早就有的代表人诉讼没有本质差别，实践中，对于中小投资者不会带来任何实质的变化。

特别值得一提的是，中小投资者经过千辛万苦，终于胜诉，现实中往往发行人及相关责任人已经无力履行判决，小股东努力半天也不过花时间和精力拿了一纸“不值钱”的判决。

2. 如何更好地保护中小投资者

中小投资者除了通过诉讼主张权益外，《证券法》中有什么更好的投资者保护措施呢？

（1）投资者保护机构

①相关方可委托投资者保护机构达成协议，予以先行赔付。

根据《证券法》第93条规定，“发行人因欺诈发行、虚假陈述或者其他重大违法行为给投资者造成损失的，发行人的控股股东、实际控制人、相关的证券公司、证券服务机构可以委托国家设立的投资者保护机构，就赔偿事宜与投资者达成协议，予以先行赔付。先行赔付后，可以依法向发行人以及其他连带责任人进行追偿”。

看到“先行赔付”眼睛难免一亮，仔细一看，原来不是想的那样。这个先行赔付的关键是取决于相关方有意愿去赔付，相关方包括发行人的控股股东、实际控制人、相关的证券公司、证券服务机构，如果他们不愿意，也就不存在这个先行赔付了。这里的投资者保护机构，只不过是一个与第三方达成协议的平台而已。

②申请调解、依法支持诉讼、代为提起股东代表诉讼。

第一，根据《证券法》第94条的规定：投资者与发行人、证券公司等发生纠纷的，双方可以向国家设立的投资者保护机构申请调解。普通投资者与证券公司发生证券业务纠纷，普通投资者提出调解请求的，证券公司不得拒绝。国家设立的投资者保护机构对损害投资者利益的行为，可以依法支持投资者向人民法院提起诉讼。

第二，根据《证券法》第 94 条第 3 款：发行人的董事、监事、高级管理人员执行公司职务时违反法律、行政法规或者公司章程的规定给公司造成损失，发行人的控股股东、实际控制人等侵犯公司合法权益给公司造成损失，国家设立的投资者保护机构持有该公司股份的，可以为公司的利益以自己的名义向人民法院提起诉讼，持股比例和持股期限不受《公司法》规定的限制。

笔者难免对投资者保护机构产生好奇，通读整个草案，没有找到这个机构的介绍。按照上述规定，这个机构不但有“代相关方与投资者达成先行赔付协议”的职能，还有“调解”职能、“支持投资者起诉”的功能、“股东代表诉讼”职能。但笔者认为，这个机构很可能类似于“中证中小投资者服务中心”这种角色，不具有任何行政或司法背景，就是一个民间机构，最多是一个国家控股的角色，如果是这样其与相关方达成的“先行赔偿协议”“调解协议”不履行了怎么办？是否有强制执行力？是否还需要靠诉讼解决？对于“依法支持投资者起诉”“股东代表诉讼”规定，涉及依法支持的内涵、启动这个程序的时间，启动这个程序是其主动的还是被动的，是面向广大投资者的还是面向特殊群体的等内容，若对以上内容无具体说明，仅是笼统规定，则其现实执行情况不容乐观。另外，“股东代表诉讼”这个内容不新鲜，在现行有效的《公司法》第 151 条就有规定，只不过是《证券法》开了一个绿灯，投资者保护机构其持股比例和持股期限不受《公司法》规定的限制。

综上，笔者认为，如果设立投资者保护机构，那么《证券法》中就应该针对这个机构如何设立、如何运营并对其在整个证券市场中的定位和功能予以明确和细化，使其具有可操作性，真正地让投资者找到自己的组织，对得起这个“投资者保护”的名字。

（2）给违法行为人改过的机会

根据《证券法》第 171 条规定：国务院证券监督管理机构对涉嫌证券违法的单位或者个人进行调查期间，被调查的当事人书面申请，承诺在国务院证券监督管理机构认可的期限内纠正涉嫌违法行为，赔偿有关投资者损失，消除损害或者不良影响的，国务院证券监督管理机构可以决定中止调查。被调查的当事人履行承诺的，国务院证券监督管理机构可以决定终止调查。具体办法由国务院规定。国务院证券监督管理机构中止或者终止调查的，应当按照规定公开相关信息。

笔者认为这是一个亮点，规定了被调查者在调查结论作出前可实施的补救措施，类似于“辩诉交易”。这意味着给了涉嫌违法行为人一个弥补过错的机会，也使投资者权益能够得到更有效的救济。

（3）鼓励举报

根据《证券法》第176条：对涉嫌证券违法、违规行为，任何单位和个人有权向国务院证券监督管理机构举报。对涉嫌重大违法、违规行为的实名举报线索经查证属实的，国务院证券监督管理机构可以给予举报人奖励。

笔者认为鼓励举报是构建全面监管的一个非常好的措施。如果真正地把这个规定落实到位，且配套对于举报人的相关保护措施，使其免受打击报复，其意义是相当深远的。

四、尾声

我们需要对目前国内证券市场乱象予以反思，真正地构建一个合理高效立体的监管体系，还股民一个透明、公平、法治的证券市场。

拓展阅读

1. 美国的“安然事件”

安然公司（EnrconCorporation）财务欺诈被披露出来以后，24天内就破产了，当时公司被罚5亿美元，CEO被判刑24年并罚款4500万美元，CFO被刑10年外加2380万美元罚金，甚至已经过世的安然公司创始人也被追讨1200万美元，给公司做审计的当时五大会计师事务所之一的安达信因此破产。华旗集团、摩根大通、美国银行等因涉嫌财务欺诈（这些公司被指控帮助安然制造假象，欺骗投资人、股东和评估公司。它们故意设计了一系列虚假的金融交易，比如帮助安然设立秘密的合伙关系，用海外公司来掩盖安然的贷款，并为安然出售过高定价的资产提供便利），向安然破产的受害者分别支付了20亿美元、22亿美元和6900万美元的赔偿金。“安然事件”导致了《萨班斯－奥克斯利法案》（Sarbanes－Oxley Act）的产生，该法案内视为自20世纪30年代以来美国证券法最重要的修改，对于其中暴露出的问题，企业管理层需要负主要责任，因此，该法案的主要内容之一，就是明确界定公司管理层的责任，同时加大对公司管理阶层及白领犯罪的刑事责任，企业会计人员以及外部审计人员在这些事件中的负面作用也是不容否定，因为提高财务报告的可靠性，成为另一个主要内容，建立了独立的公司会计监管委员会（PCAOB）对上市公司审计进行监管、审计师定期轮换、全面修订会计准则、要求管理层即时评估内部控制、更即时的财务报告等。特别值得注意的是，法案中专门规定："除了其他分配给SEC的资金外，为保证SEC能够正常履行其职能，2003年委员会将获得776,000,000美元的财政拨款，其中：（1）102,700,000美元用作额外的薪酬，包括根据《投资者和资本市场费用救济法案》（the Investor and Capital Market Fee Relief Act）规定的工资和福利项目；（2）108,400,000美元将用于信息技术、证券安全强化以及恢复和缓解'911'恐怖袭击的影响；（3）98,000,000美元用于增加200名以上的专业人员，以便对联邦证券法律要求的审计师及审计服务进行监督，提高SEC同上述审计师和审计服务相关的调查和监管能力。此外，可以增加SEC的力量，以便实施其计划，包括充分信息披露和禁止欺诈，管理层风险，行业技术复核，符合性测试，检查工作，市场监管，投资管理等等。"

2. "康得新案"可能面临的刑事处罚

根据公开资料，2019年5月，康得新的实际控制人钟某因为涉嫌构成挪用资金罪，已经被公安机关采取强制措施。按照现行《刑法》第272条规定"公司、企业或者其他单位的工作人员，利用职务上的便利，挪用本单位资金归个人使用或者借贷给他人，数额较大、超过三个月未还的，或者虽未超过三个月，但数额较大、进行营利活动的，或者进行非法活动的，处三年以下有期徒刑或者拘役；挪用本单位资金数额巨大的，或者数额较大不退还的，处三年以上十年以下有期徒刑"。笔者认为，钟某的行为挪用资金数额必然构成《刑法》规定的"数额巨大"，将面临3年以上10年以下的有期徒刑。

按照中国证监会相关人员表态，在"康得新案"中，如涉及刑事犯罪的，将移交相关机关处理。笔者认为，康得新及其实际控制人涉嫌违反《刑法》第161条，"依法负有信息披露义务的公司、企业向股东和社会公众提供虚假的或者隐瞒重要事实的财务会计报告，或者对依法应当披露的其他重要信息不按照规定披露，严重损害股东或者其他人利益，或者有其他严重情节的，对其直接负责的主管人员和其他直接责任人员，处三年以下有期徒刑或者拘役，并处或者单处二万元以上二十万元以下罚金”。如果属实，钟某将可能被判处 3 年以下有期徒刑。

科创板细则精要解读

泰和泰资本市场法律中心

中国资本市场迎来了巨大的制度设计变革！中国证券监督管理委员会（以下简称证监会）于 2019 年 1 月 30 日发布了在上海证券交易所（以下简称“上交所”）设立科创板并试点注册制的实施意见，上交所配套业务规则随即开始公开征求意见。这项新的制度设计无疑是巨大的机遇与挑战，泰和泰资本市场法律中心组织多位资深律师分别就上市门槛和条件、投资者门槛、支持行业、交易规则、定价和配售、券商跟投、同股不同权、股权激励、特殊锁定期、减持制度、注册制流程、退市制度等多个方面对实施意见进行了精要解读。

一、科创板上市门槛和条件

上市条件更加包容：《上海证券交易所科创板股票上市规则》（以下简称《科创板上市规则》）立足科创板的市场定位，对科创板市场股票上市和退市，作出针对性规定。其中**上市门槛和条件决定的是市场的“进口”**，“进口”重点体现了**包容性，设置了 5 套差异化的上市指标**，满足财务表现不一的各类科创企业上市需求。

契合科创企业特点：科创企业有其自身的成长路径和发展规律，财务表现上，很多企业在前期技术攻关和产品研发期，投入和收益在时间上呈现出不匹配的特点，有的企业存在暂时性亏损，有的企业在研发阶段还没有产生收入。《科创板上市规则》围绕上述特点进行制度设计，更具**针对性**。

指标体系更加科学：《科创板上市规则》**引入“市值”指标，与收入、现金流、净利润和研发投入等财务指标**进行组合，**允许存在未弥补亏损、未**

盈利企业上市，不再对无形资产占比进行限制，以此形成更加科学合理的上市指标体系。

充分借鉴成功经验：现有的多套上市财务指标模式，充分**借鉴了《香港联合交易所有限公司证券上市规则》**的上市财务指标模式，更具灵活性且有利于争取优质科技创新型企业重新回归境内科创板上市。

上市条件简要对比：通过对科创板、主板、中小板、创业板的对比，可以看到科创板上市条件的特色，尤其是财务要求上给予新兴科创企业很大的空间。

表1　上市条件简要对比

	科创板	主板、中小板	创业板
财务要求	以下5点满足其一即可： （1）预计市值不低于人民币10亿元，最近2年净利润均为正且累计净利润不低于人民币5000万元，或者预计市值不低于人民币10亿元，最近一年净利润为正且营业收入不低于人民币1亿元； （2）预计市值不低于人民币15亿元，最近1年营业收入不低于人民币2亿元，且最近三年研发投入合计占最近3年营业收入的比例不低于15%； （3）预计市值不低于人民币20亿元，最近1年营业收入不低于人民币3亿元，且最近3年经营活动产生的现金流量净额累计不低于人民币1亿元； （4）预计市值不低于人民币30亿元，且最近1年营业收入不低于人民币3亿元； （5）预计市值不低于人民币40亿元，主要业务或产品需经国家有关部门批准，市场空间大，目前已取得阶段性成果，并获得知名投资机构一定金额的投资。医药行业企业需取得至少一项一类新药二期临床试验批件，其他符合科创板定位的企业需具备明显的技术优势并满足相应条件	以下3点均需满足： （1）最近3个会计年度净利润均为正数且累计超过人民币3000万元； （2）最近3个会计年度经营活动产生的现金流量净额累计超过人民币5000万元；或者最近3个会计年度营业收入累计超过人民币3亿元； （3）最近一期末不存在未弥补亏损	以下2点均需满足： （1）最近2年连续盈利，最近2年净利润累计不少于1000万元；或者最近1年盈利，最近1年营业收入不少于5000万元； （2）最近一期末不存在未弥补亏损

续表

	科创板	主板、中小板	创业板
资产要求	N/A	最近一期末无形资产（扣除土地使用权、水面养殖权和采矿权等后）占净资产的比例不高于20%	最近一期末净资产不少于2000万元
股本要求	发行后股本总额不低于人民币3000万元	发行前股本总额不少于人民币3000万元	发行后股本总额不少于3000万元

二、科创板股票投资者门槛

《上海证券交易所科创板股票交易特别规定》（以下简称《交易特别规定》）明确规定投资者适当性管理制度。

投资者适当性管理制度要求证券期货产品销售或服务机构详细了解投资者信息、谨慎评估投资者风险承受能力、警示投资者可能承担的风险，充分保护投资者权益。

考虑到科创板企业商业模式较新、业绩波动可能较大、经营风险较高，需要投资者具备相应的投资经验、资金实力、风险承受能力和价值判断能力，《交易特别规定》对投资者管理提出了如下要求：

（一）适当性条件

1. 资金实力门槛。个人投资者申请权限开通前20个交易日证券账户及资金账户内的资产日均不低于人民币50万元（不包括该投资者通过融资融券融入的资金和证券）。

2. 投资经验要求。个人投资者参与证券交易24个月以上。

（二）综合评估

在符合投资者适当性条件的前提下，上交所会员应对投资者的资产状况、知识水平、风险承受能力和诚信状况进行全面了解并做进一步综合评估，根据综合评估结果提出明确的适当性匹配意见。

（三）风险揭示

《交易特别规定》要求会员向投资者充分揭示科创板股票风险，并签署风险揭示书。

三、支持行业：重点支持五大高新技术产业和战略性新兴产业

经党中央和国务院同意，科创板在设立定位上对行业和产业有明确的支持意向，在功能定位上与创业板、中小板等都具有明确的区别，以此推动中国高新技术和新兴产业经济在关键性世界竞争中脱颖而出。基于此支持目标，科创板在审核机制上，上交所设立专门的科技创新咨询委员会以提供行业性的专业咨询和政策建议，以判断发行企业是否符合科创板定位的发行条件。

证监会在2020年1月30日晚间发布的《关于在上海证券交易所设立科创板并试点注册制的实施意见》（以下简称《实施意见》）中明确指出，设立科创板要坚持面向世界科技前沿、面向经济主战场、面向国家重大需求，主要服务于符合国家战略、突破关键核心技术、市场认可度高的科技创新企业。重点支持新一代信息技术、高端装备、新材料、新能源、节能环保以及生物医药等高新技术产业和战略性新兴产业，推动互联网、大数据、云计算、人工智能和制造业深度融合，引领中高端消费，推动质量变革、效率变革、动力变革。

与其他板块对比而言，主板市场主要服务于经营相对稳定的大型成熟企业，中小板市场主要服务于达到成熟阶段的中小企业，而创业板市场则主要定位于成长阶段中接近成熟期这一区间的中小企业，当然也均需符合产业政策的限制性要求，除此以外均对行业并无明确要求。在支持行业方面，创业板虽名为“创业”，但更多是对企业发展周期而言，行业方面其实并没有明确限制。其重点支持和鼓励具有自主创新能力的企业，并没有明确限定只有新经济、新模式的企业才能申报，其他行业的企业只要具有较高的成长性，也可以进行申报。

具体而言，规范相关行业的企业IPO并在科创板上市的管理办法《科创板首次公开发行股票注册管理办法（试行）》（以下简称“《管理办法》”）

中，第 3 条对此予以规定“应当符合科创板定位，面向世界科技前沿、面向经济主战场、面向国家重大需求，符合国家战略，拥有关键核心技术，科技创新能力突出，主要依靠核心技术开展生产经营，具有稳定的商业模式，市场认可度高，社会形象良好，具有较强成长性”。

四、交易规则：《上海证券交易所科创板股票交易特别规定》

（一）优先适用原则

《交易特别规定》与《上海证券交易所交易规则》及该所其他有关规定不一致的，以《交易特别规定》为准。

（二）个人投资者适当性管理流程

1. 必须符合第 4 条规定的“适当性条件”

会员应当对投资者是否符合科创板股票投资者适当性条件进行核查。

2. 通过会员组织的个人投资者适当性综合评估

综合评估个人投资者的资产状况、知识水平、风险承受能力和诚信状况等，重点评估是否理解交易规则、流程和是否充分知晓投资风险。

3. 签署风险揭示书

会员应当要求首次委托买入科创板股票的客户，以纸面或电子形式签署科创板股票风险揭示书。

（三）平衡市场流动性和稳定性

1. 保障市场流动性

（1）引入盘后固定价格交易。作为盘中连续交易的有效补充，可以满足投资者在竞价撮合时段之外以确定性价格成交的交易需求。

（2）优化融券交易机制。自上市后首个交易日起可作为融券标的。

（3）适当放宽涨跌幅限制。股票涨跌幅比例放宽为 20% 且上市后的前 5 个交易日不设价格涨跌幅限制。

2. 促进市场平稳运行

（1）适当调低单笔申报数量上限。通过限价申报买卖科创板股票的，单笔申报数量不超过 10 万股；通过市价申报买卖的，单笔申报数量不超过 5

万股。

（2）明确审慎交易原则。投资者不得滥用资金、持股等优势进行集中交易，影响股票交易价格正常形成机制；投资者应根据市场情况分散进行可能对市场秩序造成重大影响的大额交易。

（3）强化了会员对客户异常交易行为的管理责任。

（4）价格笼子和盘中临时停牌。可对有效申报价格范围和盘中临时停牌情形等另行作出规定并调整。

（5）未来将稳步推出做市商、证券公司证券借入业务等制度，对科创板股票交易机制作出进一步调整优化。

（四）完善信息公开制度

1. 特别标识

可对上市时尚未盈利以及具有表决权差异安排的发行人的股票或者存托凭证作出相应标识。

2. 信息公布公告

对收盘价格涨跌幅、价格振幅或换手率达到规定幅度和异常波动的相关信息进行公布、公告。

五、定价和配售

表2　定价和配售

序号	法规名称	定价	配售
1	《管理办法》	第50条　首次公开发行股票，应当向经中国证券业协会注册的证券公司、基金管理公司、信托公司、财务公司、保险公司、合格境外机构投资者和私募基金管理人等专业机构投资者（以下统称网下投资者）询价确定股票发行价格。 发行人和主承销商可以根据自律规则，设置网下投资者的具体条件，并在发行公告中预先披露	取消传统的直接定价方式和23倍PE的限制，采取向符合条件的网下投资者询价的市场化方式定价，由发行人和主承销商根据市场供需自主确定，股票发行价格将更能体现发行人股票价值且将增强发行人的融资能力；同时，明确发行人对网下投资者的可选择性

续表

序号	法规名称	定价	配售
2	《科创板首次公开发行股票注册管理办法（试行)》	第51条　网下投资者可以按照管理的不同配售对象账户分别申报价格，每个报价应当包含配售对象信息、每股价格和该价格对应的拟申购股数。 首次公开发行股票价格（或者发行价格区间）确定后，提供有效报价的网下投资者方可参与新股申购	参与询价的网下投资者可以为其管理的不同配售对象账户分别填报一个报价且仅限于有效报价的投资者才能参与新购申购，报价方式更加灵活且能够照顾各层次的投资人的风险承受能力，有利于发行人发行成功
		第52条第1款、第2款　交易所应当根据《证券发行与承销管理办法》和本办法制定科创板股票发行承销业务规则。 投资者报价要求、最高报价剔除比例、网下初始配售比例、网下优先配售比例、网下网上回拨机制、网下分类配售安排、战略配售、超额配售选择权等事项适用交易所相关规定	投资者报价要求、最高报价剔除比例等事项应当遵守《证券发行与承销管理办法》和本办法的规定但具体由交易所规定
3	《上海证券交易所科创板股票发行与承销实施办法》	第4条　（询价对象）首次公开发行股票应当向证券公司、基金管理公司、信托公司、财务公司、保险公司、合格境外投资者和私募基金管理人等专业机构投资者（以下统称网下投资者）以询价的方式确定股票发行价格。网下投资者应当向中国证券业协会注册，接受中国证券业协会自律管理。 发行人和主承销商可以根据本所和中国证券业协会相关自律规则的规定，设置网下投资者的具体条件，并在发行公告中预先披露	明确询价对象为七类专业机构投资且需要在中国证券业协会注册，不包含个人投资者但个人投资者可以通过其他合法形式通过网下投资者参与；同时明确发行人和主承销商可以设置网下投资者的具体条件，有助于发行人发行成功，但需在发行公告中预先披露
		第8条第1款、第2款　（报价方式）参与询价的网下投资者可以为其管理的不同配售对象账户分别填报一个报价，每个报价应当包含配售对象信息、每股价格和该价格对应的拟申购股数。同一网下投资者全部报价中的不同拟申购价格不超过3个。 首次公开发行股票价格（或发行价格区间）确定后，提供有效报价的投资者方可参与申购	参与询价的网下投资者可以为其管理的不同配售对象账户分别填报一个报价，但同一网下投资者全部报价中的不同拟申购价格不超过3个，报价方式更加灵活且能够照顾各层次的投资人的风险承受能力，有利于发行人发行成功

六、券商跟投即保荐机构参与配售制度

《上海证券交易所科创板股票发行与承销实施办法》规定："发行人的保荐机构依法设立的相关子公司或者实际控制该保荐机构的证券公司依法设立的其他相关子公司，可以参与本次发行战略配售，并对获配股份设定限售期，具体事宜由本所另行规定。"同时在第 2 款规定"首次公开发行股票数量不足一亿股的发行人，可以向前款规定的战略投资机构配售股份"。

从该系列规定可知悉，一是跟投主体设定为保荐机构的相关子公司或其控股人的子公司，与保荐机构形成法律主体上的隔离；二是设定了限售期；三是规定战略投资者投资应当使用自有资金；四是保荐人的跟投主体不能参与定价。

券商跟投制度首次落地境内公开交易市场，这一稿的规定虽对保荐人如何跟投没有明确，有不痛不痒的嫌疑，但其后劲可期。同时规定中赋予发行规模较小的发行人享有要求保荐机构配售股份的权利，虽不属于法律意义上的强制性规定，但让保荐机构拿真金白银认购新股势必会成为券商承揽前期以及承揽中均需要认真考虑和解决的问题，将保荐机构跟其他投资者绑在一条绳子上，通过这种方式促使保荐机构在保荐工作中勤勉尽责的进行背书，真正做到"保荐人"而非"推荐人"。

七、表决权差异（同股不同权）

表3　表决权差异

序号	法规名称	具体内容	解读
1	《科创板首次公开发行股票注册管理办法（试行）》	第 41 条　存在特别表决权股份的境内科技创新企业申请首次公开发行股票并在科创板上市的，发行人应当在招股说明书等公开发行文件中，披露并特别提示差异化表决安排的主要内容、相关风险和对公司治理的影响，以及依法落实保护投资者合法权益的各项措施	准许存在特别表决权，需要按照要求披露相关内容，并需要保荐人和律师发表专业意见

续表

序号	法规名称	具体内容	解读
2		保荐人和发行人律师应当就公司章程规定的特别表决权股份的持有人资格、特别表决权股份拥有的表决权数量与普通股份拥有的表决权数量的比例安排、持有人所持特别表决权股份能够参与表决的股东大会事项范围、特别表决权股份锁定安排及转让限制等事项是否符合交易所有关规定发表专业意见	
2	《上海证券交易所科创板股票发行上市审核规则》	第24条 存在表决权差异安排的企业申请股票或者存托凭证首次公开发行并在科创板上市的，其上市条件和表决权安排等应当符合《上海证券交易所科创板股票上市规则》等规则的规定	准许表决权差异企业发行并上市，具体上市条件和表决权安排等由其他规则规定
3	《上海证券交易所科创板股票上市规则》	4.5.1 （总体要求）上市公司具有表决权差异安排的，应当充分、详细披露相关情况特别是风险、公司治理等信息，以及依法落实保护投资者合法权益规定的各项措施	总体要求，充分披露相关情况，依法落实保护投资者合法权益
		4.5.2 （仅允许上市前设置）发行人首次公开发行并上市前设置表决权差异安排的，应当经出席股东大会的股东所持三分之二以上的表决权通过。 发行人在首次公开发行并上市前不具有表决权差异安排的，不得在首次公开发行上市后以任何方式设置此类安排	设置严格的前提条件。发行人作出的表决权差异安排，必须经出席股东大会的股东所持2/3以上表决权通过，并在上市前至少稳定运行1个完整会计年度。此外，发行人必须具有相对较高的市值规模
		2.1.4及4.5.3 （市值要求）具有表决权差异安排的发行人申请在本所上市，除符合本所规定的其他上市条件之外，其表决权差异安排应当稳定运行至少1个完整会计年度，且市值及财务指标符合下列标准之一： （一）预计市值不低于人民币100亿元； （二）预计市值不低于人民币50亿元，且最近一年营业收入不低于人民币5亿元	

续表

序号	法规名称	具体内容	解读
3	《上海证券交易所科创板股票上市规则》	4.5.3 （资格要求）持有特别表决权股份的股东应当为对上市公司发展或业务增长等作出重大贡献，并且在公司上市前及上市后持续担任公司董事的人员或者该等人员实际控制的持股主体。 持有特别表决权股东在上市公司中拥有权益的股份合计应当达到公司全部已发行有表决权股份10%以上	特别表决权股东持股应当达到公司全部已发行有表决权股份10%以上
		4.5.4 （表决权差异限制）上市公司章程应当规定每份特别表决权股份的表决权数量。 每份特别表决权股份的表决权数量应当相同，且不得超过每份普通股份的表决权数量的10倍	表决权差异不得超过规定的最高倍数
		4.5.5 （差异限制）除公司章程规定的表决权差异外，普通股份与特别表决权股份具有的其他股东权利应当完全相同	除表决权差异外，其他同股同权
		4.5.6 （不得增发）上市公司股票在本所上市后，除同比例配股、转增股本情形外，不得在境内外发行特别表决权股份，不得提高特别表决权比例。 上市公司因股份回购等原因，可能导致特别表决权比例提高的，应当同时采取将相应数量特别表决权股份转换为普通股份等措施，保证特别表决权比例不高于原有水平。 本规则所称特别表决权比例，是指全部特别表决权股份的表决权数量占上市公司全部已发行股份的表决权数量的比例	不得提高特别表决权的既定比例。意味着一旦上市，表决权比例将不得提高。配股和转增的结果，将导致表决权比例降低，从而影响控制权，导致需要考虑配股和转增股本情形的，对公司控制权的影响

续表

序号	法规名称	具体内容	解读
3	《上海证券交易所科创板股票上市规则》	4.5.7 （普通表决权保障）上市公司应当保证普通表决权比例不得低于10%；单独或者合计持有公司10%以上已发行有表决权股份的股东有权提议召开临时股东大会；单独或者合计持有公司3%以上已发行有表决权股份的股东有权提出股东大会议案。 本规则所称普通表决权比例，是指全部普通股份的表决权数量占上市公司全部已发行股份表决权数量的比例	强调了召开临时股东大会以及提出股东大会议案所需普通表决权的最低比例，保护普通表决权股东的股东大会召集权和提案权
		4.5.8 （不得上市交易）特别表决权股份不得在二级市场进行交易，但可以按照本所有关规定进行转让	特别表决权股份不得在二级市场进行交易，只可以按照本所有关规定进行转让。有关规定是什么，尚不明确。按照第4.5.10条的规定推测可知，一种就是通过协议转让或大宗交易向第三方转让，其目标是转化成普通股。还有一种，可能就是在实际控制人控制的主体之间进行转让
		4.5.9 （永久转换）出现下列情形之一的，特别表决权股份应当按照1∶1的比例转换为普通股份： （一）持有特别表决权股份的股东不再符合本规则第4.5.4条规定的资格和最低持股要求，或者丧失相应履职能力、离任、死亡； （二）实际持有特别表决权股份的股东失去对相关持股主体的实际控制； （三）持有特别表决权股份的股东向他人转让所持有的特别表决权股份，或者将特别表决权股份的表决权委托他人行使；	不符合规定资格或者一经转让即永久转换为普通股份。 第二种情况，如何认定失去对相关持股主体的实际控制，更多依赖于股东自身的自愿披露，现实中，可能存在博弈空间。如果第四种情况，导致公司特别表决权股份全部转换为普通股份。上市公司可能导

续表

序号	法规名称	具体内容	解读
3	《上海证券交易所科创板股票上市规则》	（四）公司的控制权发生变更。 发生前款第四项情形的，上市公司发行的全部特别表决权股份均应当转换为普通股份	致无实际控制人的情形，对公司和股东，特别是中小股东，不一定是好事。另外，上市公司收购将不能通过收购特别表决权，实现对公司的控制，只能收购普通股来实现，是否需要堵死这个通道
		4.5.10 （特定情形转换）上市公司股东对下列事项行使表决权时，每一特别表决权股份享有的表决权数量应当与每一普通股份的表决权数量相同： （一）对公司章程作出修改； （二）改变特别表决权股份享有的表决权数量； （三）聘请或者解聘独立董事； （四）聘请或者解聘为上市公司定期报告出具审计意见的会计师事务所； （五）公司合并、分立、解散或者变更公司形式。 上市公司章程应当规定，股东大会对前款第二项做出决议，应当经过不低于出席会议的股东所持表决权的三分之二以上通过	公司上市后，特定情形下，不同股，但同权。 这里，需要公司发行人特别是实际控制人，对公司章程等涉及控制事宜，提前做好安排。否则，将可能出现上市后，实际无法控制公司的局面。例如，修改公司章程以及特别表决权数量。 整体将导致实际控制人不得不多持有普通股，以防范控制风险
		4.5.11 （持续披露）上市公司具有表决权差异安排的，应当在年度报告中披露该等安排在报告期内的实施和变化情况，以及该等安排下保护投资者合法权益有关措施的实施情况。 前款规定事项出现重大变化或者调整的，公司和相关信息披露义务人应当及时予以披露	要求公司充分披露表决权差异安排的实施和变化情况

续表

序号	法规名称	具体内容	解读
3	《上海证券交易所科创板股票上市规则》	4.5.12 （监事会专项报告）上市公司具有表决权差异安排的，监事会应当在定期报告中，就下列事项出具专项意见： （一）持有特别表决权股份的股东是否持续符合本规则第4.5.4条的要求； （二）特别表决权股份是否出现本规则第4.5.10条规定的情形并及时转换为普通股份； （三）上市公司特别表决权比例是否持续符合本规则的规定； （四）持有特别表决权股份的股东是否存在滥用特别表决权或者其他损害投资者合法权益的情形； （五）公司及持有特别表决权股份股东遵守本章其他规定的情况	监事会对表决权差异安排的设置和运行出具专项意见
		4.5.13 （不得滥用）持有特别表决权股份的股东应当按照所适用的法律以及公司章程行使权利，不得滥用特别表决权，不得利用特别表决权损害投资者的合法权益。 出现前款情形，损害投资者合法权益的，本所可以要求公司或者特别表决权股东予以改正	禁止特别表决权股东滥用特别表决权
		4.5.14 （特别表决权股份登记）上市公司或者持有特别表决权股份的股东应当按照本所及中国结算的有关规定，办理特别投票权股份登记和转换成普通投票权股份登记事宜	股份登记

八、股权激励

本次发布的科创板相关规范性文件关于股权激励的相关内容主要规定于《科创板上市规则》第10章，以及《科创板上市公司持续监管办法（试行）》

（以下简称《科创板监管办法》）第6章，相较于2016年7月13日发布的《上市公司股权激励管理办法》（中国证券监督管理委员会令126号）（以下简称原《管理办法》），本次科创板关于股权激励的有关制度主要优化/突破如下：

1. 扩大了激励对象的人员范围。《科创板上市规则》第10.4条第2款规定“单独或合计持有上市公司5%以上股份的股东、上市公司实际控制人及其配偶、父母、子女以及外籍员工，在上市公司担任董事、高级管理人员、核心技术人员或者核心业务人员的，可以成为激励对象”。突破了原《管理办法》第8条第2款规定的前述人员不得成为激励对象的限制。此次应是考虑到科创企业的控股股东、实际控制人及其亲属多在科创企业内任职，如对科创企业确有技术或管理贡献的，应当成为被激励的对象。

2. 突破了限制性股票价格的限制。《科创板上市规则》第10.6条第1款规定“上市公司授予激励对象限制性股票的价格，低于股权激励计划草案公布前1个交易日、20个交易日、60个交易日或者120个交易日公司股票交易均价的50%的，应当说明定价依据及定价方式”。突破了原《管理办法》第23条规定的“不得低于50%”的规定。新规定放开了以限制性股票进行股权激励的价格，可一定程度上提高激励对象参与的积极性，提高激励效果。

3. 突破了股权激励标的股票总数占总股本比例的限制。根据《科创板上市规则》第10.8条及《科创板监管办法》第27条的规定，上市公司在有效期内的全部股权激励计划所涉及的标的股票总数累计由原《管理办法》规定的公司股本总额的10%上升至现规定的20%。此举使得上市公司可以拿出更多的股份用于股权激励，同样有助于提高激励对象的积极性及激励的效果。

4. 新规定便利了股权激励的实施操作，授予的股份可以在满足获益条件后进行股份登记。

九、特殊锁定期

根据《科创板上市公司持续监管办法（试行）》（以下简称《科创板监管办法》）第4章的规定，发行人应当在招股说明书中披露，公开发行股份前已发行股份的锁定期安排，特别是核心技术团队股份的锁定期安排以及尚未盈利情况下发行人控股股东、实际控制人、董事、监事、高级管理人员、核心技术人员股份的锁定期安排。而《科创板上市规则》第2章规定了特殊锁定期的具体要求：

1. 控股股东与核心技术人员承诺36个月不减持：发行人向本所申请其首次公开发行的股票上市时，控股股东、实际控制人和核心技术人员应当承诺，自发行人股票上市之日起36个月内，不转让或者委托他人管理其直接和间接持有的发行人首发前股份，也不得提议由发行人回购该部分股份。转让双方存在控制关系，或者均受同一实际控制人控制的，自发行人股票上市之日起1年后，可豁免遵守前款承诺。除转让双方存在控制关系的特殊情况外，相比于以往的A股市场首发中需要锁定36个月的主体，科创版把核心技术人员也纳入了锁定36个月的主体范围，此举结合了科创版的特性，防止核心技术人员套现离场，从而保证科创版企业的运营。

2. 公司上市时未盈利，特定股东（上市公司控股股东、实际控制人、董事、监事、高级管理人员、核心技术人员）不得减持首发前股份：公司上市时尚未盈利的，在公司实现盈利前，特定股东不得减持首发前股份。公司上市满5个完整会计年度后，不适用前款规定。其寓意在公司连续未盈利的情况下锁定期最长可至5年。而此项长达5年的锁定期，其主要在于50万元的低门标准，科创版相应延长锁定期，有助于在初期保障市场稳定，达到科创版运行效果。

十、减持制度

重点关注：控股股东及核心技术人员限售3年，未赢利不得减持。

合理的股份减持制度是科创企业的重要制度：

1. 首发股份，上市后一般锁定期为1年。

2. 科创公司为了保持核心技术人员的稳定性，保证公司的持续稳定发展，要求公司控股股东及核心技术人员的锁定期延长至3年，上市后3年不得减持。

3. 对尚未赢利的上市公司，公司控股股东及核心技术人员的锁定期延长2年，也就是锁定期最长至5年。但公司上市届满5年的不受此限制。

4. 允许特定股东每人每年在二级市场减持1%以内的首发股份，如果超过这个部分，只能采取非公开转让方式。非公开转让方式向机构投资者转让股份，则不受此限制比例，但对受让后的股份需设置 1 年的锁定期。

5. 为创投基金等其他股东提供更为灵活的转让方式，在首发股份限售期满后，除按现有减持方式减持外，还可以采取非公开方式减持，形成资本的循环。

6. 强化了减持信息披露制度，要让投资者了解减持意图，还要求特定股东减持首发前股份前披露公司经营情况，向市场充分揭示风险。

十一、注册制流程

根据《科创板首次公开发行股票注册管理办法（试行)》及《上海证券交易所科创板股票发行上市审核规则（征求意见稿)》（以下简称上市审核规则）的规定，申请人申请首次公开发行股票，需要提交注册申请文件，由保荐人保荐并向交易所申报。上交所对发行人提交的发行上市申请文件进行审核，审核通过的，将审核意见和发行上市申请文件报送中国证监会履行注册程序；审核未通过的，作出终止发行上市审核的决定。

在上交所的具体审核机构中，上交所设立了科创板发行上市审核机构（以下简称发行上市审核机构），对发行人的发行上市申请文件进行审核，出具审核报告；随后该审核报告提交给交易所设立的科创板股票上市委员会（以下简称上市委员会），由上市委员会进行审议，提出审议意见。最后，交易所结合上市委员会的审议意见，出具同意股票发行上市的审核意见或者作出终止发行上市审核的决定。

具体流程：在发行审核机构受理后的 20 个工作日内，应当做出首轮审核问询。如果发行人及其保荐人在首轮审核问询后存在疑问，可以通过交易所上市审核业务系统进行沟通。发行审核机构可以根据规定进行多轮问询。对于交易所的审核问询，发行人及其保荐人、相关机构应当及时回复。

在发行审核中，发行审核机构可以采取约见问询、调阅资料，现场检查等手段。发行上市审核机构收到回复后，认为不需要进一步审核问询的，可以根据审核情况出具审核报告并提交上市委员会审议。

审核期限为 3 个月，自受理申请发行上市申请文件之日起计算。

上市委员会对发行上市审核机构出具的审核报告及发行上市申请文件进

行审议，审议可以采取聆讯的方式。上市委员会由五人组成，其中应当法律、会计专家至少各一名。上市委员会通过合议形成同意或不同意发行上市的审议意见。

交易所将结合上市委员会的审议意见，出具同意发行上市或者作出终止发行审核的决定。若出具同意发行上市的审核意见，则将审核意见、相关审核资料和发行人的发行上市申请文件报送中国证监会，进入注册程序。中国证监会在注册程序中，可以提出反馈意见，将由交易所要求发行人及其保荐人等及时回复，中国证监会亦可退回交易所补充审核。

中国证监会作出注册决定后，发行人应在交易所网站和中国证监会指定网站披露招股意向书。

在注册的各个节点之后，如发生重大事项的，发行人应当及时报告并按照要求更新发行上市申请文件，由审核机构做出重新评估。

对于交易所作出的不予受理或者终止审核的决定，发行人可以在 5 个工作日内向交易所复审。交易所在 20 个工作日内召开上市委员会复审会议，做出新的决定。

需要强调的是，审核的方式不论是申请、受理、问询、回复等事项均通过电子化审核。

十二、退市

退市制度是市场十分关心的一项制度安排。科创板适用宽进，必然需要有一套严格的退市制度对“科创板”审核制度予以支撑与纠错。

总体上科创板退市制度与沪深交易所现行退市制度没有实质区别，但是科创板退市制度在细节上做了明显优化，尤其是在交易指标（成交量、股票价格、股东人数和市值）和财务指标（不再采用单一的连续亏损退市指标）方面。其他方面增加信息披露或者规范运作存在重大缺陷等合规性退市指标，丰富了退市制度。另外，简化退市环节。取消了暂停上市、恢复上市环节，但在执行层面，选择从严标准。如果上市公司营业收入主要来源于与主营业务无关的贸易业务或者不具备商业实质的关联交易收入，有证据表明公司已经明显丧失持续经营能力，将按照规定的条件和程序启动退市。

股权转让过渡期安排和关注要点

刘志强、赵启尧、刘东兴

在股权转让过程中，如果转让协议已经签署或者定价基准日已经确定，但股权还没有进行交割或者管理权尚未移交，股权转让工作也就没有正式完成。在此过程中，股权交割日、管理权移交日的确定就深刻影响了股权转让过渡期的确定以及过渡期损益的安排。

很多收购方十分重视前期的尽职调查、协议谈判等实质性商务条件和法律风险控制，但协议签署之后就以为万事大吉，导致过渡期内出现很多法律问题，比如在过渡期被收购方修改公司章程、大肆分配利润以及非正常诉讼妥协等，可能对收购方未来接管公司造成重大的障碍或者利益损失。因此，在股权转让过程中，还应重点关注过渡期的监管事项和监管措施，预先防控各项法律风险。

一、股权交割日与过渡期的确定

（一）股权交割与股权交割日的确定

在股权收购交易采用预约定价法时，往往会涉及标的股权的初始作价和最终作价的确定，这意味着真实的定价基准日并非初始定价日，而真实的定价基准日通常被约定为股权交割日。那么什么是股权交割日呢？概括地讲，交易双方签署了股权收购协议之后，并不能即时完成标的股权的转让交付，所以在股权收购协议中，通常都会约定有关股权交割的前提条件（先决条件）和交割日。

“股权交割”又称“股权交付”，是指在股权转让交易中，转让方将股权实际交付给受让方，从而使受让方真正取得股权并成为公司股东的行为。股权交割是在履行股权收购协议过程中最重要的履行内容之一，它既是股权变动的基本条件，也是股权变动发生法律效力的标志，它直接关系到股权转让中受让方是否已实际取得股东资格、开始享有股东权利并承担股东义务。因此，确定股权交割的时间节点对于认定股权变动是否发生法律效力起着至关重要的作用。

我国公司立法对股权变动的效力采取的是公司内部登记生效主义和公司外部登记对抗主义相结合的做法，这也是目前学理上以及司法实践中对这个问题的主流观点，笔者对此也予以认同。具体来讲，当公司根据转让方同受让方签订的股权收购协议将受让方的姓名或名称及其出资额记载于公司股东名册或向受让股东签发了新的出资证明书之后，股权变动就已经发生法律效力，受让方即实际取得股东资格，有权行使股东权利并承担相应义务。也就是说，在履行股权收购协议的过程中，通常是以公司内部股东名册的记载变更或者新的出资证明书的签发或者通过股东会决议等方式对受让方的股东资格进行内部认可，并将认可做出时间作为股权交割（股权交付）的完成时间。只要股权转让尚未进行公司内部的认可，应视为股权交割没有完成，股权变动并未生效。另外，鉴于公司股权的变动在市场监督管理部门登记后才具有对外的公示效力，同时也基于对善意第三人的保护，即便股权变动因内部登记而发生了法律效力，但在股权转让没有经过市场监督管理部门的变更登记之前，受让方的股东身份和地位始终不能对抗善意第三人。

在实务中，最为常见的是将标的股权已实际交付且完成工商变更登记之日作为股权转让交割日，少见的是将受让方获得公司内部认可之日作为股权转让交割日。

（二）管理权移交日与过渡期的确定

事实上，股权交割日并非意味着受让方此时可以行使其股东权利了，只有到转让方和目标公司真正对控制权和管理权进行了交接和移交之日（以下简称管理权移交日），受让方才能完全行使其股东权利。在股权收购交易中，除非另有特别约定，股权定价基准日之前目标公司的经营成果为被收购方享有，并作价转让给收购方，而基准日之后目标公司的经营成果将由收购方享有。那么，从股权定价基准日至管理权移交日之间的期间（以下简称过渡期)，目标公司的实际控制人和管理人依然为被收购方服务。但是，目标公司的任何经营活动以及收支情况都将关系到收购方的利益，因此收购方在目标公司中的利益能否得到有效保障一定程度上取决于被收购方是否勤勉、诚信地履行了管理义务。从交易目的和管理的角度来看，收购方显然不希望将自己的利益单纯地“寄托”在被收购方身上，所以常常通过一定的制度设计来约束和监督被收购方和目标公司在股权转让过渡期的异常行为。股权收购交易的相关重要时间节点和期间如图1所示。

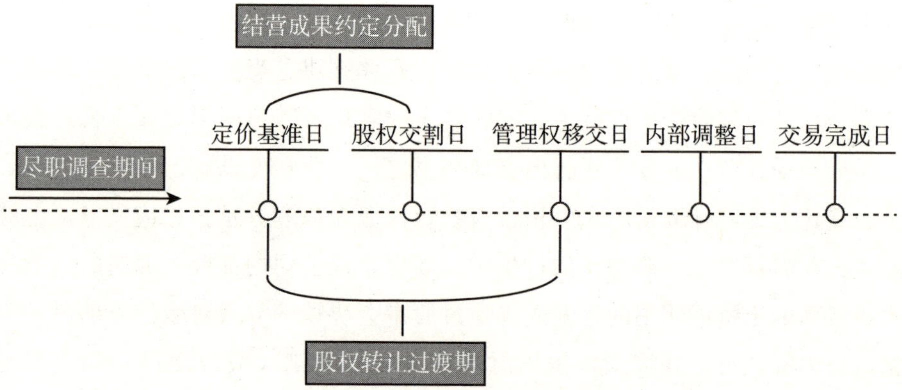

图1　股权收购交易的相关重要时间节点和期间

需要说明的是，实务中，股权交割日与管理权移交日一般相差时间不多，多数为股权变更登记完成后1~3日内，就完成了管理权移交。在股权收购协议中，交易双方一般还会约定进行目标公司管理权的移交必须满足特定的先决条件以保证管理权的移交在法律程序上不存在瑕疵。这些先决条件通常包括：

(1) 股权转让交易已经通过中国政府经营者集中的审查（若需要）；

(2) 股权转让交易已经获得所必需的中国政府部门的批准或备案（若需要）；

(3) 目标公司已经完成了企业法人营业执照变更登记，收购方已被登记为目标公司股东；

(4) 目标公司已取得因股权转让所需的国家外管局及其各地分支机构批准，并取得了国务院金融监督管理机构的批准或备案文件和纳税证明（若需要）。

在满足约定的先决条件后，目标公司管理权移交的内容通常包括目标公司的各种证照、法律文件历史沿革资料、各种产权证照、银行及证券账户资料、印鉴以及各种财务会计资料、公司印章、公司客户网络资料、各种生产资料、各类合同文本、员工名册及劳动合同等。

二、过渡期损益的归属

在固定价格法下，股权定价基准日往往约定在股权收购协议签署日、股权交割日、目标公司管理权移交日之前。“过渡期”有时候是非常长的，但目标公司作为一个独立的法人实体依然持续存在并正常经营，目标公司的资产负债情况或对外权利义务关系一直在变化，盈利情况不断变动。那么，过渡期间新发生的债权债务以及损益等是否必然就归属于收购方呢？笔者认为并不尽然，因为这段期间目标公司依然由被收购方的管理层负责运营，目标公司在此期间产生的债权债务、收益亏损归哪一方享有或承担，常常会成为并购谈判中一个双方相持不下的问题。

事实上，过渡期损益安排的核心就是损益归属的确定，通常也是收购协议中的必备条款。**简单地讲，约定标的资产（股权）对应的目标公司在过渡期间盈亏由谁来享有或者承担，是归卖方还是归买方？**归根结底，收购的标的资产最终对应的是目标公司的经营性资产或者经营实体，损益只是目标公司某个阶段的动态的经营成果，并不能完全量化到具体的资产范畴，其本质上是个会计核算的概念。

所以，过渡期间的损益的归属本质上属于交易作价的调整机制，正如我们通常所知的预约定价加价格调整机制。预约定价法的实质就是“预约确定”一个股权转让基准日并作出预约定价，由出让方承担过渡期间损益带来的不确定性，即在股权转让协议中约定过渡期间的损益均由出让方享有或者承担。

事实上，在预约定价法下，我们并不一定要在股权转让协议中明确约定过渡期间损益的享有或承担，因为后续的资产盘点计价或核准计价重新确定了最终的股权转让价款，相当于以另一种方式明确了其应由出让方享有或承担。

此外，就固定价格法而言，其实质就是“事先锁定”一个股权转让基准日并作出固定价格，过渡期间损益均由收购方享有或者承担。那么，无论目标公司在过渡期间是盈是亏，收购方均需要支付在股权转让基准日确定的固定的股权转让价款。相当于锁定基准日定价，收购方承担过渡期间损益带来的不确定性。

但对于上市公司而言，为了满足监管当局保护上市公司中小股东利益的要求，迎合上市公司在交易中“不占便宜不罢休”的监管取向，在过渡期间损益归属问题上几乎所有的案例都“一刀切”地完全倾向于上市公司。上市公司收购股权或资产的，无论评估方法是否是收益法，无论支付方式是否是增发股份，均约定过渡期间的收益归上市公司，亏损由交易对方承担或补足。反之，上市公司出售股权或资产的，过渡期间盈利归上市公司，亏损则由交易对方承担。

案例：某上市公司股权收购案过渡期损益的安排

股权转让基准日前的债权、债务及收益和亏损均由出让方享有或承担。股权转让基准日次日起至交割日期间（“过渡期”）所产生的债权、债务及收益或亏损按如下原则处理：

（a）目标公司在过渡期间产生的收益由受让方享有，在过渡期间产生的亏损由出让方承担。

（b）在过渡期间，未经受让方书面同意，出让方不得就目标公司的资产设置抵押、质押等任何第三方权利，不得进行资产处置、对外担保、对外投资、增加债务或放弃债权等导致资产价值减损或减少目标公司净资产的行为。

（c）过渡期间，出让方承诺不会改变目标公司的生产经营状况，保证目标公司根据以往惯常的方式经营、管理、使用和维护其自身的资产及相关业务，并保证目标公司在过渡期间资产完整，不会发生重大不利变化。

三、过渡期的监管事项和监管内容

股权转让过渡期的监管事项和监管内容，会因股权转让双方商定的股权计价方式、转让股权的比例以及目标公司是否属于上市公司等因素的不同而有所不同。笔者将其总结为下表：

序号	监管事项	监管内容	监管理由
1	对目标公司基础资产的监管	目标公司不得在资产上设置任何权利负担和在先权利，不得非正常处置任何重大资产	因为标的股权对应的财产权益，其实质是对应的目标公司的基础资产。因此，对目标公司在过渡期内对其资产设置任何权利负担和在先权利的行为都应当进行监管
2	对目标公司经营业务的监管	目标公司不得对现有的业务做出实质性变更，或者开展任何现有业务之外的业务，停止或终止现有主要业务等所有非基于正常商业交易的行为	因为上述非正常商业行为会对被收购方的业务经营造成重大不利影响，减少其业务收入，甚至引发财务危机
3	对目标公司合同事项的监管	目标公司不得与任何第三方签署对标的公司或对标的公司业务的全部或重大部分进行委托管理、承包经营等交易的任何合同	对目标公司合同事项的监管原则是目标公司不得订立有损受让方和目标公司利益的合同。对于重大合同的签署和变更应当予以管理，防止在过渡期内出现损害目标公司权益的合同，从而损害受让方的利益
4	对目标公司借贷事项的监管	目标公司不得向任何第三方发放贷款或提供担保，不得订立任何贷款协议或借入任何重大款项（取得收购方同意的除外）	若目标公司向任何第三方发放贷款或担保、保证或其他担保权益，可能导致目标公司的资产损失，从而影响受让方的利益
5	对目标公司人力资源事项的监管	目标公司不得任意进行非正常人员变动、调薪、晋职、调增竞限制补偿金、经济补偿金以及职业保险等	若不对人力资源事项采取适当监管措施，可能给目标公司带来潜在的负担或损失。如目标公司在过渡期非正常地增加各级人员、对部分人员非正常晋职、调高各种保险、公积金的标准等，都会加重日标公司现实或将来的义务，进而间接损害受让方的利益
6	对目标公司财务事项的监管	目标公司不得任意变更会计政策或替换公司的会计师及事务所等	因为会计政策和会计师的变更，可能会对目标公司的财务管理产生不利影响，也不利于对目标公司的资产负债状况进行审计和稽核

续表

序号	监管事项	监管内容	监管理由
7	对目标公司合资合同、章程的监管	目标公司不得修订公司合资合同和公司章程	目标公司合资合同和章程的变更会影响整个公司的管理和决策基础，也可能影响到股东之间的权利和义务的分配，因此对上述事项的监管显得很有必要，但是因股权转让交易本身的需要而修订合资合同和公司章程的除外
8	对目标公司变更注册资本的监管	目标公司不得变更注册资本。该监管事项不仅适用于采取固定价格的计价方法，还适用于预约定价法	对目标公司的净资产进行稽核时，注册资本的变化将反映到计价中
9	对目标公司利润分配的监管	目标公司不得分配利润	若目标公司进行了利润分配，将导致目标公司净资产的总额减少，并影响总体股权转让计价
10	对目标公司法律诉讼事项的监管	目标公司不得在诉讼等法律程序中做出任何非正常妥协	因该行为可能使目标公司的利益受到损害从而间接损害受让方的利益

四、其他监管措施

除了上表所述的10项带有共性的过渡期监管事项之外，在实践中，可能还需要根据具体的并购交易方式、交易目标对象、交易的影响因素等制定其他具体的监管措施。例如：

（一）在过渡期内，收购方参与标的企业经营

为避免过渡期内因信息不对称而造成经营风险，收购方可安排财务人员或委派董事等高级管理人员提前进驻标的公司，参与标的公司实际经营。如涉及标的公司的对外提供担保、投资，资产购买、处置等公司重大决策方面，需要双方共同确认方可进行。必要时，可由双方共同组建临时过渡委员会或托管委员会，以实现过渡期内目标公司的有效管理。

（二）设计适当的价款分期支付方式，加强对股权交割的监管

为防止出让方怠于配合办理股权交割或出现一股二卖等情况，一方面，可以采取先办理股权交割再付尾款的方式，或者通过银行或者公证机构作为第三方进行资金监管的方式来支付款项，待股权交割完成后再由第三方将资金支付给出让方。

另一方面，股权转让协议可以明确约定逾期办理股权过户、根本违约时的违约责任，如约定每逾期一日按某一固定数额或者转让价款一定比例的方式计算违约金，加大对出让方违约责任的惩罚力度，促使其按时进行股权交割。若出让方出现一股二卖或多卖等根本违约的行为，可以约定收购方有权单方解除合同且出让方应当返还全部已付款项并赔偿相应损失。收购方应尽可能地促使出让方及时办理股权交割手续，缩短过渡期的期限。

（三）建立风险隔离墙，新设子公司用于受让股权

收购方虽然可以委派法律、财务等专业人员对标的公司和出让方进行尽职调查，但是仍然有一些潜在的风险和隐形负债无法一一识别并准确计量。在一些重大的股权转让交易中，如果存在无法准确判断风险但又需要继续实施并购的情形，为有效隔离风险，收购方可以沿用公司法关于“有限责任公司的股东以其认缴的出资额为限对公司承担责任”的规定，采取新设子公司用于受让股权的方式继续实施股权并购。如此一来，直接参与交易是新设的公司而非收购方，即使目标公司出现隐性债务或与收购方发生重大纠纷，也不会对收购方的正常经营产生重大不利影响。

综合以上分析，为实现股权转让的目的，协议双方应当在股权转让过渡期内加强沟通，增强互信，就过渡期内的风险及时进行甄别，关注重点监管事项并根据需要采取必要的监管措施，确保交易目的顺利实现。

第十七届发审委审核思路及法律要点分析

刘志强

背景

第十七届发审委履职以来，截至 2017 年 12 月 6 日总计 IPO 审核 72 家，否决 24 家，暂缓表决 5 家，过会 43 家，否决率达 33.33%，通过率达 59.72%。第十七届发审委审核提速，“必须严把质量关”“勇于投否决票”“终身追责”等不断明确从严审核的理念。“史上最严发审委”名不虚传。

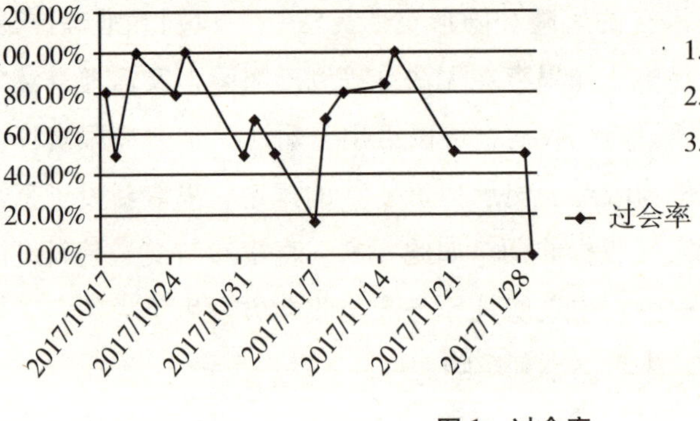

1. IPO成为“鸡肋业务”？
2. IPO成为风险最高的业务？
3. IPO成为“碰运气”的业务？

图 1　过会率

一、第十七届发审委审核思路及八大新变化

1. 从监管思路出发，而非市场逻辑出发

（1）成员：63 名委员（42 名专职、21 名兼职）；其中，33 名专委来自证监系统，6 名来自其他相关部门，机关人员占比达 62%。

（2）要求：依法全面从严监管，政治过硬 + 本领高强 + 严把质量关，并配套“**发行与并购重组审核监察委员会**”。

（3）改革：改变原有的固定组别模式，采取一次一授权，**电脑摇号**产生当期发审委委员，不固定组，不固定召集人（12 名召集人均是监管机构领导），**临时组建**发行审核团队。

2. “实质条件”（硬）与“规范条件”（软）同等重要

过去偏重“硬货”：盈利指标、独立性、持续经营能力、募投等。

现在没有“软”“硬”之别，都要“硬”！

补短板：真实性、合理性、合规性、透明性、可核查性。

结论：**律师的作用更加重要！**

3. 不再“唯利是从”，盈利规模不再是唯一重要因素

表 1　上届发审委审核情况

2016 年归母净利润规模	审核家数	过会家数	通过率
3000 万以下	13	2	15.38%
3000 万至 4000 万	38	27	71.05%
4000 万至 5000 万	56	46	82.14%
5000 万至 1 亿	156	140	89.74%
1 亿至 2 亿	67	64	95.52%
2 亿至 5 亿	41	40	97.56%
5 亿以上	11	11	100.00%
合计	382	330	86.39%

说明：上届发审委审核情况指 2016 年 11 月至 2017 年 9 月月底主板和创业板发审委的审核情况

表 2　第十七届发审委审核情况

2016 年归母净利润规模	审核家数	过会家数	通过率
3000 万以下	1		0.00%
3000 万至 4000 万	9	5	55.56%
4000 万至 5000 万	4	3	75.00%
5000 万至 1 亿	14	9	64.29%

续表

2016 年归母净利润规模	审核家数	过会家数	通过率
1 亿至 2 亿	13	7	53.85%
2 亿至 5 亿	5	3	60.00%
5 亿以上	5	4	80.00%
合计	51	31	60.78%

说明：第十七届发审委审核情况指 2017 年 10 月至 2017 年 11 月 20 日主板和创业板发审委的审核情况

数据业源：广发证券投行部

4. 有一定的产业偏好，要符合国家产业政策

依据：**“十九大报告”“一带一路”“中国制造** 2025”。

背景：脱虚向实、反腐败、环保、保护劳动者权益、外汇管制、金融监管、国企改革、医药体制改革、红筹回归等。

看好：工业、制造业；智能、绿色、创新；有核心技术等产业。

相对不看好：医药、农业、餐饮、游戏、类金融、互联网、涉及房地产相关业务。

5. 不迷信西部地区、国家级贫穷县等政策

2012 年 8 月起，在首发审核中，对西部 12 省区市及比照执行的地区首发在审企业给予优先安排，以“ * ”特殊标注。

2016 年 9 月起，592 个国家贫困县企业 IPO 实行“即报即审、审过即发”。

结果：**审得快、死得快**，第十七届以来重庆上会企业最悲壮（审 5 过 1）！

6. 突出信息披露的绝对核心地位

2017 年 11 月 28 日，刘士余在上海出席纪念“立信”创办 90 周年活动并致辞：

资本市场的发展必须以充分的信息披露为核心。

公众公司披露的信息尤其是**会计信息**是投资者决策的重要依据。

审计制度是资本市场保护广大投资者合法权益的重大制度安排。

7. 不迷信先例、不迷信预审员、不迷信初审会

第十六届过会：贵州燃气，32 起行政处罚，2 起致人死亡的安全事故；

第十七届被否：稳健医疗，16 起行政处罚，业绩更好。

第十七届**独立性较强**，如领衔委员正局级与发行部领导平级，受预审员、初审会意见影响较小，初审会无关注而被发审会否决已有多起。

8. 调整为“被动封卷”，重视“后会事项”

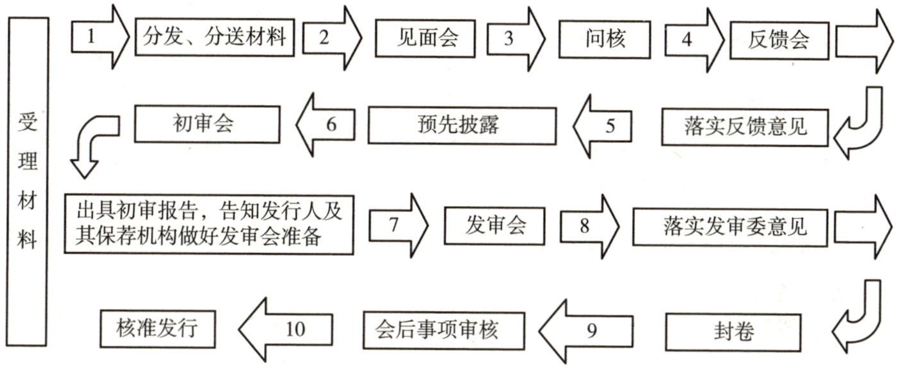

图 2　证监会公开 IPO 发审流程

没有“无条件通过”。

后会答复，要发审部专门研究，不再随卷备案。

举报、突发事件、敏感事件，要核查。

被动封卷：不能一次性封卷；不查清楚，不通知封卷。

二、审核关注的 20 个重点法律问题

依据第十七届发审委关注度排序的 20 个重点法律问题：

1. 关联交易；
2. 同业竞争；
3. 股权/股份代持；
4. 实际控制人；
5. 对赌协议；
6. 私有化；
7. 出资问题；
8. 员工股权/股份激励；
9. 资质、许可；
10. 环保问题；
11. 重大违法行为/行政处罚/安全事故；
12. 税收优惠/财政补贴；
13. 职工薪酬/劳动关系/社保/公积金；
14. 重大诉讼/仲裁；
15. 知识产权/专利/商标；
16. 资产权属/资产完整性；
17. 国有资产交易；
18. 三类股东；
19. 外汇/现金/票据；
20. 信息披露/新三板差异。

以下通过案例说明：1. 体例以“【届 – 会次 – 项目名称】”编写。2. 过会项目，**均用楷体显示**；被否项目，均用仿宋体显示。举例：【17 – 36 春秋电子】指第十七届发审会第 36 次会议通过；【17 – 23 普天铁心】指第十七届发审会第 23 次会议未通过。

1.1 关联交易 – 关注层次

关联方披露要充分、完整。

对共用生态的企业，虽不发生关联交易，但独立性存疑。

关联交易的规模、占比和趋势。

关联交易的原因、必要性和合理性。

关联交易价格。

内部控制运行是否可信。

是否存在关联交易非关联化情形。

减少关联交易承诺和措施的可信度和可操作性。

是否影响发行条件。

1.2 关联交易 – 占比过高

【17 – 36 上海锦和】

1. 发行人最大园区项目“越界创意园”系从关联方广电浦东租入，报告期内，“越界创意园”是公司收入贡献最大的单个项目，实现收入占发行人主营业务收入 40% 左右，毛利占比 50%。请发行人代表说明发行人的利润对关联方是否存在重大的依赖，是否存在租金减免或其他利益输送行为。请保荐代表人发表核查意见。

2. 关于财务问题。报告期末长期待摊费用余额 10.25 亿元，占总资产的 68%，请发行人代表说明长期待摊费用中所有重大项目的资本化及其摊销是否符合企业会计准则的规定，园区改造过程中是否存在关联交易。

3. 发行人为参股公司南京广电锦和与物业出租方签订租赁期 20 年、租金总额 79,244 万元的房屋租赁合同提供连带责任担保，大于发行人最近一期净资产 51,304 万元。请发行人代表进一步说明向关联方提供长期大额经营担保，是否符合相关文件规定，是否会对本次发行造成实质性影响。请保荐代表人发表核查意见。

1.3 关联交易-疑似关联交易

主要线索：

频繁或大额资金往来，特别是无息拆借。

供销体系、交易异常，不符合商业逻辑。

曾经是关联方。

客户与控股股东等关系密切。

生产、办公地址相同、相近。

字号、商号相同、相似。

1.4 关联交易-疑似关联交易

【17-35 成都尼毕鲁】

发行人发生了大量的对外投资。（1）大量对外投资的主要原因及合理性，履行的程序，内部控制与风险防控措施；（2）计入可供出售金融资产的对外投资各期公允价值变动的确定标准和程序，是否合理、公允；（3）2016年年底及2017上半年转让部分对外投资企业的原因、定价公允性，受让方与发行人及其控股股东、实际控制人、董事、监事、高级管理人员是否存在关联关系，交易前后与发行人之间是否存在交易、资金往来；（4）报告期内发行人实际控制人配偶控制的成都抱团、成都否玖伍等6家企业是否与发行人存在交易、资金往来，为发行人分担成本、费用等。

1.5 关联交易-疑似关联交易

【17-21 海宁家纺城】

发行人主要收入来源于商铺租金，且控股股东及实际控制人、主要股东以及其下属企业中，不少从事纺织品贸易等相关业务。（1）前述从事纺织品相关业务的单位是否与发行人承租商户存在交易往来，发行人在招租过程中是否存在利用股东单位优势，提高租金或利润水平，是否存在变相利益输送；（2）报告期内发行人出售国贸中心部分房屋及厂房的客户是否与发行人承租商户及其关联方重合，出售房屋交易是否公允及存在潜在的利益输送；（3）报告期内单位租金大幅增长的原因，与周边区域市场租金相比是否合理，价格是否公允，承租商户与发行人、控股股东及实际控制人、主要股东之间是否关联关系或潜在关联关系。

1.6 关联交易－疑似关联交易

【17－4 双飞无油轴承】

(1) 发行人认定关联方和关联交易的会计政策是否符合《企业会计准则》《上市公司信息披露管理办法》及证券交易所颁布的业务规则等相关规定；(2) 发行人实际控制人向超盛五金提供借款的商业实质及合理性，两家供应商与发行人的采购业务价格是否公允，以及在《招股说明书》中参照关联交易进行补充披露的原因，并按照实质重于形式原则对以上两家供应商是否属于关联方发表明确意见；(3) 发行人主要供应商占比较高，相对比较集中，按会计准则和相关信息披露的要求，是否与发行人存在关联关系；(4) 除上述关联方及关联交易问题，发行人报告期还存在与前五大供应商之一嘉善精业特种金属材料有限公司签订无实质业务的采购合同，以此向银行申请贷款的行为，以及收入确认跨期、成本费用分摊跨期、其他费用跨期等各项不规范情形。

1.7 关联交易－关联交易非关联化

【17－61 顺博铝合金】

发行人2014年、2015年第一大供应商重庆志德公司，由发行人前员工和第三方自然人于2014年共同出资设立，2017年停止了与发行人的购销交易。2016年、2017年第一大供应商变更为葛洲坝环嘉，该公司为2015年6月成立，且个人股东占比45%。(1) 说明重庆志德、葛洲坝环嘉不属于关联方的理由，是否完整披露关联方关系、恰当披露关联交易；发行人或其关联方与重庆志德股东之间是否存在股权代持关系，发行人或其关联方是否实际控制重庆志德；(2) 发行人前员工在重庆志德出资比例仅为10%，另一自然人股东持股比例为90%，说明由该前员工担任重庆志德的法定代表人、执行董事、经理的原因及合理性；(3) 根据申请资料发行人的上游行业属于卖方市场，但重庆志德与发行人主要通过应付款方式结算，与其他供应商主要通过预付款方式进行结算存在差异，并且重庆志德的业务毛利率不足1%，请补充说明前述情况的原因和合理性；(4) 说明重庆志德2014年设立后即与发行人开展大规模交易的原因；葛洲坝环嘉成立后立即成为发行人第一大供应商的原因及合理性；重庆志德的供应商与葛洲坝环嘉的供应商是否存在重合；葛洲坝环嘉异地供货的实物流转情况及合理性。

1.8 关联交易－关联交易非关联化

【17－23 普天铁心】

2016年7月，无锡天时晟投资以增资方式成为发行人股东。经核查，天时晟37位合伙人全部为外部投资者，均不在发行人处任职；其部分合伙人与发行人客户、供应商之间存在关联关系。同时，普天物流作为发行人重要的运输服务供应商，发行人是普天物流的唯一客户。（1）请结合与发行人客户、供应商之间存在关联关系的合伙人的职务、身份、背景等情况，说明上述合伙人有无代持股份的情况；（2）普天物流股权转让的真实性，是否存在关联关系非关联化的情形，是否存在为实际控制人代垫费用、代为承担成本或转移定价、其他利益安排等利益输送情形；（3）普天物流与常发物流有无关联关系。

2.1 同业竞争

（1）严格遵循实质重于形式的判断思维。

（2）严格执行《证监会发行监管部关于同业竞争的研究纪要》2011年11月。

【17－35 山东坡纤】

发行人在报告期内存在较大金额的无实际交易背景的关联方应收票据融资，向控股股东大规模拆入资金以及取得委托贷款。发行人有临时用工情形。（1）发行人是否财务独立、机构独立，具备独立面对市场的能力；（2）相关内部控制制度是否健全且有效执行；（3）发行人子公司沂水热电与公司控股股东临矿集团、山能集团控制电厂，是否存在同业竞争情况。

2.2 同业竞争

【17－24 钜泉光电】

（1）与关联方资金往来情况，是否存在资金体外循环及关联方承担成本费用等情形；（2）招股说明书披露发行人与第四大股东炬力集成不存在同业竞争关系，结合历史沿革、资产、人员、业务和技术情况等说明二者的关系，确认炬力集成及其相关公司与发行人是否存在同业竞争；（3）报告期内与关联方在销售、采购渠道商存在部分重叠，说明交易是否符合市场定价原则，交易价格是否公允，是否存在利益输送。请保荐代表人说明核查程序和过程，并发表明确意见。

2.3　同业竞争

【17－61 南都物业】

同业竞争问题。发行人控股股东南都地产服务控股子公司南都企管，主营业务为会所运营管理和顾问咨询。南都营销曾为发行人控股子公司，后转让给南都地产，从事房地产代理等业务。(1) 说明物业管理和会所管理在具体业务上的差异，**关联方是否与发行人存在同业竞争或潜在同业竞争**的情形；(2) 结合发行人与实际控制人控制的其他企业业务发展战略，说明实际控制人控制的其他企业所从事的业务**是否会影响发行人未来业务拓展**。

3.1　股权/股份代持

【17－35 山东玻纤】

原先形成股权代持的原因和清理情况，是否仍存在代持情况，是否存在潜在的法律纠纷。董事、监事、高级管理人员出资鼎顺创投的资金来源是否由发行人或关联方提供融资或担保，与董事、监事、高级管理人员收入是否匹配。

【17－36 国金黄金】

(1) 实际控制人要求发行人员工代持股份是否履行了必要的内部程序。(2) 说明冯某的出资、大额借款来源及合法性，是否来源于发行人实际控制人及其他股东，是否存在代持或委托持股的情况。

3.2　股权/股份代持

【17－44 鸿禧能源】

公司股权历次转让中多次出现 1 元/股转让价格的原因及合理性，是否存在股份代持或利益输送等情形。

【17－61 天永智能】

(1) 结合荣某林与陈某红离婚时的财产分割约定及实际情况，分别说明 2015 年 6 月分别由陈某红、荣某投资认缴新增出资，在 12 月荣某林又将所持荣某投资 91% 出资额转让给陈某红，说明其合理性与合规性；(2) 说明陈某红是否曾在发行人任职或为发行人提供服务，其所持发行人股份是否存在为他人代持的情形；（3）荣某林及前妻李某梅对新加坡天永的出资来源、新加坡天永对天永有限的出资来源。

3.3　股权/股份代持－工会持股

【17－12 河南省交通规划设计研究院】

发行人历史上曾存在股权代持、工会持股、工会预留股等，截至2013年8月，工会预留股共计744,322股。请发行人代表说明清理情况、有无潜在纠纷；发行人工会收购前述预留股的资金来源，是否涉及使用工会会费或占用发行人资金的情形，相关资金来源是否合法。

3.4　股权/股份代持－职工持股

【17－2 山西壶化】

招股说明书披露，发行人曾经于1994年9月至2003年12月期间存在内部职工持股情形，截至目前，发行人存在的内部职工股已全部予以清理和规范。请发行人代表进一步说明职工持股是否已完全清退，是否存在潜在法律纠纷。

4.1　实际控制人－认定

【17－39 捷众科技】

发行人控股股东、实际控制人为孙某根、董某珮夫妇。孙某娜系孙某根、董某珮之女，孙某系孙某根、董某珮之子，分别持有发行人10.20%的股份，且均系在报告期内从孙某根处无偿转让所得。请发行人代表提供充分证据说明不将孙某娜、孙某一起认定为实际控制人的原因和合理性。

4.2　实际控制人－认定

【17－21 海宁家纺城】

宏达控股集团持有发行人4200.00万股，占35.00%，为发行人第一大股东。但未被认定为发行人控股股东、实际控制人。（1）结合历史沿革、核心业务资产来源、业务、人员延续等情况，进一步说明未认定宏达控股为控股股东的理由、依据及其合理性；（2）说明宏达控股是否已完全比照控股股东、实际控制人要求进行披露与核查；（3）说明宏达控股及其实际控制人以及其控制的企业是否与发行人存在同业竞争，宏达控股及其实际控制人最近

3 年内是否存在重大违法违规、被立案稽查等情形；（4）说明宏达控股及其实际控制人与发行人或产业基地公司和海宁供销社之间是否存在其他特殊约定或其他利益安排，是否存在应披露未披露的事项。

【17－24 钜泉光电】

招股说明书披露发行人股东众多且分散，无实际控制人。

认定发行人无实际控制人的理由和依据，是否存在潜在的重大权属纠纷，发行人在无实际控制人的情况下保证公司治理的完善和内控制度的健全且得到有效执行的具体措施。

4.3 实际控制人－变更

【17－62 聚隆科技】

报告期内发行人第一大股东发生变更。2016 年 4 月刘某及刘某阳继承前第一大股东全部股份，刘某成为公司第一大股东。结合发行人前第一大股东吴某管理公司事务、对发行人的影响力及发行人 2016 年的股权变动情况，说明发行人**是否符合最近 2 年内实际控制人没有发生变更的发行条件**。

发行人原第一大股东吴某主要分管技术研发、外部沟通及客户关系维护。说明在吴某因病去世后，发行人研发工作受到的影响及采取的应对措施；说明**第一大股东变化是否会对发行人的持续发展和持续盈利能力带来重大不确定性**。

5 对赌协议

【17－36 春秋电子】

招股说明书披露发行人曾与新进投资人签署具有对赌条款的协议，但该协议已终止，发行人对赌协议/条款均已清理完毕。招股说明书披露发行人实际控制人为薛某文，薛某文前妻薛某琴为发行人第三大股东。请发行人代表进一步说明**对赌协议的清理情况，是否存在潜在法律纠纷**；不将薛某琴列为实际控制人的原因。

过会案例：【17－39 伊戈尔电气】【17－46 御家汇】

6 私有化

【17－22 稳健医疗】

根据申请文件，发行人实际控制人李某全控制的 Winner Medical Group

Inc. 在美国 OTCBB 挂牌、并逐步转板至 NYSE Amex LLC 和 NASDAQ Globle Market 交易，实现 Winner Medical Group Inc. 在美国上市、发行人间接上市融资目的。2012 年 7 月，发行人开始私有化并退市。2016 年 3 月申报 A 股 IPO。（1）Winner Medical Group Inc. 在美国终止上市及私有化交易中，发行人的实际控制人用于收购股权的资金来源，是否存在使用境内资金支付私有化费用的情形，是否取得外汇管理部门的批准，是否符合我国有关税收、外资、外汇管理等方面的法律法规规章，是否存在违法违规情形；（2）发行人在美国间接上市、后通过私有化退市并申报 A 股 IPO 的具体原因及其商业合理性；是否符合我国相关监管部门当前的最新监管政策和监管要求。

7.1　出资问题－瑕疵

【17－49 雪龙集团】

林某宣（我国台湾地区居民）曾为发行人前身雪龙有限的股东，占注册资本 25%，后将股权转让给香港绿源。（1）说明林某宣与贺财某、贺频某、贺群某的关系，林某宣对雪龙有限的出资资金是否来源于贺财某、贺频某、贺群某，是否为委托持股或信托持股，如是，雪龙有限作为外商投资企业是否合法设立并有效存续，雪龙有限所享受的税收优惠是否合法合规，是否存在补缴税款并被处罚的风险……

【16 创－嘉必优】

非专利技术取得的原始价值作价出资。

7.2　出资问题－公允

【17－9 金奥博科技】

发行人招股说明书披露，2015 年 12 月，明某、奥博合鑫增资入股发行人的价格为 20.84 元/股，2015 年 12 月，雅化集团转让部分股权给奥博合利和奥博合智的价格为 84 元/股。奥博合利、奥博合鑫和奥博合智为员工持股平台。周某玲持有奥博合利、奥博合智的出资比例较大。（1）**上述增资价格及股权转让价格存在差异的原因及合理性**；（2）雅化集团转让部分股权给奥博合利和奥博合智的原因及合理性；（3）是否存在委托持股、信托持股或一致行动关系等情况，**部分员工 2015 年才进入发行人工作就通过员工持股平台持有发行人股权**的原因及合理性。

8　员工股权/股份激励

【17－22 稳健医疗】

2014 年 7 月 1 日、2014 年 7 月 28 日，发行人员工持股平台通过增资和受让发行人控股股东稳健集团有限公司股份实施员工激励，增资和转让对应每注册资本价格分别为 4.69 元和 4.68 元，2014 年 11 月红杉信远增资价格为 16.79 元，前后两次转让价格差异悬殊。发行人按照每股评估单价 4.91 元为基础确认股份支付费用。请发行人代表进一步说明前后两次转让价格差异巨大的主要原因和商业合理性，并说明与该等相关的股份支付费用的确认是否合理。

9.1　资质许可问题

【17－56 全时天地】

（1）是否具备开展业务经营所必需的相关资质、许可；

……

（5）发行人业务主要集中在北京地区，获取北京以外地区的代理资质是否存在障碍。

9.2　资质许可问题

【17－56 广电数字传媒】

发行人不直接拥有《信息网络传播视听节目许可证》。经重庆广播电视集团（总台）独家授权，发行人拥有重庆 IPTV 分平台牌照和重庆网络广播电视台牌照中有关经营性业务的运营权。（1）发行人如果无法获得重庆广播电视集团的授权或独家授权，是否能够保证业务延续。（2）发行人的关联方是否已取得宽带业务资格；如果取得该资格，是否会对发行人经营产生重大影响。

9.3　资质许可问题

【17－21 海宁家纺城】

发行人投资建设科技产业园项目和国贸中心项目，是否涉及房地产业务，是否符合房地产相关监管政策，是否具备房地产经营开发资质、房产出售资质，项目是否具备房屋预售许可证等与房地产开发与销售相关的必备资质，是否符合法律法规的相关规定。

9.4 资质许可问题

【17－35 成都尼毕鲁】

发行人所处网游行业受多个主管部门监管，报告期存在未取得互联网出版许可证而从事游戏出版发行、未取得《增值电信业务经营许可证》从事网络游戏运营的行为。（1）结合境内主管部门的政策及变化情况，说明报告期从事的网络游戏研发、运营、发行等各项业务是否均已取得必要资质，是否存在证照或审批手续不完备的情形下开展相关业务的情况；（2）说明报告期运行的各款游戏是否均履行了必要的审批或备案程序，各款游戏的上线时间及完成审批或备案的时间是否一致，是否存在违反《网络出版服务管理规定》等相关规定的情形；（3）说明以上事项对发行人可能产生的影响及潜在风险，相关内部控制制度是否健全有效，并能保证公司合法合规经营。

10.1 环保问题－设施设备使用

【17－4 润禾高新材料】

发行人宁海老厂区生产基地于2016年下半年停止生产并拆除搬迁，但新厂区相关安全生产、环保等手续于2017年8月才全部办理完毕。发行人新厂区的环保设备一直未投入使用，相关污染排放物一直通过槽车运送到厂区外。（1）新旧厂区搬迁对发行人生产经营的影响情况，**新厂区是否存在手续未齐备情况下开展生产的情形**，是否符合相关规定；（2）**新厂区环保设备未投入使用的原因**，是否符合相关规定，对发行人的生产经营是否构成重大影响。请保荐代表人发表核查意见。

10.2 环保问题－措施

【17－35 山东坡纤】

发行人曾发生过固废堆放不合规和废气排放超标等问题。请发行人代表进一步说明相关问题的解决情况，对固废和废气的具体环保措施。

10.3 环保问题－潜在影响

【17－61 顺博铝合金】

结合GB 31547—2015《再生铜、铝、铅、锌工业污染物排放标准》以及新的产业政策、环保和安全保护法规、排放标准等要求，量化分析相关政策法规对发行人报告期和未来经营业绩、持续盈利能力的影响。请保荐代表人发表核查意见。

10.4 环保问题－潜在影响

【17－22 鑫广绿环再生资源】

（1）请发行人代表说明**环保监管政策变化对发行人经营的影响**，是否存在重大不确定性因素（危废处置可能影响居民生活环境，前期焚烧存在被群众举报情形），发行人为消除这些负面影响和隐患所采取的主要措施，是否充分披露。（2）**关于《排污许可证》未续期**。请发行人代表说明许可证续办最新进展及预计取得相关许可证的时间。

11.1 重大违法行为/行政处罚/安全事故

【17－53 华菱精工】

2015 年 3 月安徽省郎溪县国家税务局要求发行人补缴 2012～2014 年已经享受的企业所得税减免优惠及滞纳金。请发行人代表说明：该补缴企业所得税以及滞纳金行为是否构成重大违法行为，是否已经征求有权部门的意见，相关会计处理是否符合企业会计准则的规定，报表调整是否进行信息披露。

11.2 重大违法行为/行政处罚/安全事故

【17－44 长江材料】

发行人报告期内存在边办理采矿证边开采的行为。边办理采矿证边开采的行为是否合法合规，是否构成重大违法行为；通辽市科左后旗国土资源局出具《证明》不会实施行政处罚，其是否为发行人开采行为的有权监管部门。

发行人报告期内发生三起致人死亡安全事故。请发行人代表进一步说明三起事故的处置、对经营活动的影响、安全生产内控制度的完善以及是否构成本次发行上市障碍。

11.3 重大违法行为/行政处罚/安全事故

【17－22 稳健医疗】

发行人在规范运作与内控方面存在以下问题：……报告期内发行人接连受到 16 起行政处罚，（1）发行人受到环保、税务、食品药品监督、人力资源、社会保障和海关等部门的处罚是否构成重大违法违规行为，是否存在“最近36个月内违反工商、税收、土地、环保、海关以及其他法律、行政法规，受到行政处罚，且情节严重”的情形；（2）合规运营方面的内部控制制度是否健全且被有效执行，内部控制是否存在重大缺陷。

11.4　重大违法行为/行政处罚/安全事故

【17－21 森鹰窗业】

经发行人自查及中介机构持续核查发现，2013年上海市城乡建设和交通委员会对发行人处以责令改正、罚款10万元的行政处罚。该事项在2015年首次申报中遗漏。请发行人代表说明未披露的原因、发行人有无其他类似未披露事项及相关内控制度是否完善并有效执行。

11.5　重大违法行为/行政处罚/安全事故－受贿、行贿、商业贿赂

【17－2 山东出版传媒】

发行人原董事、总经理刘某涉嫌受贿、贪污和职务侵占一案，2016年9月被调查而离任，目前尚未宣判。（1）刘某个人涉嫌的违法违规案件是否会影响到发行人的利益，是否会对发行人造成损失，是否已在财务报告中反映并予以充分披露，发行人是否有可能因此承担相应法律责任；（2）发行人是否建立健全**内部控制制度**，加强相关人员的管理，有效防范公司高级管理人员的职务侵占、贪污等犯罪行为。

11.6　重大违法行为/行政处罚/安全事故－受贿、行贿、商业贿赂

【17－9 威尔曼制药】

发行人主要采取经销的销售模式，报告期内发行人二级经销商的业务员因商业贿赂被判处刑罚，且2014年、2016年存在现金支付长沙原道医药科技开发有限公司和湖南熬吧文化发展有限公司，用于产品市场推广的情形……（4）发行人对经销业务的内部控制制度及执行情况，是否已建立相关的风险控制体系防范商业贿赂风险。

11.7　重大违法行为/行政处罚/安全事故－理解

（1）违反国家法律、行政法规，且受到行政处罚、情节严重的行为。（2）凡被处以罚款以上行政处罚的行为都视为重大违法行为，但处罚机关认

定不属于重大违法行为，并能够做出合理说明的除外。(3) 上述行政处罚主要指工商、税务、海关、环保、土地、财政、审计等部门作出。(4) 不服行政处罚申请行政复议或提起行政诉讼的，在行政复议决定或法律判决裁定尚未作出前，原则上不影响对重大违法行为的认定，但可依申请暂缓作出行政许可决定。(5) 因犯有贪污、贿赂、侵占财产、挪用财产罪等，被判处刑罚，刑罚执行期满未逾三年的，视为近三年有重大违法行为。(6) 处罚依据的相关条款中不属于最重的一款，不属于“情节严重”的情形，就可以不属于“重大违法违规行为”。(7) 在中介机构的反馈意见中并未提及是否“属于重大行政处罚”，而是直接判断“不构成实质性法律障碍”。

12.1 税收优惠/财政补贴

【17-23 **天地数码**】

报告期发行人外销占比分别为63%、62%、66%、69%，境外销售以分切销售为主，请发行人代表说明出口退**税与出口数据的匹配关系、出口退税对业绩的影响**。

【17-23 普天铁心】

发行人的高新技术企业资格于2015年到期后也未再申请复审，不再享受企业所得税优惠，请结合上述情形说明发行人的技术研发优势是否逐步减弱，该状况对发行人未来发展的影响。

12.2 税收优惠/财政补贴

【17-46 **御家汇**】

发行人报告期收入增长率、毛利率呈现逐年下降的趋势，**扣除政府补助后，税前利润呈现逐年下滑**，但同行业毛利率未有显著下降。同时，收入结构发生显著变化，线上自营收入下降、线上经销和代销上升。

【17-21 海宁家纺城】

报告期固定资产处置收益以及财政补贴占利润比例较高，结合同行业上市公司业绩指标变动趋势，说明发行人行业经营环境、行业地位是否已经或正在发生重大变化，对持续盈利能力是否构成重大影响。

【17-22 **鑫广绿环**】

结合补贴收入取得周期逐年增加且占比高的情况，说明**补贴收入的可持**

续性，以及坏账计提是否充分。

13.1 职工薪酬/劳动关系/社保/公积金

【17－56 博拉网络】

请发行人代表说明人均薪酬水平与同行业上市公司、当地互联网 IT 企业的平均薪酬进行对比分析的情况，是否明显低于当地互联网 IT 企业的平均薪酬，是否存在通过压低人工成本调节利润的问题。

【17－35 山东坡纤】

发行人将临时工的用工关系认定为劳务关系而非劳动关系，依据是否充分，是否存在被认定为事实劳动关系的风险，补缴社保及公积金是否会对发行人业绩产生重大影响。

13.2 职工薪酬/劳动关系/社保/公积金

【17－39 伊戈尔电气】

请发行人代表说明公司**劳务派遣人员比例**是否符合《劳务派遣暂行规定》的要求，是否存在被有关主管部门处罚的风险，说明降低劳务派遣人数的实施措施和效果，实施过程中是否存在纠纷，是否充分披露劳务派遣人数变化及原因。

【17－37 光弘科技】

报告期内，发行人**尚未为全部员工缴纳社保和公积金**。请发行人代表说明未为全部员工缴纳社保和公积金的原因、是否合法合规。

14 重大诉讼/仲裁

【17－60 红星美凯龙】

发行人目前共有**未决诉讼 5 起，涉案金额约 6.32 亿元**。其中，长沙理想房地产开发有限公司诉发行人合作开发合同纠纷案涉案金额为 5.7 亿元。请发行人代表说明：（1）该案目前最新进展情况；（2）对判决结果的分析依据是否合理、充分，是否存在误导，招股说明书有关风险揭示是否充分；（3）发行人未就上述事项计提预计负债的合理性。

【17－45 成都银行】

重大诉讼事项相关**减值准备**计提是否充分。

15.1 知识产权/专利/商标

【17－62 聚隆科技】

说明发行人已取得的专利是否形成了有效的**技术壁垒**；招股书披露公司核心发明专利“高速铁路用尼龙工程塑料及制造方法”获得第十五届中国优秀专利奖，说明该专利的**商业价值**。

【17－3 奥士康科技】

请发行人代表说明现有技术人员结构、技术专利是否支撑公司的战略规划等事项，是否与发行人扩建规模、市场需求匹配。请说明技术来源来自吸收和消化行业先进的技术和自身创新，能否进一步说明公司的自身创新能力；工艺创新被竞争对手复制的风险，**是否能得到专利保护**。

15.2 知识产权/专利/商标

【17－45 盈趣科技】

发行人募投项目“Intre＋智能家居产业化项目”需要通过智能网关对终端设备进行控制，发行人与上海本星科技有限公司**专利侵权诉讼**涉及智能网关。请说明上述诉讼对该募投项目实施是否存在重大不利影响。

【17－44 长江材料】

（1）**专利复审和诉讼**的最新进展情况及对公司生产经营和业绩的影响，相关专利对发行人生产经营的重要性，其他子公司是否使用该专利，**是否对发行人持续经营能力构成重大不利影响**。（2）发行人主要产品相关的**专利是否存在潜在纠纷**。

16.1 资产权属/资产完整性

【17－49 中天精装】

发行人报告期内应收账款占总资产约50%，按账龄计提坏账准备比例低于行业平均水平。（1）相关坏账计提是否充分、谨慎；（2）应收账款反向保理业务会计处理是否符合企业会计准则的规定。

【17－53 华菱精工】

2013 年以来由关联方转为非关联方或注销的相关公司的经营和业绩，关联方转为非关联方后继续与发行人发生业务往来的原因；华晟金属、华友运输主要为发行人服务，未将其纳入发行人体系是否影响发行人的独立性和资产完整性。

16.2　资产权属/资产完整性

【17－56 广电数字传媒】

发行人的直接客户为电信运营商而非 IPTV 终端用户，重庆电信是发行人的第一大客户，报告期内各期营业收入占比均超过 50%。资产是否完整、业务是否独立，是否拥有独立的市场运营能力。

【17－60 红星美凯龙】

发行人在按照国内资产评估准则对投资性房地产的评估价值进行调整过程中，在计算合同收入中经营管理收入的占比时，将经营管理活动所发生的相关成本费用视同经营管理收入，并据此进行估值。请说明该方法是否合理、公允，是否符合资产评估准则和企业会计准则的规定。

17.1　国有资产交易

【17－12 河南省交通规划设计研究院】

河南省高速公路管理局、河南省收费还贷高速公路管理中心和河南省交通厅服务中心都是河南省交通厅下属单位，高速公路管理局和收费还贷中心与发行人之间存在业务交易，后高速公路管理局、收费还贷中心将所持股份转至服务中心。请说明发行人国有股未转国有资产管理机关持有的原因与合规性。

17.2　国有资产交易

【17－22 稳健医疗】

发行人在 1999 年、2000 年、2001 年与多家国有企业合资经营，并在随后购买了相关国有资产。请说明国有资产收购中交易的程序和价格是否合规，该等收购资产权属是否清晰。

18.1　三类股东（契约型私募基金、资产管理计划和信托计划）

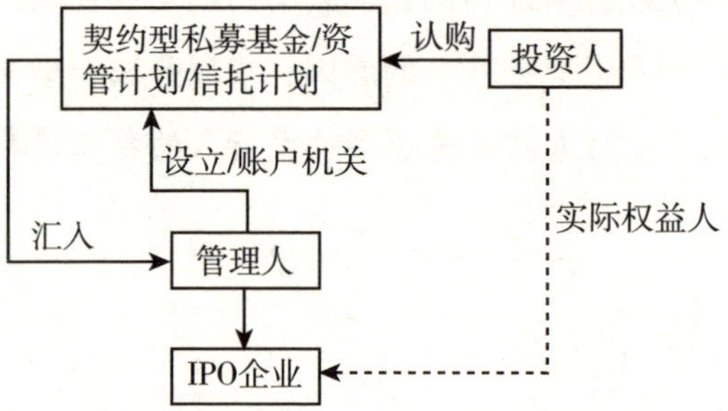

“三类股东”具有管理人、产品、投资人相分离的特征。普遍认为不符合上市监管“股权清晰”的审核要求。（1）出资人和资金来源很难穿透核查。可能存在股份代持、关联方持股、规避限售，甚至利益输送问题；（2）可能导致公司投权结构不稳定。

18.2　三类股东（契约型私募基金、资产管理计划和信托计划）

证监会的核查重点主要集中在三方面：

（1）主体资格：该类股东是否依法设立并在有关监管部门办理备案手续；

（2）投资范围：核查该类股东的存续期限、投资范围，确认其投资拟上市公司是否违反相关资格协议等文件或存在障碍；

（3）关联关系核查：对于股东中的资管计划或契约型基金，要核查其权益人是否为发行人的控股股东、实际控制人、董监高，是否存在代持关系或利益输送等。

18.3　三类股东（契约型私募基金、资产管理计划和信托计划）

【17－56 博拉网络】

（1）勤晟鸿鹏价值证券投资基金向重庆龙商股权投资管理有限公司转让190万股与联合基金1号新三板基金向尤启明转让50万股价格差异较大的原因；（2）尤某明、重庆龙商股权投资管理有限公司、刘某玉、王某丽、钟某宁、孙某及其他历次增资的股东是否存在代持情形；（3）尤某明直接和间接持有发行人股份的背景，其出资1525万元资金来源均为借款且还款方式均为到期一次还本付息、还款期限均为2019年的原因，是否存在代持、对赌等其他利益安排。

18.4　三类股东（契约型私募基金、资产管理计划和信托计划）

过会案例（第十六届）：**常熟汽饰、海辰药业、碳元科技、长川科技**

经验总结：

（1）要间接持股，直接持股可能影响股权的稳定性。

（2）可穿透核查是关键，持股比例较低（低于5%），交易结构较为简单，可穿透至自然人或国资主体。

（3）契约型基金、资产管理计划（证监）比信托计划（银监）更易接受。

（4）合规合法，履行相关备案或批准手续。

19.1 外汇/现金/票据

【17－35 成都尼毕鲁】

发行人主要收入来源于海外，由我国香港子公司代理发行人部分海外业务并分成，发行人有大量资金跨境流动。（1）说明发行人与子公司海外代理协议的主要内容并说明分成比例的合理性；（2）说明是否存在单个玩家资金金额较大且通过发行人渠道流入境内的情况，是否涉及洗钱、套汇或逃汇等问题；（3）说明不同业务模式下跨境资金流动、结换汇情况，是否符合国家外汇、税务等相关法律法规的规定。

19.2 外汇/现金/票据

【17－22 稳健医疗】

WinnerMedical Group Inc. 在美国终止上市及私有化交易中，发行人的实际控制人用于收购股权的资金来源，是否存在使用境内资金支付私有化费用的情形，是否取得外汇管理部门的批准，是否符合我国有关税收、外资、外汇管理等方面的法律法规规章，是否存在违法违规情形。

19.3 外汇/现金/票据

【17－53 联德精密】

发行人在叶某、谈某、蔡某龙、李某宇未按规定办理相关外汇登记事项前曾多次向境外股东进行利润分配，说明前述情形是否违反国家外汇管理局《关于境内居民通过境外特殊目的公司融资及返程投资外汇管理有关问题的通知》第6条、第12条等当时有效的相关外汇管理法律法规的规定。

19.4 外汇/现金/票据

【17－9 威尔曼制药】

报告期内现金交易金额较大，相关的资金管理制度对现金的提现标准与现金使用无明确规定等。（1）发行人在开票、产品发货和出库、原材料采购、资金管理等方面的内部控制制度及实际执行情况，如何保证相关制度的有效实施；（2）申报材料有关销售收入确认原则前后披露不一致的原因，发行人实际执行的收入确认原则是否符合企业会计准则的要求。

19.5 外汇/现金/票据

【17－35 神农农业】

现金交易问题。报告期内，发行人现金销售占营业收入的比重逐年上升，2016 年占当年销售金额 25.43%，2017 年 1～6 月占比 28.16%，发行人交易过程中免税环节较多。同时，发行人经销收入占比接近 99%，客户较为分散且变动较大，大多为个体工商户，ERP 系统不健全，保荐机构未取得经销商的进销存数据。现金交易的真实性、必要性以及逐年上升的原因，现金交易的流程及相关内部控制措施，未来拟降低现金交易的相关措施。

19.6 外汇/现金/票据

【17－46 百华悦邦】

（1）发行人报告期内现金交易的流程及相关内部控制措施执行情况；

（2）现金交易的真实性和必要性，2017 年 1～6 月现金结算金额与往期相比出现较大幅度变动的原因。

19.7 外汇/现金/票据

【17－37 中英科技】

发行人与关联方之间存在借款、无真实交易背景的票据融资等情况，金额较大且较为频繁。（1）发行人资金、账户、合同管理、贷款、关联交易、法律风险等相关事项的内控制度及执行情况；（2）向实际控制人筹借资金的原因，是否存在利益输送情形；（3）票据融资的主要用途，产生的债权债务是否已经履行完毕，雷纳机械是否已偿还 500 万元因票据融资所欠资金，是否仍有尚未披露的无真实交易背景的票据融资。

19.8 外汇/现金/票据

【17－63 新立基】

1. 发行人报告期内存在通过员工个人银行卡进行货款结算的情形，合计金额约2.8亿元。请发行人代表说明：（1）该行为是否违反了《公司法》和《商业银行法》有关账户管理的规定；（2）发行人报告期会计基础工作是否规范，是否有严格的资金管理制度。

2. 发行人报告期内存在客户委托第三方回款的情形，各期金额占比分别为16.84%、20.93%、25.16%和31.01%，占比逐年提高。

20 信息披露/新三板规则差异

【17－62 奥飞数据】

发行人新三板挂牌信息披露内容与本次发行上市申请信息披露内容存在差异。请发行人代表说明是否对发行人报告期财务会计基础、经营成果和内部控制产生影响。

【17－61 顺博铝合金】

发行人首发申报文件与新三板挂牌期间披露的文件在关联方及关联交易、前五名客户及收入金额、前五名供应商及采购金额、研发投入及经营活动现金流量等方面存在差异。请说明在新三板挂牌期间是否符合《企业会计准则》及相关信息披露要求；会计基础工作是否规范、内部控制是否健全有效，是否能够保证财务信息披露的真实、准确、完整。

除此之外，还应关注一般法律问题：

1. 持续时间；

2. 发起人资格；

3. 董监高任职资格/最近3年是否发生重大变化；【17－62 聚隆科技】

4. 国企或集体企业改制/国有股权问题；【17－11 科创信息】

5. 公司章程及三会运作。

三、典型案例分析

案例一：金奥博（002917）

【发审会问题2】

发行人招股说明书披露，2015年12月，明某、奥博合鑫增资入股发行人的价格为20.84元/股，2015年12月，雅化集团转让部分股权给奥博合利和奥博合智的价格为84元/股。奥博合利、奥博合鑫和奥博合智为员工持股平台。周某玲持有奥博合利、奥博合智的出资比例较大。请发行人代表进一步说明：（1）上述增资价格及股权转让价格存在差异的原因及合理性；（2）雅化集团转让部分股权给奥博合利和奥博合智的原因及合理性；（3）是否存在委托持股、信托持股或一致行动关系等情况，部分员工2015年才进入发行人工作就通过员工持股平台持有发行人股权的原因及合理性。

答复

（一）2015年12月，增资价格及股权转让价格存在差异的原因及合理性

经访谈发行人控股股东、实际控制人明某并经泰和泰律师事务所律师查验，参与发行人增资的奥博合鑫的出资人均为公司的中高级管理人员，其增资入股发行人的价格较低系因有股权激励的性质，奥博合利、奥博合智的出资人主要为公司的员工，其不存在通过股权激励方式取得发行人股权，其股权系从上市公司雅化集团受让而来，雅化集团转让前述股权经其第三届董事会第八次会议审议通过，雅化集团独立董事亦已发表独立意见，确认此次转让定价合理，价格公允。

据上，虽然奥博合鑫的增资价格与奥博合利、奥博合智受让股权的价格存在差异，但差异的原因合理。同时，就奥博合鑫的增资事宜，发行人已经做了相应的会计处理，确认的股份支付金额为1261.44万元。

（二）雅化集团转让金奥博有限股权的原因及合理性

根据本律师事务所律师对雅化集团的访谈并经本律师事务所律师查验，因金奥博有限为实现更快发展拟进行股改上市，部分员工有意成为公司股东与公司共谋发展，为满足员工持股意愿、提高员工凝聚力，金奥博有限拟实

施员工持股计划。经各方股东协商，雅化集团向员工持股平台奥博合智、奥博合利合计转让金奥博有限9.09%的股权。本次股权转让将对金奥博有限员工产生积极影响，促进金奥博有限的发展；间接有利于雅化集团的投资增值；同时，转让该部分股权能全额收回前期的投资成本，增加雅化集团的投资收益；再则本次股权转让也不会影响金奥博有限实际控制人的控股权，有利于公司经营稳定。

据上，雅化集团将金奥博有限部分股权转让给员工持股平台奥博合利、奥博合智的商业行为合理。

根据奥博合利、奥博合鑫、奥博合智全体合伙人出具的承诺函并经泰和泰律师事务所律师查验，除周某玲系发行人控股股东、实际控制人明某配偶、周某华系周某玲妹妹外，奥博合利、奥博合鑫、奥博合智的其他合伙人与发行人控股股东、实际控制人均不存在关联关系，奥博合利、奥博合鑫、奥博合智系发行人控股股东、实际控制人的一致行动人；奥博合利、奥博合鑫、奥博合智全体合伙人所持有的合伙企业财产份额均不在委托持股、信托持股的情形。

奥博合智、奥博合利系满足发行人员工持股意愿、提高员工凝聚力而设立的员工持股平台，其所持股份系通过市场价格从雅化集团受让，不具有股权激励性质。发行人员工转正后即有资格参与出资或者受让份额，故存在2015年后进入发行人工作的员工也持有合伙企业份额的情形。

案例二：乐歌股份（300729）

【发审会问题3】

请发行人代表说明与美国Varidesk公司专利争议及最后和解的过程，和解协议的主要内容，和解结果是否公平且符合商业逻辑，是否存在其他对价，或相关各方就相关利益或商业安排是否另有约定等。

答复

泰和泰律师事务所律师认为，（1）发行人与Varidesk公司之间专利纠纷涉及的337调查已签署了《和解协议》，337调查程序（以及双方针对337调查各自发起的诉讼程序）随着《和解协议》的签署而终结，[注：因《和解协议》具体条款属保密信息，公告版《补充法律意见书（四）》中相关内容所做技术处理均出于保密需要]。截至本补充法律意见书出具之日，发行人与Varidesk公司之间就本次337调查所产生专利纷已完结。（2）发行人通过多年的自主研发积累，组建了经验丰富的研发闭队，形成了较强的产品研发能力，《和解协议》的签署对发行人在美国市场上的销售未造成实质性影响。(3) 根据 Varidesk 公司出具的确认函，除《和解协议》外，发行人及其实际控制人与 Varidesk 公司之间未签署其他协议或存在其他利益安排。

综上所述，发行人曾发生的 337 调查程序（以及双方针对 337 调查各自发起的诉讼程序）已完结，该等事项不会对发行人的生产经营造成重大不利影响，不会构成本次发行上市的实质性法律障碍。

案例三：奥士康（002913）

【发审会问题 3】

请发行人代表和保荐代表人说明惠州奥士康租赁厂房的权属问题：(1) 土地使用权所有人明珠公司取得上述权利的过程；(2) 新圩镇人民政府将该土地确认回拨的合法性及法律证明。

答复

因此，基于上述，租赁土地之土地使用权人为惠阳市明珠实业有限公司，但惠阳区新圩镇人民政府于 2002 年 10 月 28 日将该租赁土地作为回扣地划拨给惠州市惠阳区新圩镇长布村民委员会新陂村民小组而实际由惠州市惠阳区新圩镇长布村民委员会新陂村民小组运营管理，并由惠州市患惠阳区新圩镇长布村民委员会新陂村民小组经村民会议租赁给巫某华、刘某东和刘某源建设厂房出租，而巫某华、刘某东和刘某源非为租赁土地使用权人，因此无法办理租赁厂房的房屋所有权证书。

根据惠阳区房产管理局业务指引，申请房屋租赁登记备案需提交“不动产权证书、房地产权证或能证明权属的有效证明”，但出租方无法提供租赁厂房权属证明，故租赁厂房未办理备案。

控股股东北电投资、实际控制人程某和贺某出具《承诺函》。承诺“如果奥士康及下属企业因拥有的房产、租赁房产被拆除或拆迁，或因拥有的房产未履行完善的报建手续及/或取得建设房产所须的批准、许可或备案，租赁合同被认定无效或者出现任何纠纷，或因未办理相关租赁备案登记被行政主管部门处以行政处罚等，因此给奥士康或其下属企业造成经济损失（包括但不限于拆除、处罚的直接损失，或因拆迁可能产生的搬迁费用、固定配套设施损失、停工损失、被有权部门罚款或者被有关当事人追索而支付的赔偿等），本企业/本人将就奥士康及其下属企业实际遭受的经济损失，向奥士康及其下属企业承担连带赔偿责任，以使奥士康及其下属企业不因此遭受经济损失”。

基于上述，泰和泰律师事务所律师认为，惠州奥士康可以继续租赁使用上述租赁厂房，出租方未就租赁货厂房取得权属证明、租赁厂房未办理备案对发行人的主要生产经营影响较小，知果上述租赁厂房被要求拆迁或者被处罚，则相应经济损失均由控股股东和实际控制人承担。

案例四：中欣氟材（002915）

【发审会问题1】

请发行人代表进一步分析说明：2017 年1～9 月发行人主要产品生产经营情况，净利润上升幅度远远高于收入增长幅度的原因，2017 年1～9 月毛利率回升的可持续性。发行人的经营模式、产品结构是否已经或者将发生重大变化、发行人的行业地位或所处行业的经营环境是否已经或者将发生重大变化，是否对发行人的持续盈利能力构成重大不利影响。

答复

经核查，报告期内，发行人的采购模式、生产模式、销售模式和订单的获取方式均未发生重大变化。随着2，3，5，6－四氟苯甲醇，2，3，5，6－四氟对苯二甲醇及 BMMI 等新产品持续放量，发行人定制化销售的比重有所增加。

经核查，报告期内，发行人原材料市场供应较为充足；随着发行人新产品产销量增加，对应新产品的原材料采购规模逐年增长；发行人的采购规模与产品产量相匹配。发行人主要原材料的采购价格公允；报告期内，发行人主要原材料的价格有所波动，但整体的波动幅度不大，且产品销售价格与原材料成本具有一定的相关性，原材料价格的波动未对公司的盈利水平构成重大不利影响。

经核查，发行人与传统产品客户保持长期稳定的合作关系，报告期内传统产品收入和毛利及业务占比有所下降，但终端药物长期需求、稳定的客户合作关系将为发行人传统产品提供市场空间。新产品系发行人以共性技术为基础进行的产品体系的扩展延伸，报告期内新产品收入和毛利快速增长，对发行人业绩贡献的比重不断加大；由于新产品具有较高附加值，发行人产品结构有所优化。发行人积极通过定制化研发与生产的方式与客户开展合作，并已签订相关合作协议，符合行业发展趋势，为发行人未来业务增长奠定了良好基础。

案例五：深南电路（002916）

【发审会问题2】

报告期内，发行人与奥士康等供应商披露的交易数据不尽一致。请发行人代表结合合同有关风险报酬转移时点、控制权转移时点等主要条款，进一步说明存在差异的原因和合理性、对报告期各期主营业务成本的影响，并说明发行人自身的销售收入确认是否也存在类似问题。

答复

报告期内，公司披露的采购金额与奥士康披露的销售金额差异分别为 -180.62 万元、180.32 万元、0.00 万元和 -237.47 万元，累计差异 -237.17 万元。其中，2014 年年度和 2015 年年度累计差异为 0.03 万元，差异较小；2016 年年度，双方披露无差异。经核查，各年间数据差异主要系以下原因导致：公司收到奥士康产品、并核对型号及数量无误后，在送货单上签字盖章确认接收，奥士康以此作为收入确认的依据；而公司以签收并检验合格入库作为确认采购的依据。由于各期期末，公司在送货单上签字确认与检验入库之间可能存在一定跨期，导致双方各年间的采购销售数据存在一定差异。

经核查，报告期内，公司向奥士康精密采购多制程委托加工；奥士康披露向公司销售印制电路板。二者披露采购销售内容差异的原因：鉴于产能有限，公司向奥士康精密提供设计图纸、质量标准、工艺等要求，委托奥士康精密加工印制电路板中的部分制程，奥士康精密加工生产完成后向公司销售，公司在奥士康精密生产的产品上完成表面处理、切片、检测及成品检验等工序后再发送给公司客户。因此，由于双方对自身交付产品的定位不同，导致对交易内容理解不同，因此披露的交易内容存在一定差异。

综上所述，泰和泰律师事务所律师认为，公司向奥士康精密采购金额与奥士康精密向公司销售金额差异的原因主要系双方确认采购销售时间存在跨期，导致各年间数据存在一定差异，但整体差异较小，双方确认采购、销售符合会计准则的要求。由于双方对交付产品的定位不同，导致对交易内容理解不同，因此披露的交易内容存在一定差异。

案例六：鑫广绿环（603302）

【发审会问题4】

请发行人代表说明环保监管政策变化对发行人经营的影响，是否存在重大不确定性因素（危废处置可能影响居民生活环境，前期焚烧存在被群众举报情形），发行人为消除这些负面影响和隐患所采取的主要措施，是否充分披露。

依据报告期内，环保监管部门每季度向发行人及其子公司上海鑫广《排污核定通知书》，确认发行人及其子公司上海鑫广在生产经营过程中排放的污染均符合排放标准。泰和泰律师事务所律师走访了烟台市环境保护局和上海市环境保护局，确认发行人及其子公司上海鑫广未发生环保事故。

泰和泰律师事务所律师查阅了第三方监测机构出具的检测（监测）报告，确认发行人通过设施处理后的污染物排放均达到排放标准。依据发行人自环保监管部门取得的复函文件，确认发行人报告期内不存在违反环境保护方面法律法规的行为。

综上，泰和泰律师事务所律师认为，发行人有关污染处理设施的运转正常、有效，环保投入、环保设施及日常治污费用与处理发行人生产经营所产生的污染相匹配。发行人原危废经营许可证到期至取得新证期间的经营活动合法合规，不存在被环保监管部门处罚的风险。

上述群众举报已经环保监管部门核查，环保监管部门对发行人提出了整改要求，发行人已执行落实整改意见，并不存在发行人因群众举报而受到行政处罚的情况。因此，泰和泰律师事务所律师认为上述群众举报对发行人持续盈利能力不存在不利影响。

结语

1. IPO 审核是一个非常宏大的系统工程，法律只是其中一部分！
2. 痛并快乐着，追求真实比迷恋完美更靠谱！
3. 影响过会的因素很多，披露信息不是全部！
4. 首发审核研究，既无判例功能，也无理论价值，仅是有限的实证分析！
5. 深刻理解国家监管政策，以事实为依据，以法律为准绳！

资

资本市场合规运作与实务

新《证券法》下投资者保护制度解读

刘志强、张洪艺、侯正中

2019 年 12 月 28 日，第十三届全国人民代表大会常务委员会第十五次会议审议通过了最新修订的《中华人民共和国证券法》（以下简称“新《证券法》”或“新法”），新《证券法》已于 2020 年 3 月 1 日正式施行。本次修订是在深化金融供给侧改革，证券市场高水平开放、高质量发展的背景下进行的，体现了市场化、法治化、国际化方向，特别是在投资者保护方面有许多与时俱进的理念升华和制度创新，标志着中国资本市场发展进入了新时代。新《证券法》新设了投资者保护专章，作出了许多颇具亮点的制度安排，本文将从对投资者的“事前保护”“事中保护”和“事后保护”三个角度对投资者保护制度进行简要解读。

一、新设“投资者保护”专章，实现制度创新

总体而言，新《证券法》对投资者保护的最大创新，就在于新法在第 6 章设立“投资者保护”专章。与欧美成熟的证券市场体系不同，我国证券市场历来就是以中小投资者为主的市场。相较于上市公司而言，中小投资者在信息获取、资金风险、法律保护意识等方面都处于劣势状态，这决定了我国投资者保护的立法需求。虽然原《证券法》《公司法》《刑法》《民法》等法律中在相关条款上对投资者进行了一定保护，但其保护力度及措施的完善性依然有待加强，且在实践中依然存在着操作难度高、实施情况差等问题。

新《证券法》以专门的章节中的第 88 条到第 95 条，共计 8 条内容对投资者进行专门性保护，实现了我国投资者保护证券立法集中规定从无到有的

进步，是重大的制度创新。从内容上来说，投资者保护专章确定了投资者以及投资者保护机构的权利、发行人及证券公司等多方主体的义务，明确了证券纠纷调解制度以及证券诉讼制度如何实施、谁来实施等重要问题，为注册制下的投资者保护提供了制度上的保障。

二、强化投资者适当性管理，加强事前保护

新《证券法》相关规定	
条款	内容
第八十八条	证券公司向投资者销售证券、提供服务时，应当按照规定充分了解投资者的基本情况、财产状况、金融资产状况、投资知识和经验、专业能力等相关信息；如实说明证券、服务的重要内容，充分揭示投资风险；销售、提供与投资者上述状况相匹配的证券、服务。 投资者在购买证券或者接受服务时，应当按照证券公司明示的要求提供前款所列真实信息。拒绝提供或者未按照要求提供信息的，证券公司应当告知其后果，并按照规定拒绝向其销售证券、提供服务。 证券公司违反第一款规定导致投资者损失的，应当承担相应的赔偿责任
第八十九条	根据财产状况、金融资产状况、投资知识和经验、专业能力等因素，投资者可以分为普通投资者和专业投资者。专业投资者的标准由国务院证券监督管理机构规定。 普通投资者与证券公司发生纠纷的，证券公司应当证明其行为符合法律、行政法规以及国务院证券监督管理机构的规定，不存在误导、欺诈等情形。证券公司不能证明的，应当承担相应的赔偿责任

解读：新《证券法》第 88 条是对投资者适当性管理的规定，该条规定分别对证券公司和投资者做了规范要求。对于证券公司而言，其义务就是应当做到了解客户、揭示风险，如果未做到，就应当对投资者的损失负责。对于投资者而言，应当配合证券公司，按照证券公司明示的要求提供个人真实信息。拒绝提供或者未按照要求提供信息的，证券公司应当告知其后果，并按照规定拒绝向其销售证券、提供服务。

第 89 条规定对普通投资者和专业投资者进行了区分。其立法目的是为风险承受能力相对较低、投资专业知识和专业能力相对不足的普通投资者提供更加充分的、有针对性的保护。如第 89 条第 2 款就规定了普通投资者与证券

公司发生纠纷时的“举证责任倒置”制度。简言之当普通投资者与证券公司发生纠纷后，证券公司应当证明其行为符合法律、行政法规以及国务院证券监督管理机构的规定，不存在误导、欺诈等情形，如果证券公司不能证明的，应当承担相应的赔偿责任。

三、重视投资者合法权益，加强事中保护

新《证券法》相关规定	
条款	内容
第九十条	上市公司董事会、独立董事、持有百分之一以上有表决权股份的股东或者依照法律、行政法规或者国务院证券监督管理机构的规定设立的投资者保护机构（以下简称投资者保护机构），可以作为征集人，自行或者委托证券公司、证券服务机构，公开请求上市公司股东委托其代为出席股东大会，并代为行使提案权、表决权等股东权利。 依照前款规定征集股东权利的，征集人应当披露征集文件，上市公司应当予以配合。 禁止以有偿或者变相有偿的方式公开征集股东权利。 公开征集股东权利违反法律、行政法规或者国务院证券监督管理机构有关规定，导致上市公司或者其股东遭受损失的，应当依法承担赔偿责任
第九十一条	上市公司应当在章程中明确分配现金股利的具体安排和决策程序，依法保障股东的资产收益权。 上市公司当年税后利润，在弥补亏损及提取法定公积金后有盈余的，应当按照公司章程的规定分配现金股利
第九十二条	公开发行公司债券的，应当设立债券持有人会议，并应当在募集说明书中说明债券持有人会议的召集程序、会议规则和其他重要事项。 公开发行公司债券的，发行人应当为债券持有人聘请债券受托管理人，并订立债券受托管理协议。受托管理人应当由本次发行的承销机构或者其他经国务院证券监督管理机构认可的机构担任，债券持有人会议可以决议变更债券受托管理人。债券受托管理人应当勤勉尽责，公正履行受托管理职责，不得损害债券持有人利益。 债券发行人未能按期兑付债券本息的，债券受托管理人可以接受全部或者部分债券持有人的委托，以自己名义代表债券持有人提起、参加民事诉讼或者清算程序

解读：

（一）建立上市公司股东权利代为行使征集制度

新《证券法》第90条规定了上市公司股东权利代为行使征集制度。该制度有助于帮助中小投资者克服时间、成本等方面的限制，更好地参与上市公司的治理，积极发表对公司经营管理的各项意见和建议。

第90条从五方面规定了上市公司股东权利代为行使征集制度，其一，征集主体方面，明确了上市公司董事会、独立董事、持有百分之一以上有表决权股份的股东或者依照法律、行政法规或者国务院证券监督管理机构的规定设立的投资者保护机构（以下简称投资者保护机构），可以作为征集人。其二，征集方式上，明确了由征集人自行或者委托证券公司、证券服务机构，公开请求上市公司股东委托其代为出席股东大会，并代为行使提案权、表决权等股东权利。其三，信息披露方面，明确了征集人的披露义务和上市公司的配合义务。其四，明确禁止征集人以有偿或者变相有偿的方式公开征集股东权利。其五，明确了违规公开征集股东权利，导致上市公司或者其股东遭受损失的赔偿责任。

（二）完善现金分红制度

新《证券法》第91条规定了上市公司的现金分红制度。近年来，由于上市公司大多怠于向股东现金分红，证券监管部门持续加强制度建设，多举措、多渠道积极引导推动公司进行现金分红。为完善上市公司现金分红制度，新《证券法》在第91条中一方面规定了上市公司应当在章程中明确分配现金股利的具体安排和决策程序，依法保障股东的资产收益权；另一方面明确上市公司当年的税后利润，在弥补亏损及提取法定公积金后有盈余的，应当按照公司章程的规定分配现金股利。

（三）债券持有人会议和债券受托管理人

首先，新《证券法》第92条规定公开发行公司债券的，应当设立债券持有人会议。其次，明确了公开发行债券的发行人应当聘请债券受托管理人和债券受托管理人的勤勉尽责义务，公正履行受托管理职责，不得损害债券持有人利益。最后，为有效应对债券发行人的违约，债券受托管理人可以接受债券持有人的委托，以自己名义代表债券持有人提起、参加民事诉讼或者清算程序。

四、优化投资者救济途径，加强事后保护

新《证券法》相关规定	
条款	内容
第九十三条	发行人因欺诈发行、虚假陈述或者其他重大违法行为给投资者造成损失的，发行人的控股股东、实际控制人、相关的证券公司可以委托投资者保护机构，就赔偿事宜与受到损失的投资者达成协议，予以先行赔付。先行赔付后，可以依法向发行人以及其他连带责任人追偿。
第九十四条	投资者与发行人、证券公司等发生纠纷的，双方可以向投资者保护机构申请调解。普通投资者与证券公司发生证券业务纠纷，普通投资者提出调解请求的，证券公司不得拒绝。 投资者保护机构对损害投资者利益的行为，可以依法支持投资者向人民法院提起诉讼。 发行人的董事、监事、高级管理人员执行公司职务时违反法律、行政法规或者公司章程的规定给公司造成损失，发行人的控股股东、实际控制人等侵犯公司合法权益给公司造成损失，投资者保护机构持有该公司股份的，可以为公司的利益以自己的名义向人民法院提起诉讼，持股比例和持股期限不受《中华人民共和国公司法》规定的限制。
第九十五条	投资者提起虚假陈述等证券民事赔偿诉讼时，诉讼标的是同一种类，且当事人一方人数众多的，可以依法推选代表人进行诉讼。 对按照前款规定提起的诉讼，可能存在有相同诉讼请求的其他众多投资者的，人民法院可以发出公告，说明该诉讼请求的案件情况，通知投资者在一定期间向人民法院登记。人民法院作出的判决、裁定，对参加登记的投资者发生效力。 投资者保护机构受五十名以上投资者委托，可以作为代表人参加诉讼，并为经证券登记结算机构确认的权利人依照前款规定向人民法院登记，但投资者明确表示不愿意参加该诉讼的除外。

（一）确立先行赔付制度

在发生欺诈发行、虚假陈述或其他重大违法行为时，投资者最为关心的还是自己的权益是否能够得到保障以及如何对自己的权益进行保障。针对这一问题，新《证券法》第 93 条将先行赔付制度确立了下来，明确了发行人因欺诈发行、虚假陈述或者其他重大违法行为给投资者造成损失的，发行人

的控股股东、实际控制人、相关的证券公司可以委托投资者保护机构，就赔偿事宜与受到损失的投资者达成协议，予以先行赔付。先行赔付后，可以依法向发行人以及其他连带责任人追偿。先行赔付机制的法律实质为基于自行协商而达成的诉讼外和解，通过双方当事人先行达成赔付协议而解决问题。

在新《证券法》出台之前，证监会就在《公开发行证券的公司信息披露内容与格式准则第 1 号——招股说明书》（中国证券监督管理委员会公告〔2015〕32 号）中明确规定了招股说明书应当载有的承诺包括："保荐人承诺因其为发行人首次公开发行股票制作、出具的文件有虚假记载、误导性陈述或者重大遗漏，给投资者造成损失的，将先行赔偿投资者损失。"且该条规定的义务承担已有实践，如 2017 年兴业证券就欣泰电气虚假陈述行为导致的一级及二级市场适格投资者遭受的损失推出的先行赔付方案，以欣泰电气首发上市及财务报告差错更正公告的时间为赔付关键时间点，对一级市场投资者新股投资损失、二级市场投资者交易损失及二级市场投资者持股退市损失进行了赔偿。本次赔偿达到或超过亏损额的 60%，减轻了投资者的诉累，降低了其维权成本，快速实现对投资者合法合理的赔付，维护证券市场稳定。再如万福生科、海联讯等多家上市公司也是通过先行赔付的方式对投资者进行赔偿，但是，前述案例所涉及的先行赔付更多是基于维护市场稳定性以及兼顾投资者心理等多重因素后，由监管机构主导的赔偿。

本次修订中明确的先行赔付制度在某种程度上是增强市场的自治能力以及自我修复能力的重要举措。在注册制背景下，证券市场将会更加自由自主，未来先行赔付制度的实施也将伴随着监管放权、审核流程简化等多种措施，逐渐褪去行政属性，变得更加常态化、市场化。

（二）充分发挥投资者保护机构在多元纠纷化解方面作用

投资者保护机构在利用专业优势进行投资者保护、代表投资者积极主张和行使权利等方面具有重要意义。新《证券法》在第 94 条中从调解机制、支持诉讼和派生诉讼三方面具体规定了投资者保护机构代表投资者进行纠纷化解的机制，全方位拓宽了投资者解决纠纷的途径，提升了投资者解决纠纷的效率，保障了投资者的合法权益。需要注意的是，第 94 条第 3 款规定的在特定情况下投资者保护机构持有公司股份的，可以为公司的利益以自己名义向人民法院提起诉讼，持股比例和持股期限不受《公司法》第 151 条有关

“连续一百八十日以上单独或者合计持有公司百分之一以上股份”规定的限制。

（三）探索建立中国特色证券集体诉讼制度

新《证券法》探索建立了中国特色的证券集体诉讼制度——代表人诉讼制度，以适应证券发行注册制改革下加强投资者保护和权利救济的需要。一是充分发挥投资者保护机构的作用，允许其接受50名以上投资者的委托作为代表人参加诉讼。二是允许投资者保护机构按照证券登记结算机构确认的权利人，向人民法院登记诉讼主体。三是建立了“默示加入”“明示退出”的诉讼机制，更便于投资者维护自身合法权益。

当然，新《证券法》对投资者的保护，除了设立“投资者保护”专章之外，完善上市公司信息披露、提高上市公司违法成本、严厉的追责机制、强化监管执法等方面都体现了新法对投资者合法权益保障的立法目的，全方位保护了上市公司投资者的利益，此举有利于提振中小投资者的信心，解决长期以来存在的投资者维权难的问题，为打造规范、透明、开放、有活力、有韧性资本市场提供制度保障。

在港上市的内地公司在疫情期间的合规挑战及应对建议

张家祥

一、背景信息

1. 内地赴港上市公司宏观概览

过去20多年，越来越多的内地公司选择赴香港上市，来自内地的企业在港股市场的占比也随之越来越高。据香港联交所公布的数据，截至2019年年末，香港共有上市公司2449家，较2018年的2315家增加134家，这其中内地企业1241家，占香港全部上市公司总数的50.7%，超过半数。企业完成上市，既是值得庆祝的里程碑，同时也是企业作为新上市公司的合规之路的开始。在过去的13年当中，本文作者在香港上市公司的上市持续合规领域先后服务于四大银行之中的两家，五大保险公司其中一家及其他各类内地在港上市公司。

2. 疫情暴发后香港政府的主要措施

新型冠状病毒肺炎疫情及其相关的延期复工、交通管制、旅行限制等措施对内地和香港的经济、社会造成不同程度的严重影响。截至2020年2月3日，香港已关闭十个通行口岸、码头及车站。从2020年2月8日开始，所有从内地赴港的旅客及我国香港人，均需采取14天隔离措施。

二、港股上市公司整体面临的合规挑战

1. 香港上市规则的时间要求和上市公司的通常实践

即便没有新型冠状病毒肺炎疫情的发生，此刻也应是所有香港上市公司

一年当中合规工作最为繁忙之时——3 月月底之前须发布上年度的中文、英文双语业绩公告（主板上市规则第 13. 49 条；创业板上市规则第 18. 49 条），4 月月底之前主板上市公司须发布中文、英文双语年报（主板上市规则第 13. 46 条；创业板上市公司的年报披露时限为 3 月月底之前），这些都是任何香港上市公司绕不开的重任。往年的此时，正是各上市公司、会计师、审计师、律师、合规顾问等为年度业绩公告和年报奔波、奋战之时。

2. 香港联交所及香港证监会发布联合声明应对疫情影响

（1）发布联合声明

为妥善应对疫情影响，作为香港上市公司最重要的两大监管者——香港联交所和香港证监会在本月发布联合声明（“联合声明”），意在指引两千多家香港上市公司在疫情之下合规披露年度业绩。联合声明提述疫情引发了旅行及其他限制，进而可能会扰乱某些上市公司的财务汇报或审计程序。

（2）联合声明关于无法按时刊发业绩公告的指引

联合声明指出，如果上市公司认为基于疫情下的各种限制，其将无法按照香港上市规则的相关规定刊发年度业绩公告或经审计的财务报表，上市公司应尽快联系香港联交所以便商讨有关情况。具体而言，受影响的上市公司应向联交所提供：①有关旅行及其他限制对其审计及财务汇报程序造成的影响；②这些限制如何使其无法遵从香港上市规则规定的相关汇报要求；③上市公司仍然能够汇报的财务数据；④解释仍可提供的财务数据的准确性、完整性及表达性是否因此而受到不利影响及受影响的程度。简言之，就是“如不能合规，就解释清楚”。根据常识，没有公司情愿不合规。

（3）联合声明关于无法取得审计师同意的财务数据的披露指引

联合声明指出，如果上市公司无法取得其审计师对财务数据的同意，但在其他各方面能够完全遵从香港上市规则的其他汇报规定，那么上市公司应在 3 月月底之前刊发该份尚未与其审计师达成一致的初步业绩。

在未经审计师同意的情况下发布财务数据意味着在审计团队尚未完成工作时即发布相关信息，这本身风险极大。从审计专业角度而言，审计师的几类常见工作程序可划分如下：

①审计（audit）——审计程序是有审计准则跟随的，因此其具有保证（assurance）的性质，即审计师执行审计工作需对审计结果提供保证，非常严

格。审计程序对应的是审计意见。

②审阅（review）——相较于审计程序而言，审计师在审阅程序当中所提供的保证程度相对较低，类似于“有限度的保证”。审阅程序对应的是审阅意见。

③商定程序（AUP）——商定程序（agreed - upon procedure）实质上就是一个核对、核验的程序，类似于“我从ABC核对到了（看到了）XYZ”，该程序不含有任何保证性质，因此审计师也不会对此类程序下的工作结果承担任何责任。商定程序无“商定意见”。

（4）联合声明当中上述这条看似平淡的指引，实则蕴含着三层深意：①监管者并未通过发布联合声明延长业绩公告的披露时限——依然坚持是3月月底之前完成年度业绩披露（无论是主板上市公司还是创业板上市公司）；②在字面上，该条指引对上市规则原本的要求做出了放宽处理——例如，根据香港主板上市规则第13.49（2）条，上市公司年度业绩公告当中载列的年度财务报告必须得到审计师的同意。这条看似是“松绑”的规定，实践中可能并不能实际减轻上市公司和各方中介机构的负担；③本条指引及上文总结的“如不能合规，就解释清楚”的要求，总体效果上可能是对整个年度业绩及年报的各参与方的工作和职责做了一次重新划分，蕴藏新的博弈。

（5）下文对上述3点逐一阐释：

①年度业绩的披露时限要求并未延后上文提到，香港联交所主板上市公司根据主板上市规则第13.49条和第13.46条，分别应当在3月月底之前发布年度业绩公告及在4月月底之前刊发年报。此外，根据创业板上市规则第18.49条及第18.03条，香港联交所创业板上市公司披露年度业绩及刊发年报的时限均为3月月底之前。联合声明未对上述时限进行任何宽延。所有香港上市公司均须注意这一点。

②未经审计师同意的财务数据实难披露上文提到，香港上市公司（无论其是在主板或创业板上市）的年度业绩公告当中载列的年度财务数据必须得到审计师的同意，这既是上市规则（主板规则第13.49条，创业板规则第18.49条）的明文要求，也是多年以来绝大多数香港上市公司一贯严格遵循的实践操作。以往，香港联交所的主板上市公司由于：第一，主板上市公司的年度业绩公告的最后时限（3月月底）与年报发布的最后时限（4月月底）

之间仅有一个月之隔；第二，相关审计师无论如何需要审计上市公司的年度财报，并且，如上文所述，审计师出具“审计意见”的标准远高于出具“同意意见”的标准；第三，年度财务业绩和年报的最核心内容其实都是经审计师同意或审计的年度财务报告；第四，上市公司及审计师团队负责年度业绩公告和年报发布的往往都是同一个团队，因此在实践当中，各家主板上市公司在往常并不会把业绩公告当中的年度财务数据与年报当中的财务报告分开编制，而是自始至终都是只有同一份财务报告在被编报、修订直至定稿。

联合声明关于年度业绩公告当中的财务数据在疫情之下不再必须经过审计师同意的“松绑”规定，在主板上市公司和审计师的实际操作上将可能产生新的问题：如前所述，年度业绩公告和年报当中的财务数据通常是没有（且不应该有）任何差别的；换言之，上市公司在往年通常会直接将年度财务报告完成审计和定稿的时间直接提前到年度业绩公告发布（3 月月底）之前，用“审计”的高标准覆盖“同意”的低标准。这样做，可以确保年度业绩公告和年报之中的每一个财务数据一模一样，同时也会大大减轻各方的工作量。疫情之下，如果目前上市公司最终在 3 月月底之前刊发的是一份没有经过审计师同意的年度财务报表，这只可能是迫于时间压力而做出的无奈选择，其潜台词是后续披露的年报中的经审计财务报告很可能与业绩公告出现差异，这将是上市公司很难承担的巨大风险。从联合声明的角度，这是合规的；但是从上市公司自己的角度及过去的多年实践来看，这种操作很难被上市公司自己所容忍——在未经审计师同意的情况下发布财务数据意味着在审计团队尚未完成工作时即发布相关信息；上市公司可能未获知或误解会计准则的最新变化；审计师可能对某些资产或负债的会计处理提出有效质疑。刊发未经审计师同意的年度财务数据因此可能对上市公司产生重大影响。上市公司完全有理由对此产生忧虑。另外，对于很多在港上市的内地公司而言，其在过去根本没有过先后发布两份财务数据的实践经验储备，现时而言，也令人担忧。

③联合声明对各参与方的工作和时间压力的重新分配承接上文，联合声明在某种意义上可能是对上市公司、会计师、审计师、律师、联交所主管各家上市公司合规的团队及其他相关参与方的工作和工作压力进行了一次重新划分。对于上市公司而言，其一如既往追求尽可能的合规——寄希望于在 3 月月底之前公布年度业绩并完成审计（至少是审计师同意）。对会计师和审

计师而言，疫情期间真正的工作重担和压力其实落在了他们身上（他们在往年本来就面对很大的时间压力）——披露时限完全没变，他们目前的工作本身受到疫情巨大影响，与此同时他们的客户——各家上市公司并不必然因为联合声明有放宽的规定而选择在实践当中对审计师“松绑”。可以想见，上市公司依然会要求所有审计在3月月底之前全部完成。对于联交所工作人员而言，他们需要根据联合声明的要求接受上市公司关于疫情影响以及财务披露的各种汇报和咨询（这必将加大联交所的工作量），但实际上他们可以提供的明确指引也十分有限——就如同联合声明一样，而真正要抓紧时间、克服万难的人，仍是上市公司和审计师，尤其是后者。因此，联合声明进一步提醒上市公司要与其审计师保持密切沟通，以便商讨公司的审计计划及时间表，并密切监察任何最新发展。

三、内地在港上市公司疫情期间的特殊合规问题

疫情之下，除了上述所有在港上市公司被整体影响之外，疫情对内地在港上市公司的影响尤为突出。首先，目前内地的各个企事业单位刚刚开始复工，大部分人员目前仍然停留家中，这其中必然包括内地在港上市公司的董（监）事、高管和员工、相关的会计师、审计师、律师及合规顾问等。往年原本最忙碌的年度业绩和年报披露季节，现在成为各方“有劲使不出”的艰难时期。其次，根据笔者过去十几年香港上市公司的合规法务经验，内地赴港上市公司的年度业绩和年报并不会两线作战，而是一以贯之。相应的，这些公司均会严格要求并实际执行在3月月底之前完成年度财务数据的审计。上文讨论过的联合声明中的“松绑”规定（允许年度财务业绩可以不经审计师同意）对绝大多数的内地在港上市公司的帮助可能并不大——它们中的大多数仍会坚持往常的做法。由此带来的工作重任和时间压力，只能在各参与方之间进行博弈并内部消化。最后，内地在港上市公司的审计师面临的审计挑战前所未有——延缓复工、出行限制及由此产生的客观低效，均会影响着审计师的日常审计工作。审计工作本身的性质要求审计团队亲赴各个上市公司在各地的子公司、分公司、各地网点进行实地盘点、对账、审计，而目前内地和香港分别实施的严格旅行限制（尤其是香港的“14天隔离措施”）必

将大大影响审计师团队的审计工作以及随后集结香港对中英文财报和审计报告进行定稿的工作。

四、应对建议

1. 对联合声明的实践解读及归纳

行文至此，可以明确的是：（1）内地在港上市公司年度业绩和年报的披露时间点并未被允许延后；（2）根据联合声明，上市公司理论上可以在年度业绩公告当中发布未经审计师同意的财务数据，但这应该不会是绝大多数上市公司的明智选择；（3）联合声明在本质上仍是对上市规则本身的坚持（而非放松），结合疫情的客观影响，其将促使上市公司、审计师和其他相关各方更加竭尽全力完成年度业绩披露任务，而这其中审计师的任务最为艰巨，上市公司次之，但也很艰巨。抗疫维艰，合规不易，上市公司和审计团队唯有加倍付出。

2. 我国香港其他机构的部分建议

继联合声明之后，香港财务汇报局和香港董事学会也为香港上市公司董事及审计师就公司审计及发布财务数据等方面提供了建议和指引。其中，对审计师的主要建议包括：（1）遵守审计师的职业操守，不向压力屈从；（2）确保审计团队合伙人积极参与审计工作，保证审计时间充足；（3）做好挑战上市公司管理层以及承担额外工作的准备；（4）保持有效的质量控制。其中，对上市公司董事的主要提醒和建议包括：（1）董事会整体对公司披露的财务数据承担最终责任；（2）落实必要的内部控制措施，避免编制财务报表时出现错报；（3）在发布未经审计师同意的财务资料时保持谨慎；（4）关注关键审计和会计核算问题；（5）确保内幕消息及时以独立公告的形式予以披露。

3. 对合规律师的建议

实事求是地说，在内地赴港上市公司的合规工作中，此次疫情对合规律师的影响相较于对审计师和上市公司的影响而言都要小。合规律师只要坚持以往的职业操守和勤勉尽责，应可顺利完成工作。此处需要特别提示的一点：疫情本身在变化和发展，其对每家公司在每个特定时点的影响也截然不同。

因此，联合声明也提到，如果疫情及/或相关的旅行限制对上市公司的业务运作、汇报监控措施、系统、流程或程序造成重大扰乱，上市公司管理层应评估是否已出现任何内幕消息；如是，则管理层应在合理切实可行的范围内，尽快另行发出公告（该公告将独立于香港上市规则的任何适用规定）。这既是对上市公司（管理层）的要求，也是对每一位合规律师的提醒——优秀的合规律师应时刻谨记，自己是规则与客户之间的桥梁。

科创板上市审核中信息披露的重要性及注意事项
——以9家终止审核公司为例

刘松涛

截至2019年8月31日，上海证券交易所（以下简称“上交所”）已受理152家公司的上市申请，其中有9家公司被终止审核。在“问询——回复”的过程中，上述公司存在的问题不断被揭示，最终促使除国科环宇外的8家公司主动撤回发行上市申请而终止审核，以信息披露为中心的审核机制初显成效。总结上述公司终止审核的主要原因，一方面其在是否符合科创板定位以及核心技术竞争力等方面存疑；另一方面则是因对存疑问题信息披露不足而遭到上交所的不断问询，最终不得已撤回上市申请。因此，有必要对科创板发行上市审核中信息披露的重要性及注意事项进行总结梳理。

一、9家公司终止审核的主要原因

自2020年7月8日至9月5日，仅仅59天科创板就有9家公司终止审核，平均每7天有1家公司终止审核。其终止审核主要原因如表1所示。

表1　9家公司终止审核的主要原因

公司名称	终止审核主要原因	问询次数
北京木瓜移动科技股份有限公司（以下简称“木瓜移动”）	1. 核心技术先进性存疑：据木瓜移动招股说明书显示，其拥有1项美国专利、无国内专利，报告期内研发投入占比分别为4.94%、1.20%及0.71%； 2. 发行人的业务实质与业务模式：木瓜移动招股说明书将其定位为一家依靠自主研发技术进行大数据处理分析的公司，但未结合相关部门出具的产业分类目录及指南等材料	2次

续表

公司名称	终止审核主要原因	问询次数
	充分说明和披露公司行业定位是否准确； 3. 信息披露不充分性：木瓜移动此前在新三板挂牌披露的主营业务包括游戏业务，2016 年年度游戏业务毛利占比仍超过 30%，但未在招股说明书申报稿中明确披露；并且上交所质疑其是否充分披露对持续经营能力可能产生重大影响的风险因素	
和舰芯片制造（苏州）股份有限公司（以下简称“和舰芯片”）	1. 同业竞争问题被连续追问：和舰芯片作为联华电子的子公司可能与其存在同业竞争问题； 2. 业务独立性存疑：和舰芯片核心技术均来自联华电子授权使用，且非独占、排他的许可方式；并且二者重合客户的销售占比超过 90%	3 次
北京诺康达医药科技股份有限公司（以下简称“诺康达”）	1. 对第二大客户信息披露不充分：亦嘉新创作为诺康达 2017 年至 2018 年的第二大客户，其控股股东、董监高与诺康达及其控股股东、董监高等疑似存在关联关系，但诺康达未对此进行说明； 2. 募集资金用于研发药学研究的比例过高：招股书显示，该公司将拟募集资金 4.37 亿元中 89% 将用于研发方面的药学研究平台建设项目； 3. 应收账款增速过快：2016 年至 2018 年诺康达应收账款账面余额分别为 0 万元、370.40 万元和 4554.05 万元，占各期末流动资产的比例分别为 0%、2.41% 和 24.22%	1 次
北京海天瑞声科技股份有限公司（以下简称“海天瑞声”）	1. 报告期内未保留业务数据遭问询：对于公司的采购业务，2016 年及 2017 年公司未保留业务数据，2018 年仅保留了部分业务数据； 2. 核心技术的竞争优势存疑：直至第四轮问询，上交所还在追问其科创属性，要求公司用浅白语言说明公司与同行业竞争对手相比的竞争优势以及较难为同行业公司或上下游行业突破的理由等问题； 3. 募集资金用途被反复“关注”：海天瑞声募资高达 7.25 亿元，其中部分融资项目实质是用于公司购置房产用于各项目的研发和办公场地；而其 2018 年年末的资产总额为 2.1 亿元，拟募集资金 7.2 亿元远大于公司资产总额和收入规模	4 次

续表

公司名称	终止审核主要原因	问询次数
深圳市贝斯达医疗股份有限公司（以下简称“贝斯达”）	1. 技术性能指标与国外品牌有差距，永磁型产品可能被替代：在贝斯达对上交所关于“同行业竞争对手的主要产品和领先产品的技术性能比较”的问询回复中，其多次提到公司的部分技术性能指标与国外品牌有一定差距，且未来永磁型产品存在销量下滑的风险； 2. 应收账款高遭多次问询：2016 年到 2018 年期末，贝斯达应收款项账面价值分别为 6.34 亿元、7.36 亿元、8.08 亿元，占当期资产总额的比例分别为 52.1%、49.08%、51.27%	3 次
上海新数网络科技股份有限公司（以下简称“新数网络”）	1. 科创属性不足：据新数网络招股说明书显示，2016～2018 年其同期研发投入仅占到营收的 4.79%、3.72% 和 4.88%；且研发费用构成中，研发人员成本占比较高； 2. 业绩表现不稳定：2016～2018 年其实现营业收入分别为 2.68 亿元、2.67 亿元和 2.33 亿元；同期分别实现净利润 2424.83 万元、3355.88 万元和 2941.48 万元，营业收入逐年下滑，并且净利润也波动较大	1 次
成都苑东生物制药股份有限公司（以下简称“苑东生物”）	1. 推广服务费占比过高：2016～2018 年的推广服务费占各期销售费用的比例分别达到了 89.7%、90.2%、93.4%； 2. 信息披露违规：未提供证据佐证招股说明书中的“骨架型缓控释制剂技术在国内领先”“膜控型复方药物小丸技术领先于国内水平”，且被问询后擅自将招股说明书中的“领先于国内水平”等字样进行删除	4 次
视联动力信息技术股份有限公司（以下简称“视联动力”）	1. 销售真实性存疑：上交所要求其对报告期各期销售收入大幅增长的原因以及各产品的销售情况等问题进行说明； 2. 四轮问询回复接近超期：其四轮问询回复共花费 86 天，接近总计三个月的最长回复时限	4 次
北京国科环宇科技股份有限公司（以下简称“国科环宇”）	1. 国科环宇直接面向市场独立持续经营的能力存疑：其业务模式之一是重大专项承研，该类业务由国家有关部门的计划安排，且该项业务收入占发行人最近三个会计年度收入的比例分别为 35.38%、25.08%、31.84%； 2. 会计基础工作的规范性和内部控制制度的有效性不足：国科环宇 2019 年 3 月在北京产权交易所挂牌融资时披露的经审计 2018 年母公司财务报告中净利润与 2019 年 4 月申报科创板的母公司财务报告中净利润相差 995.91 万元； 3. 业务开展对关联方存在较大依赖，且未能充分说明关联交易定价的公允性：近三个会计年度国科环宇与关联方 A 单位的关联销售金额分别占销售收入的比例为 66.82%、25.73%、32.35%	3 次

二、科创板上市审核中信息披露的重要性

试行注册制是科创板发行上市相较于其他板块最大的特点，而注册制以信息披露为核心；再者，即使科创板试行的注册制实质是一种“审核 + 注册”制，但上交所对发行上市的审核以问询的方式进行，公司对问询的回复本质上仍是一种信息披露。因此，《上海证券交易所科创板股票发行上市审核规则》（以下简称《科创板上市审核规则》）设置专章（第四章）对信息披露的要求与审核进行了规定，要求真实、准确、完整的披露信息，保证信息披露的充分性、一致性、可理解性。

在上述9家公司终止审核的原因中，一方面其核心技术、持续盈利能力、业务独立性等存疑，另一方面则是未真实、准确、完整地进行信息披露而遭到上交所不断地问询。**面对问询的压力，8家公司因主动撤回发行上市申请而终止审核，占到了终止审核公司的89%，仅1家公司因上会审议不通过而终止审核**。例如，在苑东生物的发行上市审核中，信息披露准确性、完整性就成为其终止审核的主要原因，其未提供证据佐证招股说明书中的“骨架型缓控释制剂技术在国内领先”与“膜控型复方药物小丸技术领先于国内水平”，并且在被问询后擅自删除了招股说明书中的“领先于国内水平”等字样；海天瑞声则因为披露不足被反复问询，上交所对于海天瑞声核心技术的竞争力和未保留业务数据的原因及合理性进行了质疑，并且这种质疑伴随了四轮审核问询的全程。

更为重要的是，**信息披露问题会直接招致上交所的现场检查。《科创板上市审核规则》第46条第2款规定：“在发行上市审核中，发现发行上市申请文件存在重大疑问且发行人及其保荐人、证券服务机构回复中无法作出合理解释的，可以对发行人及其保荐人、证券服务机构进行现场检查。”**从6月至9月，上交所共进行3轮现场督导，平均约一月一次，督导的重点包括财务核查、同业竞争和关联交易以及保荐机构的执业质量。在对发行人及保荐人进行现场督导的过程中，中介机构的责任会进一步压实，同时也抑制了发行人的“闯关”冲动，增加了发行上市难度。由于上交所进行现场督导的前提是发行上市申请文件存在重大疑问且发行人及其保荐人等在回复中无法作

出合理解释，因此真实、准确、完整地进行信息披露成为避免现场督导的唯一方法。

在这种情况下，能否进行完善的信息披露很大程度上决定了在科创板申请发行上市的公司能否通过审核、顺利注册，要求公司在准备发行上市的过程中，不仅关注是否符合科创板定位、提高核心技术竞争力及持续经营能力等问题，也要重视信息披露，提高信息披露的真实性、准确性、完整性。

三、科创板上市审核中信息披露的注意事项

不同于科创公司上市以后的信息披露，在上市审核中出现的信息披露问题集中在招股说明书以及针对上交所问询的回复两方面。结合本文第一部分9家公司终止审核的主要原因，科创板上市审核信息披露中主要的注意事项：

（一）回复问询时间总计不得超过3个月

目前终止审核的9家公司，经历的问询从一轮到四轮不等，但平均每家公司经历近三轮问询。**根据《科创板上市审核规则》第48条第2款规定，发行人及其保荐人、证券服务机构回复审核问询的时间总计不超过三个月。在公司经历三轮问询的情况下，由于回复审核问询的时间合并计算，公司每次回复问询的时间应尽量不超过1个月**；加之上交所可能进行第四轮问询，发行人及其保荐人等回复审核问询的被再次压缩，从而为后续可能再次进行的问询预留时间，对发行人及其保荐人的工作效率和质量提出了极高的要求。

例如，视联动力于2019年4月17日接到了第一次问询，在5月15日进行了回复，耗时28天；5月22日接到了第二次问询，6月14日进行了回复，耗时23天；6月25日接到了第三轮问询，7月19日进行了回复，耗时24天；8月1日接到了第四次问询，8月12日进行了回复，耗时11天。视联动力回复上交所四轮问询共耗费86天，离3个月的最长时限仅余4天；若上交所继续问询，其已无时间进行回复，可能出于这一考虑，视联动力最终选择了撤回发行上市申请。

（二）信息披露使用的语言应简明易懂

科创板主要服务于符合国家战略、突破关键核心技术、市场认可度高的

科技创新公司，申请上市的科创公司在行业特征、核心技术、业务模式、风险状况等方面具有特殊性，并且其从事的业务技术性、创新性较强，尽管披露了相关信息，也不易被投资者理解。因此，**申请上市的科创公司应尽量采用简明易懂的语言进行信息披露，以便于一般投资者阅读和理解**。

例如，在海天瑞声后三轮的问询中，上交所要求其用浅白语言说明“发行人与同行业竞争对手相比的竞争优势以及较难为同行业公司或上下游行业突破的理由”“核心技术没采取发明专利形式进行保护，是否属于于行业惯例”“提交的发明专利申请与核心技术之间的关系”等问题；并且这种情况不仅只出现在了终止审核的公司中，已经注册生效的深圳微芯生物也曾被上交所要求用浅白语言解释其招股说明书。科创板虽然服务于科创公司，但同样服务于投资者，需要科创公司在信息披露时以简明易懂的语言增进投资者对其核心技术、业务情况的理解，促使投资者做出更好的投资选择。

（三）上市审核中信息披露应满足相应标准

科创板上市公司信息披露的标准主要规定在《上海证券交易所科创板股票上市规则》以及《科创板上市公司信息披露工作备忘录》中，而**在科创板发行上市审核阶段，信息披露的主要形式为招股说明书以及对上交所问询的回复。其中，科创公司招股说明书的制作主要依据《公开发行证券的公司信息披露内容与格式准则第 41 号——科创板公司招股说明书》进行，其对科创公司招股说明书中发行人基本情况、业务与技术、风险因素等内容进行了详细规定，而问询的回复则没有专门规定，主要针对上交所的问询参照前述规定予以回答**。综合 9 家终止审核公司的问询回复情况，对于问询的回复应“真实、准确、完整”，并从充分性、一致性、可理解性上进行审核。若不满足这些标准，科创公司可能会遭到上交所的继续问询。

例如，木瓜移动在针对上交所问询的回复中，披露 2018 年向 Facebook 的采购金额占 Facebook 亚洲收入的 21%，与根据 Facebook 在纳斯达克交易所公开披露数据测算的结果不一致，其信息披露的一致性存疑，最终终止审核。另一个案例是，上交所在对和舰芯片的第二轮问询中要求其对自身与控股股东联华电子存在的“同业竞争问题”进行说明。虽然联华电子于 2019 年 5 月 22 日出具承诺函，表明将采取合法措施在 2020 年 12 月 31 日前在和舰芯片的市场区域内将其同类收入占和舰芯片该类业务收入的比例降至 30%

以下。但由于联华电子信息披露不充分，并未说明合法措施的具体内容，上交所在第三轮问询中将同业竞争列为第一个问题，要求和舰芯片说明联华电子所采取“合法措施”的具体内容及其有效性。

四、结语

科创板电子化问询式的审核方式决定了科创公司需通过信息披露证明其符合科创板的发行上市条件，使信息披露成为科创公司能否成功登陆科创板的重要因素。通过对科创公司终止审核的原因进行分析，《科创板上市审核规则》虽规定了总计回复问询的最长时限，但未规定上交所问询次数的上限，要求申请发行上市的公司既要减少回复问询的时间，避免超过回复的最长时限，也要提高信息披露的质量，减少上交所问询的次数，真实、准确、完整地披露信息，保证信息披露的充分性、一致性、可理解性。

如何确认股权转让时股权的原值

王　翔

改革开放40年余来，国民经济持续发展；资本市场日益活跃，股权投资已经是经济主体参与经济活动的重要手段，股权转让于是亦愈发普遍，特别是中小企业股权变更更为频繁。

股权转让所得直接与应纳所得税额挂钩，转让所得越高，相应的应纳税额也会越高，而股权原值则是股权转让人在计算股权转让应税所得时可税前扣除的金额，在转让所得一定的情况下，股权原值的确定将在很大程度上决定股权转让税负高低。

国家税务总局《关于发布〈股权转让所得个人所得税管理办法（试行）〉的公告》（国家税务总局公告2014年第67号）第4条第1款明确，**个人转让股权，以股权转让收入减除股权原值和合理费用后的余额为应纳税所得额，按“财产转让所得”缴纳个人所得税**。

《企业所得税法》第19条第2项规定，**财产转让所得，以收入全额减除财产净值后的余额为应纳税所得额**。国家税务总局《关于非居民企业所得税源泉扣缴有关问题的公告》（国家税务总局公告2017年第37号）以及《企业所得税法实施条例》均确认，**转让财产所得包含转让股权等权益性投资资产所得。股权转让收入减除股权净值后的余额为股权转让所得应纳税所得额**。

在个人转让财产时，可以税前扣除的金额为财产的原值，而企业转让财产时，则称为财产的净值，即取得该财产的计税基础。[1]二者分别适应了两种所得税税制下资产计量以及应纳所得税额计算时的要求，同一资产在个人所得税项下的原值与在企业所得税项下的净值会有差异，但单就所得税计算

〔1〕 计税基础指某项资产在未来期间计税时按照税收法律、法规规定可以税前扣除的金额。

时股权价值而言，两种情况下一般是一致的。

总的来说，股权原值的确定对于转让股权的股东而言，是利益攸关的大事。那么，进行股权转让时，股权的原值如何确定?

一、一般情形

1. 个人转让股权

《个人所得税法》及其实施条例明确，财产转让所得，[1]以转让财产的收入额减除财产原值和合理费用后的余额，为应纳税所得额。而财产原值，则按照或参照下列方法确定:

（1）有价证券，为买入价以及买入时按照规定交纳的有关费用;

（2）建筑物，为建造费或者购进价格以及其他有关费用;

（3）土地使用权，为取得土地使用权所支付的金额、开发土地的费用以及其他有关费用;

（4）机器设备、车船，为购进价格、运输费、安装费以及其他有关费用。

国家税务总局2014年第67号公告对股权原值作了更明确具体的规定。公告第15条要求个人转让股权的原值须依照以下方法确认:

（1）以现金出资方式取得的股权，按照实际支付的价款与取得股权直接相关的合理税费之和确认股权原值;

（2）以非货币性资产出资方式取得的股权，按照税务机关认可或核定的投资入股时非货币性资产价格与取得股权直接相关的合理税费之和确认股权原值;

（3）通过无偿让渡方式取得股权，具备公告规定情形[2]的，按取得股权发生的合理税费与原持有人的股权原值之和确认股权原值;

（4）被投资企业以资本公积、盈余公积、未分配利润转增股本，个人股

---

〔1〕《个人所得税法实施条例》第6条第1款第8项规定：财产转让所得是指个人转让有价证券、股权、合伙企业中的财产份额、不动产、机器设备、车船以及其他财产取得的所得。

〔2〕国家税务总局公告2014年第67号第13条第2项规定：继承或将股权转让给其能提供具有法律效力身份关系证明的配偶、父母、子女、祖父母、外祖父母、孙子女、外孙子女、兄弟姐妹以及对转让人承担直接抚养或者赡养义务的抚养人或者赡养人。

东已依法缴纳个人所得税的，以转增额和相关税费之和确认其新转增股本的股权原值；

（5）除以上情形外，由主管税务机关按照避免重复征收个人所得税的原则合理确认股权原值。

2. 企业转让股权

如前所述，企业转让财产所得包含转让股权等权益性投资资产所得，股权转让收入减除股权净值后的余额为股权转让所得应纳税所得额。

根据《企业所得税法实施条例》第 74 条，财产净值是指有关资产、财产的计税基础减除已经按照规定扣除的折旧、折耗、摊销、准备金等后的余额。

对于股权而言，不需要折旧、摊销，财务上的减值准备在汇算清缴时也需要作调增处理，因此，企业转让股权可予以扣除的财产净值就是企业取得该项资产时实际发生的支出，即历史成本。企业持有资产期间资产增值或者减值，除国务院财政、税务主管部门规定可以确认损益外，不得调整该资产的计税基础。

企业对外进行权益性投资，形成投资资产，投资资产以历史成本为计税基础。《企业所得税法实施条例》规定投资资产按照以下方法确定历史成本：

（1）通过支付现金方式取得的投资资产，以购买价款为成本。

（2）通过支付现金以外的方式取得的投资资产，以该资产的公允价值和支付的相关税费为成本。

非居民企业转让其持有的中国居民企业的股权，在确认股权净值上也与居民企业基本一致。

二、特殊情形

经济生活的繁复多样性决定了经济主体取得股权的方式或途径上也具有多种可能性，比如，通过多次投资取得股权、通过企业以资本公积、盈余公积等转增股本取得新的股权等情形，这些情况下，被转让股权原值的确定需要遵从专门的规范，这在一定程度上形成了企业股权转让时的涉税风险，需要引起足够的重视。

1. 多次取得股权的原值

股东一次性地将其多次取得的股权进行转让，那么被转让股权的原值就是多次取得股权支付的对价及相关税费之和，其税务处理与一般情况下股权转让原值的确认一致。

若是将多次取得的股权进行部分转让，由于每次取得股权的成本很可能也不一样，则该部分转让股权原值的确定就需要引入会计上对存货的计量方法。

国家税务总局2014年第67号公告第18条明确，对个人多次取得同一被投资企业股权的，转让部分股权时，采用“加权平均法”确定其股权原值。该方法根据转让前多次购入股权的数量和金额计算股权的加权平均单位成本，并作为转让的股权和剩余股权的单位成本，一次性计算本次转让股权的实际成本。

例如，刘邦2018年1月1日花1万元购入某司10%股权，当年5月1日花3万元购入该司20%股权，8月1日再次以8万元购入该司40%股权。2018年12月1日，刘邦将其持有的该司股权的一半，即35%股权转让，不考虑税费，则刘邦转让的股权的原值$=(1+3+8)\times35\%/70\%=6$万元。

如果存在多次购入股权，期间也存在若干次部分转让的情形，需要就每次购入或转让股权后根据现有持股数量和成本计算新股权的成本，实际上是移动加权平均法的运用。大多数情况下，单个股权的交易不大会十分频繁，不过有一种情形例外，即股票交易。

有人误认为，上市公司股票交易中股票的原值应当采用先进先出法核算。这大约是因为财政部、国家税务总局、证监会《关于实施上市公司股息权利差别化个人所得税政策有关问题的通知》（财税〔2012〕85号）第3条第1款规定，个人转让股票时，按照先进先出的原则计算持股期限，即证券账户中先取得的股票视为先转让。这个规定其实仅针对持股期限的确定进行规范，与股东取得分红的个税差别化处理相关，并非股票原值确定的规定。**不过由于个人转让上市公司股票取得的所得暂免征收个人所得税，对个人取得的上市公司股票原值的确认也不那么急迫**。

关于企业股东多次取得股权并部分转让时，被转让股权原值如何确定并没有如同个人转让税务处理这么明确的规定，不过国家税务总局2017年第37号公告对此予以了补充，**公告第3条第4款明确，多次投资或收购的同项**

股权被部分转让的，从该项股权全部成本中按照转让比例计算确定被转让股权对应的成本。

因此可得出结论，部分转让多次取得的股权时，被转让股权原值的确定依然是按照加权平均法计算。这一操作不仅适用于非居民企业，也适用于居民企业。

2. 非居民企业取得股权的原值

非居民企业取得中国居民企业的股权，股权原值仍要按照《企业所得税法》及其实施条例的规定执行。

根据国家税务总局2017年第37号公告，非居民企业股权净值以人民币以外的货币计价的，分扣缴义务人扣缴税款、纳税人自行申报缴纳税款和主管税务机关责令限期缴纳税款三种情形，先将以非人民币计价项目金额比照国家税务总局2017年第37号公告第4条规定折合成人民币金额，即（1）扣缴义务人扣缴企业所得税的，应当按照扣缴义务发生之日人民币汇率中间价折合成人民币，计算非居民企业应纳税所得额。扣缴义务发生之日为相关款项实际支付或者到期应支付之日；（2）取得收入的非居民企业在主管税务机关责令限期缴纳税款前自行申报缴纳应源泉扣缴税款的，应当按照填开税收缴款书之日前一日人民币汇率中间价折合成人民币，计算非居民企业应纳税所得额；（3）主管税务机关责令取得收入的非居民企业限期缴纳应源泉扣缴税款的，应当按照主管税务机关作出限期缴税决定之日前一日人民币汇率中间价折合成人民币，计算非居民企业应纳税所得额。随后再按照《企业所得税法》第19条第2项及相关规定计算非居民企业财产转让所得应纳税所得额。

股权净值或股权转让收入的计价货币按照取得或转让财产时实际支付或收取的计价币种确定。原计价币种停止流通并启用新币种的，按照新旧货币市场转换比例转换为新币种后进行计算。

3. 原值可否核定

股权转让时，转让方有时候可能也无法提供完整、准确的原值凭证，此时是不可能继续按照前述方法来确认股权原值并计算股权转让的应纳税所得额，需要税务机关核定股权原值。

根据国家税务总局公告2014年第67号，个人转让股权，未提供完整、

准确的股权原值凭证，不能正确计算股权原值的，由主管税务机关核定其股权原值。核定的方法主要包括净资产核定法、类比法以及其他合理方法。

对于企业来说，其转让股权一般都不得核定征收，但国家税务总局《关于企业所得税核定征收有关问题的公告》（国家税务总局公告2012年第27号）明确依法按核定应税所得率方式核定征收企业所得税的企业，取得的转让股权（股票）收入等转让财产收入，应全额计入应税收入额，按照主营项目（业务）确定适用的应税所得率计算征税；若主营项目（业务）发生变化，应在当年汇算清缴时，按照变化后的主营项目（业务）重新确定适用的应税所得率计算征税。不过，此处的核定并非针对股权净值，而是企业整体核定征收所得税情况下的税务处理。

值得注意的是，国家税务总局2012年第27号公告同时强调，专门从事股权（股票）投资业务的企业，不得核定征收企业所得税。

4. 限售股原值的确定

对个人转让限售股取得的所得，以每次限售股转让收入，减除股票原值和合理税费后的余额，为应纳税所得额，按照“财产转让所得”，适用20%的比例税率征收个人所得税。限售股原值，是限售股买入时的买入价及按照规定缴纳的有关费用。

所以，一般情况下，转让限售股征收个人所得税与转让普通股权在税务处理上并无不同，但是，现实中也存在着转让方无法提供完整、真实的限售股原值凭证的，不能准确计算限售股原值的，此时，根据《关于个人转让上市公司限售股所得征收个人所得税有关问题的通知》（财税〔2009〕167号），主管税务机关一律按限售股转让收入的15%核定限售股原值及合理税费。

例如，袁世凯转让其持有的限售股10,000股，取得收入100,000大洋，但兵荒马乱，难以提供限售股原值凭证，因此，税务机关按15%核定其原值并计算其应纳税额 = 100,000 × (1 − 15%) × 20% = 17,000大洋。

5. 资本公积、盈余公积等转增股本的原值

对资本公积、盈余公积等转增股本的原值的规定，散见于众多税务法律法规，总的来说，**转增股本的原值是否确认，以及如何确认，主要取决于股东是否缴纳了所得税**。

在进行税务处理时，一般会将资本公积、盈余公积等转增股本分解为两个环节，即股息、红利分配与增资扩股。如果在分配环节已经缴纳了所得税或者按照税法免税，再次投资入股时的股权原值即转增额和相关税费之和。

比如，国家税务总局2014年第67号公告第15条第4项规定：被投资企业以资本公积、盈余公积、未分配利润转增股本，个人股东已依法缴纳个人所得税的，以转增额和相关税费之和确认其新转增股本的股权原值。同理，由于符合条件的居民企业之间的股息红利扽权益性投资收益为免税收入，因此，居民企业取得以盈余公积、资本公积等转增的股本时，新增股权的原值即盈余公积或资本公积等按比例获得分配的金额以及其他税费。

如果分配环节没有纳税的，则投资方持有股权的原值不予调整，例如，根据国家税务总局《关于贯彻落实企业所得税法若干税收问题的通知》（国税函〔2010〕79号），被投资企业将股权（票）溢价所形成的资本公积转为股本的，不作为投资方企业的股息、红利收入，投资方企业也不得增加该项长期投资的计税基础。在该等情形下，股权份额增加后，投资者持有股权的原值是不发生改变的，否则会导致在日后股权转让时的税收漏洞。

对于个人股东获得股份制企业股票溢价发行收入所形成的资本公积转增股本的，也不作为个人所得，不征收个人所得税，参考国税函〔2010〕79号文的原理，也不应调整长投的计税基础。

需要说明的是，现行法规（国税发〔1997〕198号、国税函〔1998〕289号及国税发〔2010〕54号等），将除股票溢价发行外的其他资本公积转增股本排除在免税范围之外，这一点，与国税函〔2010〕79号文认可股权溢价形成的资本公积转增股本不征税的处理方式不一致，对此，尚存有争议，不过不影响税务处理上将转增额计入股权原值。

股权转让具有背景复杂、金额大、交易模式多样等特点，是税收筹划的重点，也是税务机关征管的重要对象，尤其个人股权转让是关注的重点。为加强对股权转让税收管理，国家税务总局出台了相关的税收政策，不断加强征管的力度。对于企业及个人股东来说，在加强股权转让税收征管力度的大背景下，尤其是在金税三期推行，国地税合一，各政府部门间信息共享的情况下，准确地核算股权原值成为准确纳税，法规遵从，提高交易安全与交易结果可预见性的必然要求。

上市公司股东大会法律事务要点梳理

邹 毅 袁 也

根据《公司法》《证券法》《上市公司股东大会规则》等法律、法规、规范性文件的规定，上市公司股东大会的召开需要律师见证并出具法律意见书。本文对上市公司股东大会召集、通知、提案、表决、出席人员资格、表决程序等进行了归纳梳理，为上市公司股大会顺利执行提供参考，也请同行人士交流、赐教。

一、召集、召开程序

（一）股东大会召开时间及原因

1. 年度股东大会

根据《上市公司股东大会规则》第 4 条第 1 款的规定，年度股东大会应当于上一会计年度结束后 6 **个月**内举行。

2. 临时股东大会

根据《公司法》第 100 条、《上市公司股东大会规则》第 4 条第 1 款的规定，下列情形发生时，临时股东大会需在 2 **个月**内召开：

（1）董事人数不足本法规定人数或者公司章程所定人数的三分之二时；

（2）公司未弥补的亏损达实收股本总额三分之一时；

（3）单独或者合计持有公司百分之十以上股份的股东请求时；

（4）董事会认为必要时；

（5）监事会提议召开时；

（6）公司章程规定的其他情形。

（二）召集人顺序

1.《公司法》第 101 条规定：

（1）股东大会会议由董事会召集，董事长主持。

（2）董事会不履行职务召开股东大会会议的，监事会应当及时召开和主持股东大会。

（3）监事会不履行职务召集和主持股东大会的，连续 90 日以上单独或者合计持有公司百分之十以上股份的股东可以自行召集和主持。

2.《上市公司股东大会规则》第 6 条：董事会召集股东大会。

3.《上市公司股东大会规则》第 7 条至第 9 条：临时股东大会特别规定。

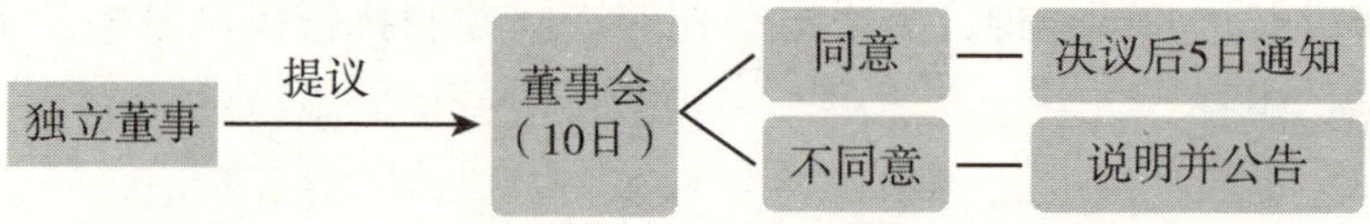

独立董事有权向**董事会**提议召开**临时股东大会**。对独立董事要求召开临时股东大会的提议，董事会应当根据法律、行政法规和公司章程的规定，在收到提议后 10 日内提出同意或不同意召开临时股东大会的书面反馈意见。如下图所示。

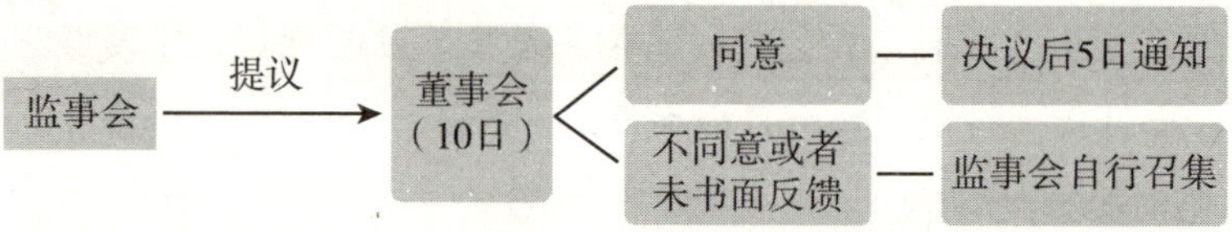

监事会有权向董事会提议召开临时股东大会，并应当以书面形式向董事会提出。董事会应当根据法律、行政法规和公司章程的规定，在收到提议后 10 日内提出同意或不同意召开临时股东大会的书面反馈意见。董事会同意召开临时股东大会的，应当在作出董事会决议后的 5 日内发出召开股东大会的通知，通知中对原提议的变更，应当征得监事会的同意。董事会不同意召开临时股东大会，或者在收到提议后 10 日内未作出书面反馈的，视为董事会不能履行或者不履行召集股东大会会议职责，监事会可以自行召集和主持。

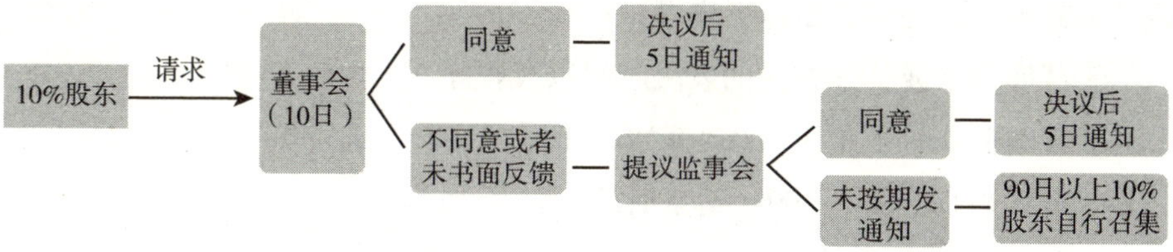

单独或者合计持有公司10%以上股份的普通股股东（含表决权恢复的优先股股东）有权向董事会请求召开临时股东大会，并应当以书面形式向董事会提出。董事会应当根据法律、行政法规和公司章程的规定，在收到请求后10日内提出同意或不同意召开临时股东大会的书面反馈意见。董事会同意召开临时股东大会的，应当在作出董事会决议后的5日内发出召开股东大会的通知，通知中对原请求的变更，应当征得相关股东的同意。

董事会不同意召开临时股东大会，或者在收到请求后10日内未作出反馈的，单独或者合计持有公司10%以上股份的普通股股东（含表决权恢复的优先股股东）有权向监事会提议召开临时股东大会，并应当以书面形式向监事会提出请求。监事会同意召开临时股东大会的，应在收到请求5日内发出召开股东大会的通知，通知中对原请求的变更，应当征得相关股东的同意。

二、通知与提案

1. 会议通知时间

根据《公司法》第102条、《上市公司股东大会规则》第15条的规定，（1）年度股东大会：在会议时间20日前以公告方式通知股东；（2）临时股东大会：在会议时间15日前以公告方式通知股东；（3）发行无记名股票：在会议时于30日前公告。

2. 通知内容

（1）根据《公司法》第102条第1款规定，应公告时间、地点和审议事项；

（2）《上市公司股东大会规则》第18条规定：股东大会通知中应当列明会议时间、地点和股权登记日（登记日与会议日期间隔≤7个工作日）；

（3）根据《上市公司股东大会规则》第 21 条，公司股东大会采用网络或其他方式的，还应公示以下内容：

①载明网络或其他方式的表决时间以及程序；

②现场前一日下午 3：00≤**开始时间**≤当日上午 9：30；

③现场当日下午 3：00≤**结束时间**。

3. 提案

根据《公司法》第 102 条、《上市公司股东大会规则》第 14 条关于临时提案要求：

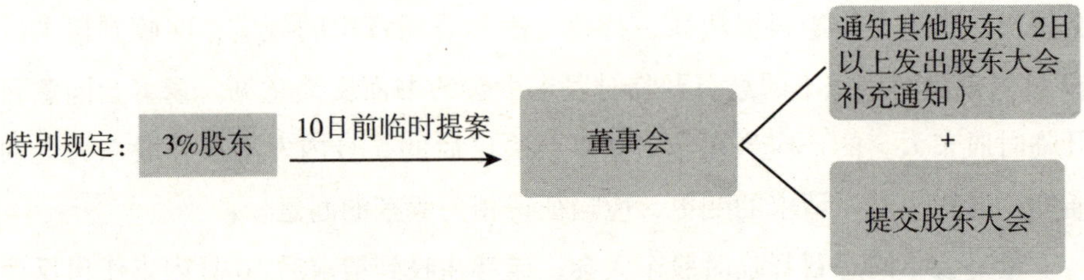

单独或者合计持有公司 3% 以上股份的普通股股东（含表决权恢复的优先股股东），可以在股东大会召开 10 日前提出临时提案并书面提交召集人。召集人应当在收到提案后 2 日内发出股东大会补充通知，公告临时提案的内容。除前款规定外，**召集人在发出股东大会通知后，不得修改股东大会通知中已列明的提案或增加新的提案**。股东大会通知中未列明或不符合《上市公司股东大会规则》第 13 条规定的提案，股东大会不得进行表决并作出决议。

三、股东大会会议召开

1.《上市公司股东大会规则》第 20 条第 1 款规定：股东大会召开地点应为**公司住所地或章程规定地；**

2.《公司法》第 101 条第 1 款规定：会议由董事长主持，董事长不能主持的由副董事长，副董事长不能主持的由半数以上董事推荐一名董事主持。

四、出席会议人员的资格、召集人资格

（一）出席会议人员

1. 股东

《公司法》第106条规定：股东可以委托代理人出席股东大会会议，代理人应当向公司提交授权委托书，并授权范围内行使表决权。

《上市公司股东大会规则》第24条规定：股东应当持股票账户卡、身份证或其他能够表明其身份的有效证件或证明出席股东大会。代理人还应当提交股东授权委托书和个人有效身份证件。

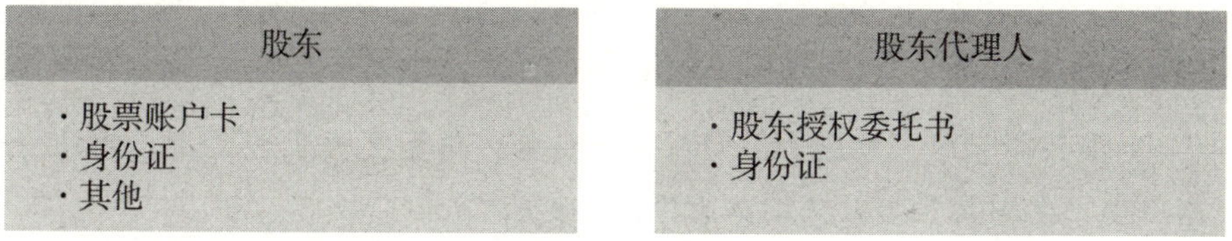

2. 其他人员

《上市公司股东大会规则》第26条规定：公司召开股东大会，全体董事、监事和董事会秘书应当出席会议，经理和其他高级管理人员应当列席会议。

（二）验证程序

根据《上市公司股东大会规则》第25条可知：

1. 验证人：召集人和律师。

2. 依据：证券登记结算机构提供的股东名册。

3. 验证对象：股东资格。

4. 登记：姓名或名称、所持有表决权的股份数。

五、表决程序、表决结果

（一）表决权认定

1. 股份与表决权

《公司法》第 103 条第 1 款：1 股份 = 1 表决权

2. 中小投资者

《上市公司股东大会规则》第 31 条第 2 款规定：审议影响中小投资者利益的重大事项时，对中小投资者的表决应当**单独计票**。

3. 同一表决权的表决方式

《上市公司股东大会规则》第 35 条规定：同一表决权只能选择现场、网络或其他表决方式中的一种。

（二）关联关系

《上市公司股东大会规则》第 31 条第 1 款规定：关联关系股东，回避表决，所持股权**不计入**出席股东大会有表决权的股份总数。

（三）报告

《上市公司股东大会规则》第 28 条规定：在**年度**股东大会上，董事会、监事会做工作报告，每名独立董事作述职报告。

（四）审议议案——《上市公司股东大会规则》第 33 条第 1 款、第 34 条

1. 所有提案逐项表决。同一事项不同提案，按提出时间顺序表决。

2. 除**不可抗力**等特殊原因导致股东大会**中止**或**不能**做出**决议**外，提案不得被**搁置**或**不予表决**。

3. 审议提案时，**不得修改**。否则，有关变更应当被视为一个新的提案，不得在本次股东大会上进行表决。

（五）计票、监票

《上市公司股东大会规则》第 37 条规定：

1. 现场：股东大会对提案进行表决前，应当推举两名股东代表参加计票和监票。审议事项与股东有关联关系的，相关股东及代理人不得参加计票、监票。

2. 网络：通过网络或其他方式投票的公司股东或其代理人，有权通过相应的投票系统查验自己的投票结果。

（六）表决

《上市公司股东大会规则》第36条第1款规定：出席股东大会的股东，应当对提交表决的提案发表以下意见之一：**同意、反对或弃权**。

（七）表决情况宣布

《上市公司股东大会规则》第38条第1款规定：股东大会会议现场结束时间不得早于网络或其他方式，会议主持人应当在会议现场宣布每一提案的表决情况和结果，并根据表决结果宣布提案是否通过。

（八）表决结果

1. 普通决议案，即经出席会议股东所持表决权二分之一以上通过：

（1）关于人：选举和更换非由职工代表担任的董事、监事，决定有关董事、监事的报酬事项。

（2）关于事：

①公司的经营计划和投资方针；

②董事会、监事会或监事的报告；

③公司的年度财务预算方案、决算方案；

④公司的利润分配方案和弥补亏损方案；

⑤发行公司债券决议；

⑥其他章程规定。

2. 特别决议案，即经出席会议股东所持表决权三分之二以上通过：

（1）增加或减少注册资本；

（2）公司合并、分立、解散或变更公司形式；

（3）修改公司章程；

（4）上市公司在一年内购买、出售重大资产或者担保金额超过公司资产总额百分之三十；

（5）公司以减少注册资本为目的回购普通股公开发行优先股，以及以非公开发行优先股为支付手段向公司特定股东回购普通股的，股东大会就回购普通股作出决议。

上市公司现场检查关注要点和应对思路

陈治美　袁　也

上市公司证券监管现场检查是规范上市公司及相关各方，保护投资者合法权益，维护证券市场秩序的“利器”，是上市公司监管体系的重要一环。每年上市公司披露年度报告之后，就开始惴惴不安地等候中国证券监督管理委员会（以下简称“证监会”）及其派出机构“翻牌子”，然后享受全面检查、专项检查、现场走访、列席会议、回访检查等方式的轮番“伺候”。这一环节何以有如此威力，它的要点有哪些，上市公司又该如何应对，受到业界普遍关注。本文在实证调研的基础上，对现场检查进行梳理分析，试图揭开其神秘面纱。

一、上市公司现场检查概况

（一）现场检查

现场检查制度由来已久，是监管部门常用的一种监管制度，广泛运用于各领域。其是指监管人员直接深入到企业，通过核实和排查，达到全面深入了解和判断企业经营和风险等情况的一种实地检查方式。

现场检查引入上市公司监管，是为适应上市公司监管实践的需要应运而生的。按照《上市公司现场检查办法》（证监会公告〔2010〕12号）第2条的规定，“本办法所称**现场检查，是指**中国证券监督管理委员会**及其派出机构（以下统称中国证监会）在上市公司及其所属企业和机构的生产、经营、管理场所以及其他相关场所，采取查阅、复制文件和资料、查看实物、谈话及询问等方式，对检查对象的**信息披露、公司治理等规范运作情况进行监督检查的行为”。

根据现场检查形式的不同，可以将其分为全面检查、专项检查、现场走访、列席会议、回访检查等。全面检查是对公司规范运作情况实行的常规性检查。专项检查是针对公司存在的问题或者易发风险的重大事项进行的专门检查。**中国证监会可以采取回访检查方式检查公司对监管工作中发现问题的整改落实情况**。检查对象除了上市公司本部之外，还包括上市公司合并范围内的子公司。如果现场检查中发现的问题涉及上市公司控股股东或实际控制人、并购重组当事人、证券服务机构等有关单位和个人的，可在检查事项范围内一并实施检查，并要求其提供情况说明、工作底稿及其他相关文件和资料。

（二）“双随机”

2018年以来，各地证监局开始公示上市公司本年“双随机”抽查名单，目前已有48家公司确定将接受监管机构的现场检查，被检查公司分布情况：主板30家、中小板11家、创业板7家；其中2017年以前上市公司43家、2017年上市公司4家、2018年上市公司1家。由于证监会的36个派出机构中只有大约三分之一宣布完成“双随机”抽取工作，预计接下来还有更多上市公司被纳入这一抽查名单。

“双随机”现场检查，是为了规范上市公司事中事后监管的一项现场检查机制。这里所谓的**“双随机”是指根据随机抽查事项清单建立检查对象名录库和执法检查人员名录库，并建立随机抽取检查对象、随机选派执法检查人员的抽查机制**。如此一来被抽查上市公司和检查人员均随机产生，以确保抽查过程中公平公正对待所有上市公司，有效避免了选择性执法和外部干扰。

证监会及其派出机构开展现场检查，除有初步证据或线索证明明显涉嫌违法、依法立案查处以及以问题和风险为导向安排专项检查外，均须通过摇号、机选等方式。按照《中国证监会随机抽查事项清单》要求，各证监局辖区被抽查的上市公司比例应为该辖区上市公司家数的5%，抽查频次为1次/年。按有关规定，此前年度已通过随机抽查方式进行现场检查的上市公司，在3年内不重复纳入抽查范围。意味着，**如果被抽中检查且“过硬”的上市公司，只要自己不出现重大问题，应该比未经过此关检验的上市公司更值得**

投资者信赖。

（三）现场检查的特征

1. 主体的层次性

2001 年颁布的《上市公司检查办法》中，证监会主要进行政策制定，统筹监管，检查主体仅限于证监会的派出机构。由派出机构，通常是上市公司注册地的证监局根据注册地监管原则实施检查，履行一线监管责任。而在 2010 年的修订版中，除派出机构外，同时赋予了证监会在大案、要案上进行现场检查的权利。**主体的层次性实现了现场检查监管权的重构**。

2. 范围的扩张性

现场检查的对象范围从最初的上市公司，到上市公司及其所属企业和机构，之后还包括涉及上市公司规范运作的控股股东和实际控制人、并购重组当事人以及其他单位和个人。会计师事务所、律师事务所、资产评估机构、保荐机构和财务顾问等相关证券服务机构存在执业违规线索的，亦纳入检查范围进行检查。

3. 对象的特别性

上市公司现场检查打的是"歼灭战"，即集中有限的监管资源对上市公司进行抽查。抽查名单产生于所谓的"双随机"机制，也就是说被抽查上市公司和检查人员均随机产生，以确保抽查过程中公平公正对待所有上市公司，有效避免选择性执法，避免外部干扰。"双随机"现场检查其实是"随机而不随便"。**当年度的上市公司现场检查随机抽查范围首先剔除特定对象**。包括：有初步证据、线索表明涉嫌违法的；被依法立案稽查的；根据法律法规必须进行现场检查的；以问题和风险为导向安排专项检查的等。同时，按照《中国证监会随机抽查事项清单》要求，各证监局辖区被抽查的上市公司数量应为该辖区上市公司家数的 5%。

4. 程序的规范性

《上市公司现场检查办法》对现场检查的程序有明确的规定。**一是发送检查通知**。证监会应当至少提前 5 个工作日以书面形式告知检查对象，要求检查对象准备有关文件和资料，要求相关人员在场配合检查。值得注意的是，证监会在必要情况下，实施突击检查时也可以不提前告知；**二是实施现场检查**。检查人员可以采取询问的方式，要求检查对象及相关人员对与检查工作有关的事项作出说明，制作询问笔录并由被询问人签名确认。检查人员可以对有关文件、资料和情况进行查阅、复制、记录、录音、录像、照相。检查人员可以对检查对象的生产、经营、管理场所进行查看，并检查有关生产、销售、仓储记录等文件和资料；**三是通报检查情况**。检查人员在检查工作报告完成后5个工作日内，向检查对象通报检查情况。

二、现场检查的关注要点

国务院办公厅《关于推广随机抽查规范事中事后监管的通知》（国办发〔2015〕58号）、《关于印发中国证监会推广随机抽查工作实施方案的通知》、《北京市证监会上市公司现场检查随机抽查工作实施方案》，通知一个一个地出台，愈发凸显出现场检查的重要性。从调研的9家被整改公司的情况看，现场检查并非“眉毛胡子一把抓”，而是自有其关注要点：

（一）信息披露

1. 信息披露是否真实、准确

【楚天科技：300358】公司存在跨期确认收入的情况，涉及金额61,696,887.55元，致使2016年年报营业收入、净利润出现错报。

【红宇新材：300345】公司存在提前确认收入的情况，涉及金额1897.35万元，致使2015年年报营业收入、净利润出现错报。

2. 信息披露是否完整

【深圳优博讯：300531】公司在招股说明书中将税收依赖作为风险事项予以披露。2016年年度，在税收依赖程度未有重大变化的情况下，公司在2016年年报中未将税收依赖作为风险事项进行披露，重大风险揭示不充分。

【贵州赤天化：600227】公司常务副总经理、圣济堂董事长高某红和实际控制人、董事长丁某洪亲属丁某海共同持有贵州圣大生物科技有限公司（以下简称圣大生物）100%股权，该公司财务账套与圣济堂财务账套共用服务器，圣济堂与圣大生物存在关联方关系，2016年年报未予以披露。

3. 信息披露是否及时

【深圳证通电子：002197】公司相关副总裁的近亲属控股的深圳市国溢

工程服务有限公司，与公司及全资子公司深圳市证通佳明光电有限公司累计发生交易金额557.65万元，但公司未就相关关联交易履行审批程序并及时披露。

【贵州赤天化：600227】公司与贵州康心药业有限公司股东吴某解除一致行动关系。康心药业作为公司纳入合并报表范围的重要子公司，对公司营业收入和净利润有较大影响，公司未就解除一致行动关系事项及时履行信息披露义务，而是在年报中披露，以定期报告形式代替应当履行的临时报告义务。

（二）公司治理

1. 管理层是否规范运作

【麦捷科技：300319】公司全资子公司星源电子科技（深圳）有限公司与关联方钟某玲（其配偶叶某新间接持有公司5%以上股份）存在关联租赁事项，星源电子向钟某玲共租赁4处物业，合同月租金合计为714,957.75元，年租金合计为8,579,493.00元，租赁期限自2017年4月1日起至2019年3月31日止，合同签订于2017年4月22日（系补签），合同自签订之日起生效。公司未履行关联交易审批程序。

叶某新自2015年9月持有麦捷科技5%以上股份并担任董事，自2015年12月开始担任深圳市好写科技有限公司（简称“好写科技”）董事长。好写科技成为公司的关联法人。2016年公司向好写科技销售234万元的模垫类产品。叶某新未向公司报送关联人名单，公司未履行关联交易审批程序。

2. 内幕信息知情人登记管理制度执行是否到位

【麦捷科技：300319】参与公司2017年1月重大资产重组的众华会计师事务所（特殊普通合伙）深圳分所会计师梁某、马某、王某颐、黄某凤、汪某潮、张某云、龙某、卢某霖及刘某琪未进行内幕信息知情人登记。

（三）会计核算和财务管理

1. 会计核算是否规范

【深圳雷曼光电：300162】2017年1月26日，公司披露《2016年年度业绩预告》，预计2016年公司实现归属于上市公司股东的净利润（以下简称“净利润”）为5048.65万元至5654.48万元。2月28日，公司披露《业绩预告修正及业绩快报》，修正后的净利润为4478.32万元。4月22日，公司披露《2016 年度业绩快报修正公告》，再次将净利润修正为 3076.02 万元。检查发现，公司部分会计核算不规范，致使公司 2016 年业绩预告及业绩快报出现多次修正。

【深圳雷曼光电：300162】公司子公司深圳市拓享科技有限公司在对应付款项进行清理的过程中，将以前年度与部分供应商之间的应付账款差异直接冲减当期主营业务成本，其中 68 万元的应付账款在未取得对方确认的情况下单方面冲减，冲销依据不充分。

【深圳广田集团：002482】公司 2016 年合并报表中母子公司投资性房地产的会计政策不统一，除控股子公司深圳深九国际物流有限公司采用公允价值模式进行后续计量外，母公司及其余子公司采用成本模式进行后续计量。

2. 财务管理是否合规

【深圳麦捷微：300319】公司财务问题中的费用入账不及时、未按照会计政策要求对存货进行减值测试、财务人员对存货管理参与有限、收入确认不及时、月末一次加权平均法影响结转成本的准确性等问题。

【深圳优博讯：300531】公司对于回收材料的管理基础薄弱，维修回收材料按照新料价值入账，计价基础的合理性缺乏依据，没有准确的物料库龄记录，无法跟踪回收材料的周转消耗情况，公司也未结合产品生命周期对回收材料的未来可使用性、可变现性进行分析测算。2013 年至 2016 年一季度的 IPO 申报期，对于存放回收材料的售后退回仓、售后发货仓、售后支持仓等仓位的存货，公司未计提存货跌价准备。2016 年年报审计期间，公司仅对售后退回仓按照 20% 的比例计提了存货跌价准备，对其他仓位类似性质的原材料，也未计提存货跌价准备。相关存货的跌价准备计提依据不充分。

【深圳优博讯：300531】公司关于政府补助摊销核算的基础薄弱。对自筹投入部分，公司未建立完整的备查记录，自筹部分开支与补助项目投入的关联性、自筹部分开支的准确性难以保证，缺乏准确摊销政府补助的基础；公司对政府补助项目进行直线法摊销，将政府补助资金在项目实施期间内平均摊销。

（四）内控制度

1. 内控制度是否有效执行

【深圳长方集团：300301】公司存货相关管理制度未能有效执行。根据公司存货管理制度，物料管理部门应在每月月末对存货进行盘点，并由财务部门复核，但公司实际是按季度对存货进行抽盘，抽盘比例仅为20%，对于盘点产生的差异，未核实原因，也未核算其影响。此外，公司财务部门与业务部门缺乏有效衔接，部分存货实际库龄和账面库龄不符，但财务部门没有及时掌握并更新存货库龄、品质状态、售价等相关信息。

【深圳证通电子：002197】公司2013年非公开发行股票的研发中心募投项目存在列支与研发中心建设无关的费用的情况，如2015年至2016年使用研发中心项目募集资金支付办公楼装修款、人力资源部家具款、员工宿舍空调购置费等，合计金额174.76万元，占研发中心募投项目预算总金额的2.34%。

2. 内控制度是否存在缺陷

【深圳长方集团：300301】公司于2016年10月11日召开总经理办公会，拟将公司相关生产线从坪山长方工业园搬迁至惠州东江长方工业园，并于2016年12月20日开始陆续运输设备等相关生产工具和办公用品。但公司在2017年1月披露2016年全年业绩预告时，未考虑搬迁可能产生的影响，未及时将相关减值情况纳入核算。

3. 内控制度是否健全

【深圳证通电子：002197】公司对前次现场检查发现的问题已进行整改，但仍存在部分事项未整改到位的情形，如公司对于非全资子公司管控需进一步加强，财务基础仍较为薄弱等。

三、应对思路

监管部门重拳出击，上市公司风声鹤唳，“猫捉老鼠”的游戏似乎不会停歇，现场检查的“网”愈发严密。在这样的情势下，上市公司该如何应对呢？笔者认为应当从事前、事中、事后三方面着手，对照现场检查的关注要点，对症下药，采取相应的措施：

（一）事前预防

1. 心态端正

要对现场检查有正确的认识，意识到对上市公司进行现场检查，其最终目的并不是处罚，而是对公司的体检，从合规角度指出公司存在的隐患或问题。解决这些风险点能让公司变得更加优秀和强大。持续盈利能力与合规，是上市公司借助资本市场做优做强中不可偏废的两大关键点。因此应当以更加开放、包容、积极、端正的心态迎接检查。

2. 功在平时

“临时抱佛脚”很可能抱不住砸了自己的脚，上市公司应将功夫用在平时，遵纪守法、建章立制，规范经营。完善风险预警机制和内控环节，建立快速响应管理体系，提高部门传递效率，设置风控小组（财务部、法务部、业务部等）进行联动反应。在出现应收款逾期、客户失联、法律经济纠纷等情况时，进行重点关注。注重信息披露的真实性、准确性、完整性、及时性和公平性；加强公司治理的合规性；保证控股股东、实际控制人行使股东权利或控制权的规范性；强化会计核算和财务管理的合规性等，定期或不定期进行自我检查，扫除风险点和死角。

（二）事中配合

1. 高度重视

“双随机”抽检机制下，公司可能成为“漏网之鱼”，也可能恰好中招。在公司接到检查通知后，应第一时间向董事长、总经理等主要领导汇报，全员重视，从上而下做好动员和工作部署。

2. 积极配合

由于检查范围涉及信息披露、财务核算等各方面，公司内部应当由董事会办公室牵头，财务部、内审部、法务部和其他相关业务部门配合。对外，应当及时报告独立董事，要求会计师事务所、并购重组的中介机构等做好配合。积极配合监管部门的检查工作，在监管部门的指导和帮助下，加强与各方的沟通与协商，并根据检查工作的进展，及时向公众披露相关信息。

（三）事后治理

1. 查找根源

针对决定书中所提出的问题，及时组织相关部门和人员召开专项工作会议，认真对照有关法律法规的规定及相关制度进行梳理和分析，积极查找问题根源。是公司制度的缺失或瑕疵、工作人员的疏忽大意还是其他，要找出真正原因，做出情况说明或存在问题概述，及时上报。

2. 高效整改

针对检查组提出的要求，高效率进行整改，明确整改责任人和整改期限，形成强效的整改方案并执行下去，达到公司整改的目的。在整改过程中，要不断巩固，不断改良整改措施。争取对公司最有利的检查结论。如及时、准确地更正相关会计差错，内幕知情人及时进行内幕信息知情人补充登记等。

上市公司股东、董监高减持股份新规解读及实务操作

赵　政　陈嘉欣　焦朝升

中国证券监督管理委员会（以下简称证监会）于2017年5月26日发布了《上市公司股东、董监高减持股份的若干规定》（证监会公告〔2017〕9号），上海证券交易所、深圳证券交易所也分别出台了完善减持制度的专门规则。该减持新规被不少业界人士称为“史上最严格减持规则”，该新规的出台对于上市公司非公开发行市场可谓产生了不小的震荡，不少上市公司因为对新规不了解以及执行力度的不确定性而放弃或者延缓进行非公开发行，不少机构对于本来看好的非公开发行项目也开始持有一种谨慎参与的观望态度。鉴于上述原因，笔者从规定本身及新规出台后的具体操作实务两方面进行分析，以期对市场参与主体具有一定的参考价值。

一、关于上市公司股东、董监高减持股若干规定的解读

（一）减持主体（如表1所示）

表1　适用及不适用减持股份规定的主体

适用	不适用
大股东：上市公司控股股东、持股5%以上的股东	大股东减持其通过证券交易所集中竞价交易买入的上市公司股份不适用减持新规
特定股东：持有首次公开发行前股份、上市公司非公开发行股份的股东	
董监高：持有上市公司股份的董监高	

（二）不同减持方式下的规则适用

1. 采取集中竞价方式减持

根据《上海证券交易所上市公司股东及董事、监事、高级管理人员减持股份实施细则》第 4 条及《深圳证券交易所上市公司股东及董事、监事、高级管理人员减持股份实施细则》第 4 条，大股东减持或者特定股东减持，采取集中竞价交易方式的，在任意连续 90 个自然日内，减持股份的总数不得超过公司股份总数的 1%。

股东通过集中竞价交易减持上市公司非公开发行股份的，除遵守前款规定外，在股份限制转让期间届满后 12 个月内，减持数量还不得超过其持有的该次非公开发行股份的 50%。

2. 采取大宗交易方式减持

根据《上海证券交易所上市公司股东及董事、监事、高级管理人员减持股份实施细则》第 5 条及《深圳证券交易所上市公司股东及董事、监事、高级管理人员减持股份实施细则》第 5 条，大股东减持或特定股东减持，采取大宗交易方式的，在任意连续 90 个自然日内，减持股份的总数不得超过公司股份总数的 2%。

前款交易的受让方在受让后 6 个月内，不得转让其受让的股份。

3. 采取协议转让方式减持

根据《上海证券交易所上市公司股东及董事、监事、高级管理人员减持股份实施细则》第 6 条及《深圳证券交易所上市公司股东及董事、监事、高级管理人员减持股份实施细则》第 6 条的规定，大股东减持或者特定股东减持，采取协议转让方式的，单个受让方的受让比例不得低于公司股份总数的 5%，转让价格下限比照大宗交易的规定执行，法律、行政法规、部门规章、规范性文件及本所业务规则等另有规定的除外。

大股东减持采取协议转让方式，减持后不再具有大股东身份的，出让方、受让方在 6 个月内应当继续遵守任意连续 90 个自然日内，减持股份的总数不得超过公司股份总数的 1% 的规定，还应当继续遵守信息披露的规定。

特定股东采取协议转让方式减持的，出让方、受让方在6个月内应当继续遵守任意连续90个自然日内，减持股份的总数不得超过公司股份总数的1%的规定。

（三）减持路径图解

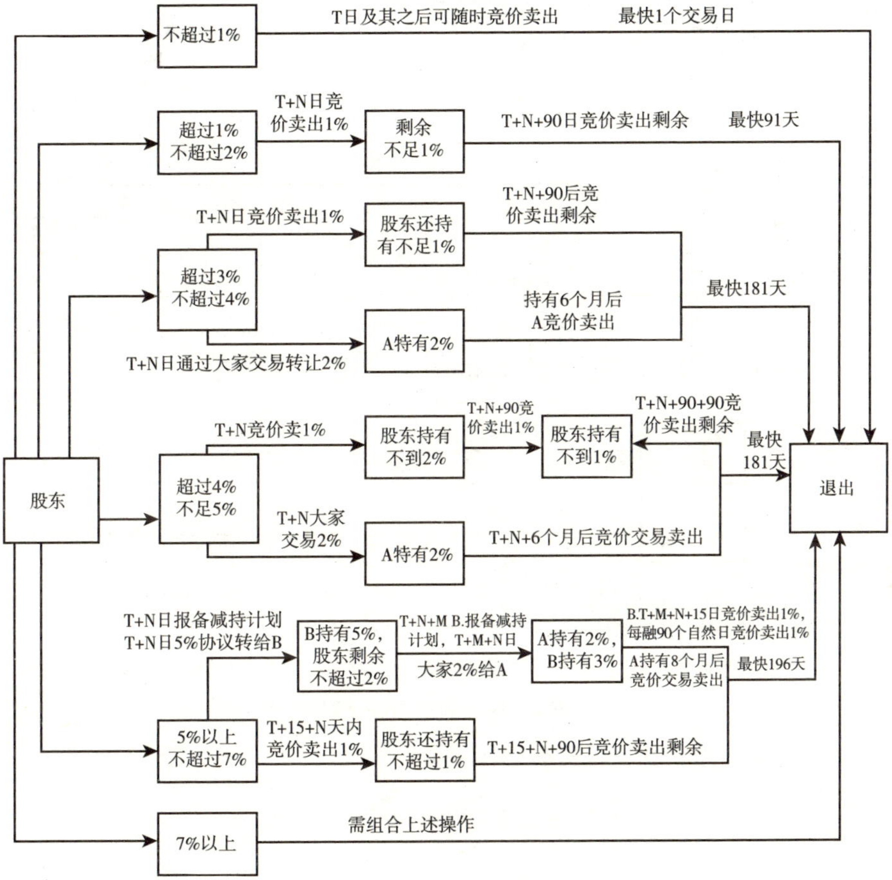

* M日为预留的办理股权变更登记的时间。

* 股东指减持规定中的大股东以及持有解除限售期届满12个月后非公开发行股份的股东。

图1　减持路径图解（1）

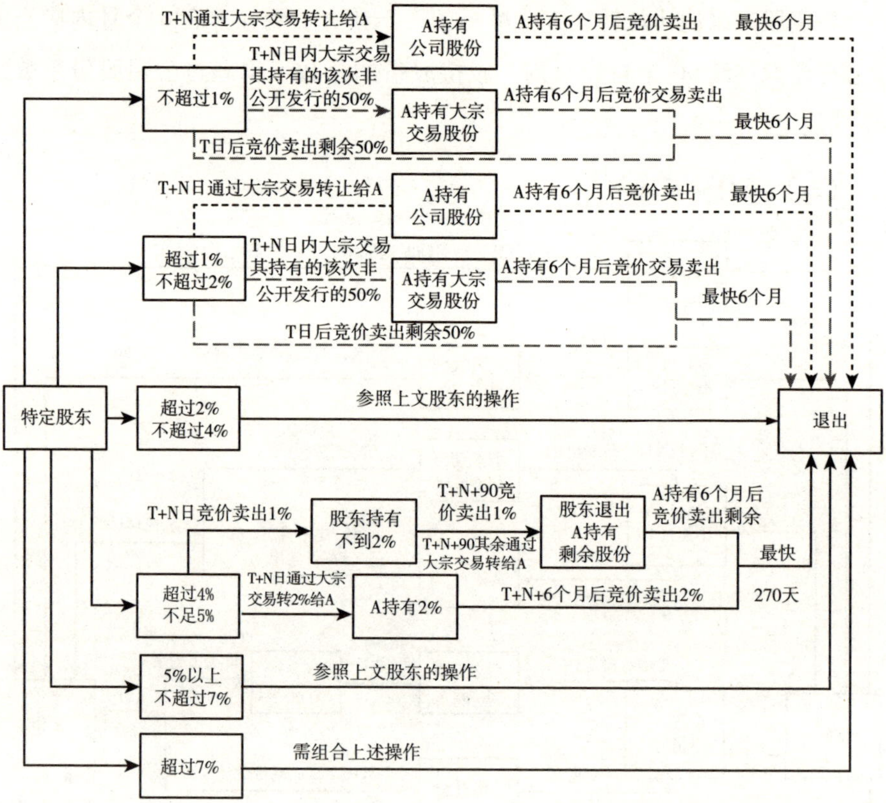

*上图的特定股东特指持有非公开发行且在解除限售期之日起12个月内股份的股东。

----表示同等情形下的特定股东所持股份完全通过大宗交易转出。

— —表示同等情形下的特定股东所持股份一部分通过大宗交易一部分通过竞价交易卖出。

图2 减持路径图解（2）

（四）董监高减持应遵循的特殊规则

表2 董监高减持应遵循的特殊规则

任期届满前离职的，应当在其就任时确定的任期内和任期届满后6个月内	1. 每年转让的股份不得超过其所持有本公司股份总数的25%； 2. 离职半年之内不得转让股份； 3. 遵守其作出的其他承诺
信息披露	1. 竞价交易减持的首次卖出的15个交易日前报告减持计划，备案并予以公告； 2. 披露减持区间不超过6个月，在区间内，减持数量过半或时间过半，应当披露进展情况； 3. 实施完毕或减持区间届满，2个工作日内披露进展

（五）不得减持的规定

表3　不得减持的规定

主体	深交所	上交所
大股东	1. 上市公司或者大股东因涉嫌证券期货违法犯罪，在被中国证监会立案调查或者被司法机关立案侦查期间，以及在行政处罚决定、刑事判决作出之后未满6个月的； 2. 大股东因违反证券交易所业务规则，被证券交易所公开谴责未满3个月的； 3. 法律、行政法规、部门规章、规范性文件以及本所业务规则规定的其他情形	1. 上市公司或者大股东因涉嫌证券期货违法犯罪，在被中国证监会立案调查或者被司法机关立案侦查期间，以及在行政处罚决定、刑事判决作出之后未满6个月的； 2. 大股东因违反证券交易所规则，被证券交易所公开谴责未满3个月的； 3. 中国证监会规定的其他情形
董监高	1. 上市公司因欺诈发行或者因重大信息披露违法受到中国证监会行政处罚； 2. 上市公司因涉嫌欺诈发行罪或者因涉嫌违规披露、不披露重要信息罪被依法移送公安机关。（以上一致行动人亦应当遵守，自相关决定作出之日起至公司股票终止上市或者恢复上市前不得减持。） 3. 董监高因涉嫌证券期货违法犯罪，在被中国证监会立案调查或者被司法机关立案侦查期间，以及在行政处罚决定、刑事判决作出之后未满6个月的； 4. 董监高因违反证券交易所业务规则，被证券交易所公开谴责未满3个月的； 5. 法律、行政法规、部门规章、规范性文件以及本所业务规则规定的其他情形	上市公司存在下列情形（1～3）之一，触及退市风险警示标准的，自相关决定作出之日起至公司股票终止上市或者恢复上市前，董监高及其一致行动人不得减持所持有的公司股份： 1. 上市公司因欺诈发行或者因重大信息披露违法受到中国证监会行政处罚； 2. 上市公司因涉嫌欺诈发行罪或者因涉嫌违规披露、不披露重要信息罪被依法移送公安机关； 3. 其他重大违法退市情形； 4. 董监高因涉嫌证券期货违法犯罪，在被中国证监会立案调查或者被司法机关立案侦查期间，以及在行政处罚决定、刑事判决作出之后未满6个月的； 5. 董监高因违反证券交易所规则，被证券交易所公开谴责未满3个月的； 6. 中国证监会规定的其他情形

二、减持实务

大宗交易面临着一定的折价的风险，大宗交易中的折价率普遍集中在0%至15%之间，对于大盘股，大宗交易存在不折价或者是折价很少的情况，大宗交易除了避税之外，其折价我们往往认为是对于流动性的补偿，对于新股，次新股而言市场的波动性极强，受让方在6个月之后再行减持有极大的折价的风险，如某日华北高速成交93.3万股，成交价为4.46元，相比于当天收盘价，折价率高达16.48%。再如天宝股份某日成交的一笔大宗交易，成交价为7.61元，比当天收盘价折价15.91%。

三、监管趋势

实践中存在大量为参与并购项目、定增项目通过嵌套有限合伙企业进行投资的投资者，该等投资者可利用其作为有限合伙企业的合伙人甚至合伙人上层的自然人、法人进行“间接减持”。

对于间接减持，目前暂没有明文禁止，但从案例来看，对间接减持的监管趋严。如新奥股份股东间接减持被问询，并将3000万元的获利所得上缴公司；银泰资源发行股份购买资产申请的二次反馈意见则提出，如有限合伙企业专为本次交易设立，需补充最终出资人的锁定期安排。

四、小结

针对证监会减持新规，国内某大型券商为VIP客户推出了专业增减持服务，其所扮演的角色也是大宗交易平台，合规精准减持是其专业化的体现。

大股东或者特定股东增减持的行为在资本市场上体现了其看多或者看空所持有资产的态度，影响着上市公司的估值水平，但是增减持不是公司估值的唯一决定因素，在资本市场日趋透明化的今天，所谓“信息壁垒”越来越不能称为“壁垒”。

挂牌公司换股吸收合并研究报告（一）

于诗佳　王椒椒

根据相关数据显示，新三板市场经过这几年的高速发展，已成为各路资本竞相追逐的风水宝地，愈演愈烈，一条新三板挂牌公司并购重组的利益链雏形正在慢慢形成。如何在这个市场中分得一杯羹，不仅仅是投资者关注的焦点，也是挂牌企业不得不思考的问题。许多挂牌公司在等待外来投资的同时也开始主动出击，通过收购与被收购共享人才、技术、资金、管理等多种资源，实现业务、资源、竞争力的飞跃。相较于现金支付的收购方式，以股份支付实现收购，既可以减轻收购方的资金压力，也可以在一定程度上享受税收优惠，为交易双方降低现实成本，因此换股吸收合并作为一种交易模式受到广泛青睐。

泰和泰刘志强律师团队以挂牌公司进行换股吸收合并作为基本交易模型，并结合近几年服务新三板市场的丰富经验，形成本研究报告，希望能为挂牌公司日后实施类似交易提供些许启发，也希望能与各位同行交流分享。

一、换股吸收合并的交易模式

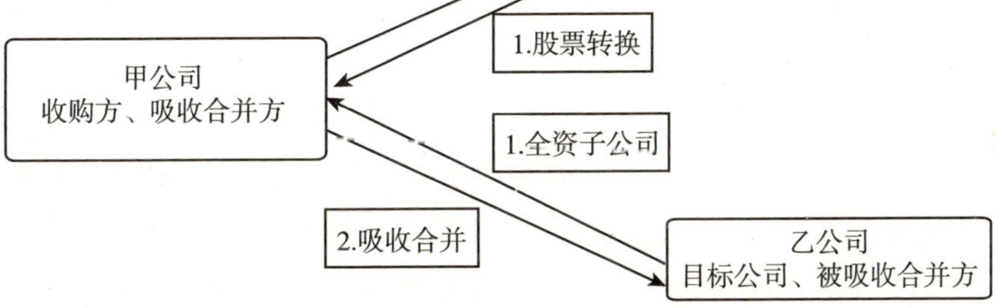

图 1　换股吸收合并的交易模式

换股吸收合并的基本交易架构：由甲公司向乙公司全体股东发行新股用于换股吸收合并乙公司。换股吸收合并后，乙公司法人资格注销，所有资产、负债、人员和业务等均进入甲公司，由甲公司正常开展和经营。

因此，在换股吸收合并的交易模式中，虽然在操作上换股与吸收合并是共同完成的，但从逻辑上来看，通过拆分交易可以看出其实是由两部分交易组成：

1. 换股收购，即甲公司作为本次交易的收购方，通过发行股票与目标公司股东之间建立股票转换关系，从而拥有目标公司100%股权。

2. 吸收合并，即甲公司在取得目标公司100%股权后，通过吸收合并目标公司，承受目标公司所有资产、负债和劳动力后，注销目标公司法人资格，由甲公司继续存续。

二、换股吸收合并相关法律法规以及适用问题

自2014年《非上市公众公司收购管理办法》《非上市公众公司重大资产重组管理办法》等适用于新三板企业并购的相关法规出台后，给予了新三板企业并购重组明确的规范性指引。与上市公司并购重组相比，降低了对新三板企业并购重组的要求，客观上促进了新三板企业的并购重组浪潮。

经过检索，挂牌公司实施换股吸收合并应当遵循的法律规范主要包括：《公司法》、《证券法》、《非上市公众公司收购管理办法》（以下简称《收购办法》）、《非上市公众公司重大资产重组管理办法》（以下简称《重组办法》）、《全国中小企业股份转让系统非上市公众公司重大资产重组业务指引》（以下简称《业务指引》）、《全国中小企业股份转让系统业务规则（试行）》（以下简称《业务规则》）等。其中《收购办法》《重组办法》作为两大基础性规定，为新三板挂牌企业并购重组保驾护航。

在实践操作中需要注意以下几点：第一，《收购办法》仅适用于公众公司被收购的情形，如果公众公司收购其他非公众公司，无须适用《收购办法》的规定；第二，在法律的适用问题上需要区分收购是否构成重大资产重组，根据具体的不同情况，适用的具体法律也存在不同之处。根据《重组办法》第2条第3款规定，达到下列标准之一的，构成重大资产重组：（1）购

买、出售的资产总额占公众公司最近一个会计年度经审计的合并财务会计报表期末资产总额的比例达到50%以上；（2）购买、出售的资产净额占公众公司最近一个会计年度经审计的合并财务会计报表期末净资产额的比例达到50%以上，且购买、出售的资产总额占公众公司最近一个会计年度经审计的合并财务会计报表期末资产总额的比例达到30%以上。如果达到以上标准，则构成重大资产重组，除了适用《收购办法》以外，还需要遵循重大资产重组相关法律规定；第三，如果挂牌公司在重组实操中涉及发行股份购买资产，《业务指引》明确了发行股份购买资产构成重大资产重组的规则适用及操作程序，避免同一行为重复适用股票发行规则及重组规则。

三、本次交易的实体事项梳理

在换股吸收合并的交易中，共涉及三方主体：一是甲公司，即本次交易的收购方、吸收合并方；二是乙公司换股前的股东，作为甲公司收购乙公司的交易相对方；三是乙公司，即本次交易的目标公司、被吸收合并方。由于不同交易主体的角色不同，其面对的事项、风险、选择等均具有较大差别，因此本部分将分述各方主体在本次交易中应当着重考虑的事项。

（一）甲公司的交易视野

甲公司作为本次交易的收购方、吸收合并方，从其交易视野出发，应当从以下角度自查本次交易是否触发下述情形，从而受到相关规定的约束和管理。

1. 甲公司是否符合收购条件

《收购办法》对此作了明确规定，甲公司首先应当自查其是否具有下列情形而不得收购乙公司：（1）收购人负有数额较大债务，到期未清偿，且处于持续状态；（2）收购人最近2年有重大违法行为或者涉嫌有重大违法行为；（3）收购人最近2年有严重的证券市场失信行为；（4）收购人为自然人的，存在《公司法》第146条规定的情形；（5）法律、行政法规规定以及中国证券监督管理委员会认定的不得收购公众公司的其他情形。

2. 重大资产重组

根据《重组办法》及配套文件和《业务指引》及配套指南规定，重大资产重组是指公众公司及其控股或者控制的公司在日常经营活动之外购买、出售资产或者通过其他方式进行资产交易，导致公众公司的业务、资产发生重大变化的资产交易行为。

因此，甲公司应当自查本次交易是否达到上述规定的“重大变化”，进而需要受到相关约束和管理。一般而言，由于挂牌企业本身体量不大，实施换股吸收合并往往均构成重大资产重组，需要遵守相应规则并履行相应披露。根据《重组办法》规定实施重大资产重组必须符合的实质性要求包括：(1) 重大资产重组所涉及的资产定价公允，不存在损害公众公司和股东合法权益的情形；(2) 重大资产重组所涉及的资产权属清晰，资产过户或者转移不存在法律障碍，相关债权债务处理合法；所购买的资产，应当为权属清晰的经营性资产；(3) 实施重大资产重组后有利于提高公众公司资产质量和增强持续经营能力，不存在可能导致公众公司重组后主要资产为现金或者无具体经营业务的情形；(4) 实施重大资产重组后有利于公众公司形成或者保持健全有效的法人治理结构。

3. 换股收购

根据《收购办法》及配套文件，收购是指通过股转系统、投资关系、协议关系等方式进行证券转让，以取得或强化目标公司控制权，成为目标公司第一大股东或实际控制人的行为。因此，甲公司通过发行新股与乙公司原股东进行股票转换，需要注意以下事项：

(1) 本次发行的股票是否有锁定期？

挂牌公司发行新股在一般情况下无须设立锁定期，上市后可以直接交易。但根据《重组办法》第 26 条规定，重大资产重组涉及发行股份的，特定对象以资产认购而取得的公众公司股份，自股份发行结束之日起 6 个月内不得转让，特定情况下 12 个月内不得转让。因此，当挂牌公司重大资产重组的涉及发行新股，同时特定对象以资产认购该部分新股的，其取得的股票有 6 个月或 12 个月的锁定期。

同时，根据《收购办法》第 18 条第 1 款规定，“按照本办法进行公众公司收购后，收购人成为公司第一大股东或者实际控制人的，收购人持有的被收购公司股份，在收购完成后 12 个月内不得转让”。变更后的实际控制人要作出相应承诺。收购人在被收购公司中拥有权益的股份在同一实际控制人控制的不同主体之间进行转让不受前述 12 个月的限制。

因此，换股股东应当根据上述规定，出具《股份锁定承诺函》承诺其所持有的乙公司股票因本次换股吸收合并转换为甲公司股份并于中国证券登记结算有限责任公司登记之日起6个月/12个月内不转让。在实践中换股股东还可以承诺在上述锁定期间不委托他人管理其直接或间接持有的甲公司股份，也不由甲公司回购该部分股份。

（2）本次发行的股票可能存在的权利限制。

换股股东原享有的乙公司股权作为其一项财产权利，可能在转换前被设立了质押等他项权利。对于该等股票，在本次交易中也应当全部被转换为甲公司本次发行的股票，但设置的这些权利限制应在转换后的甲公司相应股票上继续有效。

（3）本次交易是否可能构成反向收购?

虽然从法律来讲是由甲公司发起本次收购，但由于甲公司采用发行新股的方式作为收购对价支付，如果乙公司某一原股东因取得本次发行的股票而取得了甲公司的控制权，则将构成会计上的反向收购，进而影响到合并报表的编制等事项。

4. 关联交易

如果甲公司与乙公司的本次交易构成关联交易，从现有案例来看，股转系统对关联交易并非绝对禁止，在符合一定条件下能够放行。

通常来说，被允许的关联交易应当符合以下条件：（1）关联交易本身应当是公允的，包括交易价格、交易条件、交易结构等对双方而言均是公平合法，不存在利用关联交易转移利润的情形；（2）关联交易的发生和履行应当严格遵循关联各方的公司章程和相应制度，不应存在程序上的瑕疵；（3）关联交易的数量上不能影响到公司的独立性；（4）不存在关联方占用公司资金的情况；（5）关联各方均能及时进行真实、准确、完整的信息披露。

（二）换股股东的交易视野

乙公司作为本次交易的换股股东，从其交易视野出发，应当从以下角度自查本次交易是否触发下述情形，从而受到相关规定的约束和管理。

1. 乙公司股东股票是否全流通

如果乙公司在本次交易前为挂牌公司，根据《公司法》第142条和《业务规则》第2.8条规定，挂牌公司股东在公开发行前取得的股份应当遵守锁定期的规定，其中挂牌公司控股股东及实际控制人挂牌前直接或间接持有的股票分三批解除转让限制，每批解除转让限制的数量均为其挂牌前所持股票的三分之一，解除转让限制的时间分别为挂牌之日、挂牌期满一年和两年。

因此，如果乙公司股东股票在尚未全流通时进行本次换股，为避免限售对交易的影响，乙公司应当采用终止挂牌的方式，因为其终止后将不再适用《业务规则》的规定。这种方式可使换股股东持有的乙公司股票锁定期的规定适用于转换后的甲公司股票，使股票转换前后的限售条件保持一致，故并未违反相关规定。但需要注意的是，即使换股股东本身持有的乙公司股票已为无限售条件流通股，但由于《重组办法》第26条规定，转换后仍有锁定期的存在。

2. 换股股东是否符合投资者适当性要求

如果乙公司在本次交易前不是挂牌公司，那么乙公司原股东因为换股成为挂牌公司的股东（投资者），换股股东应当自查是否符合《全国中小企业股份转让系统投资者适当性管理细则（试行）》等相关规定。

3. 换股股东本次交易的税务处理

（1）如果乙公司在本次交易前是挂牌公司，对于乙公司的个人股东，根据《个人所得税法》《关于实施全国中小企业股份转让系统挂牌公司股息红利差别化个人所得税政策有关问题的通知》（财税〔2014〕48号）规定，由于本次交易完成后，乙公司将被甲公司吸收合并，同时乙公司股票将退出登记，因此个人持有的乙公司股票转换为合并后甲公司股票不属于“转让股票”的情形，由此导致的相关公司股票退出登记，不纳入红利所得税的计算范围。

（2）因换股而持有甲公司股票的换股股东，其持有甲公司股票的持股时间自甲公司股票登记到其证券账户中开始计算，其未来获得甲公司派发的股息红利应纳税额按上述规定，持股期限在1个月以内（含1个月）的，其股息红利所得全额计入应纳税所得额；持股期限在1个月以上至1年（含1年）的，暂减按50%计入应纳税所得额；持股期限超过1年的，暂减按25%计入应纳税所得额。上述所得统一适用20%的税率计征个人所得税。

（三）乙公司的交易视野

乙公司作为本次交易的目标公司、被吸收合并方，从其交易视野出发，应当从以下角度自查是否触发下述情形，从而受到相关规定的约束和管理。

1. 重大资产重组

如果乙公司在本次交易前为挂牌公司，乙公司应当根据《重组办法》及配套文件和《业务指引》及配套指南规定自查本次交易是否构成重大资产重组，进而需要受到相关规定的约束和管理。

2. 乙公司是否必须终止挂牌

如果乙公司在本次交易前为挂牌公司，实践中经过换股吸收合并后均会选择摘牌，其原因在于：第一，如前所述，乙公司终止挂牌将可以避免换股股东可能存在的限售因素而影响到本次交易的进行；第二，在本次交易完成后，甲公司作为乙公司的唯一股东，将会持有其 100% 股权。而根据《公司法》的规定，股份有限公司股东人数不得少于 2 人，故乙公司不再符合股份有限公司设立条件，进而也不符合挂牌条件。因此，乙公司会选择在本次交易完成同时向股转系统申请终止挂牌。

不过在实际操作中，需要注意：第一，在没有限售股的影响下，如果乙公司不想摘牌，变通的操作手法是大比例增资，引入新的投资者，只是保证甲公司成为乙公司的控股股东，这样既保留了三板挂牌公司的资格，又能实现对乙公司的实质控制；第二，甲公司与乙公司股东换股后如果不对乙公司进行吸收合并，也可以通过股东会决议变更公司形式为有限责任公司，而无须注销法人资格。但不论如何，当股东人数不符合股份有限公司设立条件时，乙公司应当向股转系统申请终止挂牌。

3. 乙公司本次交易的税务处理

（1）增值税：乙公司在资产重组过程中，通过合并将全部实物资产以及与其相关联的债权、负债和劳动力一并转让给甲公司，根据相关规定不属于增值税的征税范围。同时，由于乙公司在本次交易完成后注销法人资格，乙公司在办理注销税务登记前尚未抵扣的进项税额可结转至甲公司处继续抵扣。营改增后，该政策继续适用。同时，根据营改增新政，在资产重组过程中，通过合并、分立、出售、置换等方式，将全部或者部分实物资产以及与其相关联的债权、负债和劳动力一并转让给其他单位和个人，其中涉及的不动产、土地使用权转让行为不征收增值税。

（2）契税：本次交易中，甲公司吸收合并乙公司且甲公司继续存续，甲公司基于此承受乙公司的土地、房屋权属的，乙公司免征契税。

（3）土地增值税：本次交易中，甲公司吸收合并乙公司且甲公司继续存续，甲公司基于此承受乙公司的土地、房屋权属的，乙公司暂不征土地增值税。

（4）企业所得税：本次交易中，甲公司吸收合并乙公司，乙公司一般适用企业重组的一般性税务处理，满足特定条件下可以适用企业重组的特殊性税务处理。

挂牌公司换股吸收合并研究报告（二）

于诗佳　王椒椒

在挂牌公司换股吸收合并研究报告（一）中，我们梳理了换股吸收合并交易的基本模式、主要适用的法律法规以及各交易方视野下的规范管理。接下来，我们将通过对该种交易涉及的重要事项和程序事项进行梳理分析，为交易实现提供可能的路径。

一、换股吸收合并交易涉及的重要事项

换股吸收合并作为一项较为重大且复杂的交易，其中涉及多项重要事项需要交易各方反复磋商，以下对一些重要的交易事项略述一二。

（一）估值及定价

根据《非上市公众公司重大资产重组管理办法》第17条规定，公众公司使用股份支付手段购买资产的，其支付手段的价格由交易双方自行协商确定。董事会应当对定价方法和依据进行充分披露。

一般来说如果交易各方均为挂牌公司，由于在活跃市场上均有报价，公允价值能够可靠计量，双方往往会以某段时间的均价作为定价依据。但这种方法并不是唯一的，从现有案例来看，由于多种因素影响，交易各方如果均认为无法参考二级市场价格或参考传统估值模型直接确定本次交易的直接价格，也是可以采用相对估值法分步确定本次交易的价格。例如，在君实生物换股吸收合并众合医药一案中，交易各方通过协商确定采用相对估值法确定君实生物相对于众合医药的相对估值比。值得关注的是，君实生物、众合医药的净资产截至2014年年底分别为1.22亿元、1.93亿元，但二者确定的估

值比确为2∶1，并由双方股东通过出具《不可撤销承诺函》对估值及定价予以认可，反映出在估值定价这一问题上，交易各方享有较大的自主权，这也从侧面反映了市场的开放性态度。

（二）现金选择权

根据《公司法》第74条第2项的规定，股份公司合并、分立、转让主要财产的，对该项决议投反对票的股东可以请求公司按照合理的价格收购其股权。股东的该项权利被称为回售权，但在实际操作中，由于公司回购自己的股份较为复杂，因此会通过第三方提供现金选择权来保障公司和股东的利益。

现金选择权享有的主体为股份公司异议股东，甲公司异议股东和乙公司异议股东均享有此项权利。异议股东有权按照事先约定的价格，在规定期限内将其所持有的上市公司股份出售给第三方。而这个第三方可以是股份公司以外的任何主体，有可能是关联方（金隅股份吸收合并太行水泥）、独立财务顾问（友谊股份换股吸收合并百联集团）、非关联方（申龙股份换股吸收合并海润光伏）。

从实践操作层面，有两点需要注意的：第一是现金选择权的定价。现金选择权的价格一般与换股价格相近或相同。因为如果现金选择权的价格较高，那么异议股东的数量就会增加，不利于并购的完成。第二是需要为异议股东限定持股期间。如异议股东须自投票日起持续持有直至现金选择权实施日，若在期间出售股份或增持股份的，出售及增持部分的股份不再享有现金选择权。

（三）有关资产、负债、权利、义务、业务、资质、责任的承继

由于乙公司被甲公司吸收合并，在处理债权人保护、员工接受等问题必须尤其谨慎。

1. 在债权债务的承继上，双方应依法向各自的债权人发出有关本次换股吸收合并事宜的通知和公告并将依法按照各自债权人的要求清偿债务或提供充分有效的担保。双方所有未予偿还的债务、尚须履行的义务、责任在交割日后将由吸收合并方承担。

2. 在资产、资质等的承继上，被吸收合并方应在一定期限内办理完成相关资产、业务、合同及其一切权利和义务转移至吸收合并方名下的相关手续，

包括但不限于移交、过户、登记、备案。

3. 在劳动者接收上，因为用人单位发生变化，甲公司应与乙公司的员工重新签订劳动合同，对于不愿意重新签订劳动合同的员工，还可能涉及经济补偿的问题。

（四）过渡期安排

并购中一个不可回避的问题便是双方在过渡期如何合理安排自身资产、业务、运营等各方面的稳定，避免在过渡期承担巨额债务等。

实践中交易双方对过渡期的基本性约定一般为："自《换股吸收合并协议》签署之日至换股吸收合并完成日的期间（以下简称'过渡期'）内，除经双方事先书面同意的外，在过渡期内，双方及其控股子公司的资产、业务、人员、运营等各方面保持稳定；不会作出与其一贯正常经营不符的重大决策；不会进行任何可能产生重大债务、义务、责任，或对其经营和财务情况产生重大影响的活动，于《换股吸收合并协议》签署日双方已明确知晓的事项除外。"比如，在过渡期内，收购人不得通过控股股东提议改选公众公司董事会，确有充分理由改选董事会的，来自收购人的董事不得超过董事会成员总数的1/3；被收购公司不得为收购人及其关联方提供担保；被收购公司不得发行股份募集资金。

同时，在过渡期内，被收购公司除继续从事正常的经营活动或者执行股东大会已经作出的决议外，被收购公司董事会提出拟处置公司资产、调整公司主要业务、担保、贷款等议案，可能对公司的资产、负债、权益或者经营成果造成重大影响的，应当提交股东大会审议通过。

（五）募集资金

一般来说在换股吸收合并的交易方式，甲公司发行的股份全部用于与乙公司的股东所持股份进行转换，不产生现金流，因此不涉及募集资金相关问题。

（六）零碎股处理方式

由于换股后每位股东所持股票应当为整数，因此实践中甲公司对零碎股采用的常见处理方式为：如果换股股东所持有的乙公司股票乘以换股比例后的数额不是整数，则按照其小数点后尾数大小排序，每一位股东依次送一股，如遇尾数相同者多于余股时则按照中国证券登记结算有限公司北京分公司和股转系统的业务规则执行，以使实际换股数与计划发行股数一致。

（七）同业竞争

新三板对同业竞争的审核原则上只关注控股股东、实际控制人，对于其他股东以及关联方的同业竞争问题并不会重点关注。如果同业竞争的发生有着特定历史背景且目前整合很困难，控股股东和实际控制人的同业竞争如果在短期内无法解决或者解决同业竞争需要付出较高的成本，在充分信息披露的情况下可以尝试，但是需要详细说明目前整合存在障碍的原因。

关于同业竞争问题的解决思路常见方式如下：第一，收购合并；第二，转让股权和业务；第三，停业或注销；第四，对经营业务作合理规划。君实生物和众合医药换股吸收合并属于一次特殊的创新。

（八）信息披露相关规定

公众公司的收购及相关股份权益变动活动中的信息披露义务人，应当依法严格履行信息披露和其他法定义务，并保证所披露的信息及时、真实、准确、完整，不得有虚假记载、误导性陈述或者重大遗漏。

信息披露的具体要求：信息披露义务人应当在全国股份转让系统指定的信息披露平台（以下简称“指定网站”）依法披露信息；在其他媒体上进行披露的，披露内容应当一致，披露时间不得早于指定网站的披露时间。在相关信息披露前，信息披露义务人及知悉相关信息的人员负有保密义务，禁止利用该信息进行内幕交易和从事证券市场操纵行为。信息披露义务人依法披露前，相关信息已在媒体上传播或者公司股票转让出现异常的，公众公司应当立即向当事人进行查询，当事人应当及时予以书面答复，公众公司应当及时披露。

（九）涉及的证券服务机构

根据规定，收购方与目标公司实施重大资产重组，均应分别聘请独立财务顾问，律师事务所，具有证券、期货相关业务资格的会计师事务所，具有相关证券业务资格的资产评估机构，并分别出具相关意见。

二、本次交易的程序性事项

本次交易如果对甲公司和乙公司均构成重大资产重组，则双方均应当按照下列程序进行审批、备案和披露等。

（一）筹备重组触发停牌条件时，挂牌公司应向股转系统申请暂停转让，披露《关于重大事项的停牌公告》

1. 需要申请暂停转让的情形：（1）交易各方初步达成实质性意向；（2）虽未达成实质性意向，但在相关董事会决议公告前，相关信息已在媒体上传播或者预计该信息难以保密或者公司证券转让价格出现异常波动；（3）本次重组需要向有关部门进行政策咨询、方案论证。

2. 停牌期间，挂牌企业应当每月披露一次《重大事项进展公告》。

3. 关于最晚恢复转让日：（1）挂牌企业复牌日期由其自主决定，但停牌时间原则上不超过 3 个月，且距离首次董事会召开之日至少需要延后 9 个转让日；（2）停牌时间确需超过 3 个月的，挂牌公司应向股转系统说明理由，并在取得股转系统同意后发布公司证券需要长期停牌的公告。

（二）内幕知情人报备

1. 时间要求：内幕知情人报备需在停牌后 5 个转让日内，或在距离首次董事会召开不足 5 个转让日的情况下于申请停牌之日完成。

2. 文件要求：（1）内幕知情人及直系亲属名单；（2）相关人员买卖公司证券的自查报告；（3）公司重大资产重组交易进程备忘录；（4）公司全体董事关于内幕信息知情人报备文件真实性、准确性、完整性的承诺书。

（三）收购方与目标公司分别进行董事会决议

1. 出席和表决：根据《公司法》第 111 条规定，董事会会议应有过半数的无关联董事出席，作出决议的，必须经无关联董事过半数通过。

2. 董事会应当就重大资产重组是否构成关联交易作出明确判断，并作为董事会决议事项予以披露。

3. 关联董事就相关议案进行表决时应当回避，也不得代理其他董事行使表决权。出席董事会的无关联董事人数不足三人的，应当将该事项直接提交股东大会审议。被收购公司的控股股东或者实际控制人不得滥用股东权利损害被收购公司或者其他股东的合法权益。被收购公司的控股股东、实际控制人及其关联方有损害被收购公司及其他股东合法权益的，上述控股股东、实际控制人在转让被收购公司控制权之前，应当主动消除损害；未能消除损害的，应当就其出让相关股份所得收入用于消除全部损害做出安排，对不足以消除损害的部分应当提供充分有效的履约担保或安排，并提交被收购公司股东大会审议通过，被收购公司的控股股东、实际控制人及其关联方应当回避表决。

（四）首次信息披露

1. 挂牌公司披露重组报告书

挂牌公司应当在首次董事会后2个转让日内进行首次信息披露，披露的文件包括：董事会决议、重大资产重组报告书、独立财务顾问报告、法律意见书以及重大资产重组涉及的审计报告、资产评估报告或资产估值报告。

2. 在未完成审计等工作时，挂牌公司披露重组预案

（1）挂牌公司应当在首次董事会后2个转让日内进行首次信息披露，披露的文件包括：董事会决议、重组预案、财务顾问核查意见。

（2）挂牌公司应当在披露预案后6个月内完成审计等工作并再次召开董事会，在披露董事会决议时一并披露重大资产重组报告书、独立财务顾问报告、法律意见书以及重大资产重组涉及的审计报告、资产评估报告或资产估值报告。

（五）收购方与目标公司分别进行股东大会决议

1. 表决：股东大会就重大资产重组事项作出的决议，必须经出席会议的股东所持表决权的2/3以上通过。公众公司股东人数超过200人的，应当对出席会议的持股比例在10%以下的股东（不包括公众公司董事、监事、高级管理人员及其关联人以及持股比例在10%以上股东的关联人）表决情况实施单独计票。

2. 回避表决：公众公司重大资产重组事项与本公司股东或者其关联人存在关联关系的，股东大会就重大资产重组事项进行表决时，关联股东应当回避表决。

（六）申请核准或备案

挂牌公司实施重大资产重组是由股转系统备案还是由证监会核准取决于该交易的规模。

1. 申请备案

（1）挂牌向特定对象发行股份购买资产后股东累计不超过200人的，股

转系统对本次交易进行完备性审查，5 个转让日内无异议即为同意。

（2）股转系统发现问题的处理方式：当发现挂牌公司信息披露文件存在完备性问题的，股转系统有权要求挂牌公司对存在问题的信息披露内容进行解释、说明和更正，挂牌公司应当视情况申请延后最晚恢复转让日；当发现挂牌公司信息披露文件存在重大瑕疵，股转系统有权要求挂牌公司持续停牌并向证监会报告。

2. 申请核准

挂牌公司向特定对象发行股份购买资产后股东累计超过 200 人的重大资产重组，经股东大会决议后，应当按照中国证监会的有关规定编制申请文件并申请核准。

（七）后续信息披露

1. 重大资产重组实施完毕之日起 2 个工作日内，应当披露重大资产重组实施情况报告书，以及独立财务顾问和律师的专业意见。

2. 财务顾问后续持续督导：（1）自实施本次重大资产重组之日起，财务顾问后续持续督导应不少于一个完整的会计年度。（2）督导形式：独立财务顾问应当结合挂牌公司重大资产重组实施当年和实施完毕后的第一个完整会计年度的年报，自年报披露之日起 1 日内，根据重大资产重组实施的相关事项出具持续督导意见，报送股转系统并披露。

（八）特别事项：变更重组方案

1. 股东大会作出重大资产重组决议后，挂牌公司对交易对象、交易标的、交易价格、支付手段等作出变更，构成对原重组方案重大调整的，应当在董事会作出决议后重新提交股东大会审议，并按照相关规定向全国股份转让系统重新报送信息披露文件或者向中国证监会重新提出核准申请。

2. 股东大会作出重大资产重组的决议后，挂牌公司董事会决议终止本次交易或者撤回有关申请，应当说明有关原因或披露，并再次提交股东大会审议。

3. 因变更方案重新提交股东大会审议的，需要重新申请暂停转让及内幕知情人报备相关程序。

三、律师需要发表的意见

公众公司应当提供由律师按照本文所述业务准则规定出具的法律意见书。律师应当对照相关各项规定，在充分核查验证的基础上，至少就公众公司本次重组涉及的以下法律问题和事项发表明确的结论性意见：

1. 公众公司和交易对方是否具备相应的主体资格、是否依法有效存续；

2. 本次交易是否已履行必要的批准或授权程序，相关的批准和授权是否合法有效；本次交易是否构成关联交易，构成关联交易的，是否已依法履行必要的审议批准程序和信息披露义务；本次交易涉及的需呈报有关主管部门批准的事项是否已获得有效批准；本次交易的相关合同和协议是否合法有效；

3. 标的资产（包括标的股权所涉及企业的主要资产）的权属状况是否清晰，权属证书是否完备有效，尚未取得完备权属证书的，应说明取得权属证书是否存在法律障碍；标的资产是否存在产权纠纷或潜在纠纷，如有，应说明对本次交易的影响；标的资产是否存在抵押、担保或其他权利受到限制的情况，如有，应说明对本次交易的影响；

4. 本次交易所涉及的债权债务的处理及其他相关权利、义务的处理是否合法有效，其实施或履行是否存在法律障碍和风险；

5. 公众公司、交易对方和其他相关各方是否已履行法定的披露和报告义务，是否存在应当披露而未披露的合同、协议、安排或其他事项；

6. 本次交易是否符合《重组办法》和相关规范性文件规定的原则和条件；

7. 参与公众公司本次交易活动的证券服务机构是否具备必要的资格；

8. 本次交易是否符合相关法律、行政法规、部门规章和规范性文件的规定，是否存在法律障碍，是否存在其他可能对本次交易构成影响的法律问题和风险。

风起云涌的并购重组正以其前所未有的活力，助推供给侧结构性改革攻坚。并购重组已经成为新三板市场的主旋律之一，并且会越来越有活力和吸引力。对于其中蕴藏的非常大机会，每个挂牌公司都应当为迎接新三板并购重组的浪潮做好准备，以创新模式不断迭代发展，最终通过并购重组实现共赢。

私

私募基金与其他问题

疫情当下私募基金投资协议核心条款的履约管理

袁　嘉　刘姝肖　曾维宇

因新型冠状病毒肺炎疫情（以下简称疫情）暴发，让2020年的庚子新年变得冷清异常。2020年1月31日，联合国世界卫生组织将此次疫情定性于“国际关注的突发公共卫生事件”。由于春节假期延长，延期复工、封路等措施影响，导致正常的市场经济秩序受到严重扰动，而各私募基金管理人及私募股权基金已经投资的项目亦不能独善其身。受疫情影响，被投资项目很可能因营业收入下降、供应链劣化、净利润降低、上市周期延长而无法按约履行原投资合同约定的各项义务，对投资协议中投资者权利保障的核心条款的履行带来影响，相关条款如何履行或变更？在与被投资企业共同面对突发困境，共渡难关的同时，私募基金管理人应如何梳理现有的投资项目，面对可能发生的投资项目对赌提前触发或因疫情为由被要求减免责任、调整核心条款，应如何面对？

本文拟从本次疫情的法律性质及相应的法律后果，进而具体探讨投资协议中核心条款履约管理需要注意的事项。

一、疫情对投资协议核心条款的影响

针对本次疫情，对投资协议的影响主要在于该疫情是否构成不可抗力或情势变更，以及协议当事人能否就协议条款要求减免全部或部分责任。我们认为应从如下三个方面考虑：（1）本次疫情是否构成不可抗力事件或情势变更事件；（2）疫情与合同不能履行是否有直接的因果关系；（3）协议相关方是否采取了必要的措施减少疫情对合同履行的影响。

(一) 本次疫情构成不可抗力事件或情势变更事件的情形

根据我国《民法总则》第180条第2款所述，不可抗力是指不能预见、不能避免且不能克服的客观情况。

最高人民法院《关于适用〈合同法〉若干问题的解释（二）》第26条规定：合同成立以后客观情况发生了当事人在订立合同时无法预见的、非不可抗力造成的不属于商业风险的重大变化，继续履行合同对于一方当事人明显不公平或者不能实现合同目的，当事人请求人民法院变更或者解除合同的，人民法院应当根据公平原则，并结合案件的实际情况确定是否变更或者解除。

不可抗力适用于投资协议根本不能履行，情势变更则表现为继续履行投资协议将花费巨大代价。

本次疫情是否构成不可抗力事由首先要看投资协议中关于不可抗力类型的约定。由于国家卫生健康委员会已将疫情纳入《传染病防治法》规定的乙类传染病，并采取甲类传染病的预防、控制措施，若投资协议中约定了不可抗力事由包括“疫情”“流行病”“WHO公共事件”等事件，或有提到类似内容的，可以认定本次疫情构成不可抗力（如新疆阿克苏地区中级人民法院有关判决[1]）。

若投资协议中只概括性地约定了不可抗力条款，但没有具体列举不可抗力事件或列举的事件中并未包括与“疫情”相关的内容，则需要根据被投资企业主营业务情况及受影响程度进行判断。截至日前，最高人民法院尚未正式发布任何关于本次疫情合同纠纷处理的司法解释和文件，但参照2003年与本次疫情相似性极高的另一公共卫生事件，即传染性非典型肺炎疫情（以下简称非典疫情）事件，笔者认为可以参考最高人民法院及相关司法实践中，在当事人间协议没有明确约定时，对于非典疫情事件的性质认定。2003年，最高人民法院《关于在防治传染性非典型肺炎期间依法做好人民法院相关审

---

〔1〕(2017) 新29民终541号判决书：双方当事人在《商品混凝土购销合同》中约定：“因不可抗力致使合同目的不能实现合同目的的，双方可以解除合同，双方均不承担违约责任”，对不可抗力的范围双方约定包括“政府行为”。基于此，法院认为：已证实因政策性调整，政府计划发生改变的事实，属于双方在《商品混凝土购销合同》约定的不可抗力范围。本案《商品混凝土购销合同》因政策性调整，政府计划发生改变无法履行，合同目的已不能实现，其提出解除合同符合《商品混凝土购销合同》中双方的约定，法院最终支持受影响一方要求解除双方签订《商品混凝土购销合同》的诉讼请求。

判、执行工作的通知》（以下简称《“非典”通知》）第3条第3项规定，对于因疫情影响导致合同完全不能履行的，例如，电影院等娱乐场所因政府疫情防控需要而必须停业的情形，应认定为不可抗力；因疫情影响导致合同虽能继续履行但将对一方当事人权益产生重大影响的，例如，宾馆等场所因疫情影响导致客源锐减、经营困难的情形，应认定为情势变更。较不可抗力而言，情势变更适用于继续履行合同对于一方当事人明显不公平或者不能实现合同目的之情形，一般由法院根据公平原则和案件情况确定是否解除或变更合同。

此外，对于疫情是否构成不可抗力及情势更变还应注意投资协议的签订时间。本次疫情作为不可抗力事件或情势变更事件，必须发生在投资协议签订以后，履行完毕以前。如果疫情发生在协议成立之前，或者疫情发生时项目已经退出，则不能将本次疫情认定为不可抗力（如广州市中级人民法院有关判决[1]）。

（二）疫情与合同不能履行是否有直接的因果关系

《民法总则》第180条第1款规定：因不可抗力不能履行民事义务的，不承担民事责任。法律另有规定的，依照其规定。

《合同法》第117条第1款规定：因不可抗力不能履行合同的，根据不可抗力的影响，部分或者全部免除责任，但法律另有规定的除外。

原则上不可抗力是法定免责事由，因不可抗力造成投资协议履行不能或合同目的无法实现的，可以全部或部分免责。但在实践中认定本次疫情是否构成不可抗力需要确认疫情是否为投资协议不能履行的直接原因（如辽宁省高级人民法院有关判决[2]）。同时，根据《合同法》第117条、最高人民法

---

〔1〕（2005）穗中法民二终字第1150号判决书：“非典”疫情大规模暴发于2003年上半年，本案贷款发放时“非典”疫情已经暴发，故对本案当事人而言，“非典”疫情不具备不可抗力“不可预见”的条件；同时，不论是“非典”、禽流感疫情还是市政施工，可能影响的只是宏观的经营环境，对本案借款合同的履行并不产生任何直接、必然的影响，故不应认定为是导致三上诉人违约的原因。

〔2〕（2013）辽审二民抗字第14号判决书：由于“非典”疫情和政府有关部门因此而下发的停止野生动物经营的通知，只是对正典公司的部分经营活动造成影响，尚不足以导致其与鹏程公司之间的租赁合同“直接”或“根本”不能履行，因此法院判决本案的案情不符合最高人民法院《关于在防治传染性非典型肺炎期间依法做好人民法院相关审判、执行工作的通知》中所指出的“因政府及有关部门为防治‘非典’疫情而采取行政措施直接导致合同不能履行，或者由于‘非典’疫情的影响致使合同当事人根本不能履行而引起的纠纷”的情形，故本案不能据此认定为双方合同的解除系不可抗力的原因所致。

院《关于适用〈合同法〉若干问题的解释（二）》第26条规定，不可抗力和情势变更必须分别达到“不能履行合同”和“继续履行合同对于一方当事人明显不公平”的程度，才发生相关法律后果。司法实践中适用情势变更原则上比较严格，需要注意的是证明投资协议继续履行明显不公平与疫情暴发之间的因果关系。在难以证明疫情直接导致不能履行投资协议的情况下，被投公司有可能通过论证疫情对其继续履行投资协议存在明显不公平，从而适用情势变更原则请求变更或解除投资协议。通常，法院会首先判断变更协议的可行性再决定作出变更还是解除协议的判断。[1]

在此需注意的是，相关部门对有关“不可抗力”开具的书面证明并不必然成为不可抗力与投资协议履行不能存在因果联系的证据。需要考虑以下情况：

1. 疫情导致协议全部不能履行：如因疫情原因导致私募基金投资的被投公司被政府接管或被要求停业，则可以认定本次疫情是投资协议相关条款不能履行的直接原因。

2. 疫情导致协议部分或一时不能履行：如疫情发生致使投资协议要求的工商变更手续或相应资质行政审批手续办理存在延迟，则投资协议相关条款则可以延期履行、部分履行。

3. 协议履行过程中存在迟延履行、不适当履行等情况才导致实现投资协议相关条款出现违约，虽有疫情客观情况出现，但不构成因果联系；如疫情开始前，被投公司无故延迟提交投资协议约定的交割材料，后又以疫情发生不能复工要求免责的，则不能适用不可抗力。

（三）当事人是否采取了必要的措施减少疫情对合同履行的影响

《合同法》第118条规定：当事人一方因不可抗力不能履行合同的，应当及时通知对方，以减轻可能给对方造成的损失，并应当在合理期限内提供证明。未及时履行通知、证明义务的当事人不能免责，未采取必要措施减少

---

〔1〕 最高人民法院法官曹守晔在《法律适用》2009年第8期发布的文章《最高人民法院关于适用〈中华人民共和国合同法〉若干问题的解释（二）之情势变更问题的理解与适用》中指出：“基于合同法鼓励交易的精神，应以变更合同以恢复双方当事人利益平衡促使双方继续履行合同为第一选择，只有在合同的继续履行已经变得没有意义或者双方当事人一致请求解除合同时，再考虑作出解除合同的判决。”

不可抗力损失的则需承担扩大部分的损失。

不可抗力发生后，当事人应依据法律规定或合同约定及时履行通知义务（如兰州市中级人民法院有关判决[1]），并采取必要的措施避免或减轻不可抗力造成的损失。如本次疫情已确认为投资协议不能履行的直接原因，还需判断受疫情影响一方当事人是否为继续履行投资协议进行了必要行动：（1）是否及时通知了对方。（2）是否穷尽努力履行投资协议。在及时告知和穷尽努力的情况下，仍不能履行投资协议，方可依据不可抗力解除协议并且免除责任。

近期，各部门和地方政府发布的相关规定中对受疫情影响的企业采取了一定的扶持政策（如财政部、银保监会等出台的有关通知[2]），对这些有助于公司生产经营的政策，被投资公司应积极采取行动，进行权利救济，而不能放任损失扩大。如面临资金紧缺的传统餐饮企业“西贝”就没有“坐以待毙”，近日传来消息，西贝员工将赴盒马“上班”。此后生鲜传奇、沃尔玛、京东7FRESH等多家公司也发布用工需求，邀请临时歇业的餐饮企业员工前去“工作”。

二、投资协议核心条款的履约管理

（一）对创始人的股权限制（禁售、禁处分）条款

对于中早期项目的股权投资，尤其是科技公司的投资，公司的日常经营高度依赖于创始人团队，公司核心的技术与竞争力，也往往“存储”在创始人本人脑海中。绑定创始人股东的股权，不允许其随意转让或处分其在公司的股权是私募基金在投资协议中约定的惯常条款。**若在疫情期间，被投公司创始人违反该约定，将股权转让给第三人或将股权质押给第三人借款，私募**

---

〔1〕（2018）甘01民再102号判决书：当事人辩称逾期交房系因不可抗力造成，故不构成违约。对此，法院认为，无论是按合同约定还是按法律规定，当事人对因不可抗力不能履行合同的情形均负有通知义务。合同甲方并未向再审申请人通知出现不可抗力的情形，应视为甲方认为不存在不可抗力的情形或存在的不可抗力情形不足以影响其按约定期限交房，故合同甲方认为逾期交房的行为不构成违约的理由不能成立，逾期交房的行为构成违约。

〔2〕财政部《关于支持金融强化服务　做好新型冠状病毒感染肺炎疫情防控工作的通知》（财金〔2020〕3号）；中国银行保险监督委员会《关于加强银行业保险业金融服务　配合做好新型冠状病毒感染的肺炎疫情防控工作的通知》（银保监办发〔2020〕10号）。

基金管理人如何分类处理与应对?

建议私募基金管理人及时与创始人和公司取得联系，了解真实交易情况和获取交易文件。在了解情况后，对于创始人的行为是否涉及违约，是否因疫情导致股权限制条款变更或无效，可以从如下角度分析：（1）是否出于维护公司利益。(2）是否有必要性（尽其可能、事出紧急）。

是否处于维护公司利益，可以通过股权转让款流向和质押担保获取的资金用途去分析，如果创始人股东将股权转让款据为己有，趁机套现，则应属于违约行为。如果创始人将所得股权转让价款或者担保获取的资金均用于公司经营，则其行为的正当性就有可能满足。科技公司在中早期多处于研发投入期（尤其是生物医药、智能硬件产业），尚未产生正向现金流，其主要成本在于研发投入和人力成本，而股权融资谈判周期长，受市场影响大，在疫情发生后可能难以按照规划进行股权融资；因此，通过出售股权或者将股权质押融资所获资金用于维系公司生存（发放工资、缴纳房租、维持研发）是有一定正当性的。

其次，是否有必要性判断出售股权或者进行股权质押融资是否为当前唯一选项。不同阶段的公司其业务类型不同、财务状况不同，受疫情影响不同；维持公司存续的方式不仅仅是融资，还可以通过业务调整和内部管理实现节流或者开源，维持公司现金。比如，新潮传媒在仍有10亿元可用现金的基础上，对非核心岗位员工进行裁撤；各类新零售企业积极将员工“租用”给同行或者提供给受疫情影响较小却亟需用工的其他公司，从而减少成本。此外，本次疫情对线上经济和整个医疗产业反而利好，刺激了大量需求，相关企业可以充分拓展现有产品的应用场景，获取订单。例如，智能零售和快递机器人可用于医院的物流运输和防疫物资分发，解决“人与人接触恐慌”、提高效率。同时，对于债权融资，银保监会、央行以及各商业银行均出台了各项优惠政策，对贷款利率、担保要求均有较大优惠，股权质押并不必然是融资的硬性要求。因此，需要私募基金管理人充分了解情况，避免创始人股东借疫情之由寻求免责。

（二）对赌与补偿条款

对赌条款通常是在协议中约定被投公司在未来一定时间内的经营目标，可以是被投公司未来的财务业绩，也可以是在约定时间内上市或被并购等，附之回购或补偿义务。一旦经营目标未达成，私募基金可以要求公司或其创始人在规定时间内以约定计算价格回购私募基金持有的公司股份或进行补偿。**若疫情影响业绩目标实现，导致对赌条件无法达成，私募基金管理人应如何处理？**

首先，建议私募基金管理人主动问询、接收、整理被投公司受疫情影响的信息、资料。对于公司经营确实受到疫情这一不可抗力严重影响而不能达到经营目标的，公司应予免责，私募基金将不能行使对赌条款约定的权利。关于对赌条款是否变更或解除，笔者按照两种经常约定的对赌条件分别分析：（1）公司的财务业绩目标无法达成；（2）公司不能在约定时间内上市或被并购。

关于公司的财务业绩达成情况，私募基金需要了解本次疫情是否导致公司的经营活动完全“瘫痪”从而影响公司业绩不能达成对赌约定。以当下受疫情影响较为严重的餐饮、影院、KTV 行业为例，该行业在目前大部分地区实行“封闭式管理”且消费者消费意愿亦不强烈的当下，出现了营收巨额下降、员工维持困难的局面；若对赌条款对 2020 年营收有要求，从短期看，对赌条款可能无法履行。但以 2003 年“非典”疫情作为参照，在“非典”结束后的 2003 年下半年，此类行业出现了“补偿性”“爆发式”增长。故在本次疫情结束后，若再次出现类似 2003 年的增长，则对赌条款是否能履行，还需结合全年的营收具体分析。**建议私募基金与被投公司保持沟通，尽快核实被投公司经营情况，核实其在应对疫情时和疫情结束后是否为积极减少损失、恢复经营以及补偿式增长采取应对措施**。

对于约定按期上市作为对赌条件，被投公司必须证明本次疫情确实阻碍上市的实现，才可认定为不可抗力。通常来讲，上市是企业对其前景、政治政策及社会经济形势较为全面预估下的判断，疫情及其带来的社会经济变化并非长期影响因素，故只因疫情出现而提出影响公司上市的部分进程并不必然构成不可抗力（如北京市第一中级人民法院有关判决〔1〕）。但值得私募基金管理人注意的是，由于上市需要被投公司、券商、会计师事务所、律师事

〔1〕（2018）京 01 民终 8570 号判决书：对赌协议中经常约定的限期上市的对赌条件，对于公司是否能够上市，并不具有当然性和确定性，在订立合同时，双方应当预见到因企业自身原因、市场兴衰、价格波动，甚至汇率调整等均会对公司能否上市产生不同的影响，并不属于客观上无法预见的客观情况；且当事人提供的证据仅能显示政府监管部门在特定时间内采取了一定的监管措施，但不足以证明公司未能上市系因政府监管部门暂停 IPO 所致。综合上述认定，法院认为当事人关于适用情事变更原则解除合同的主张不能成立。

务所的共同协作，若疫情导致各方无法复工，从而导致上市时间延迟的，有可能会认定为这是不可抗力导致的延迟履行，从而将对赌条款约定的上市时限顺延。**故建议私募基金管理人主动向被投公司了解相关情况，取得相关资料并保存，以备随时跟进，避免被投公司持续拖延**。

（三）决策条款

私募基金进行的股权投资，通常在投后只有较低比例的股权，所以通常约定对于重大经营事项（如公司重要职位任免，公司对外借款、担保，处分财产及知识产权，引入后轮股权融资，进行股权激励等）私募基金在股东会或者董事会享有一票否决权。**若在疫情期间，被投公司未遵守相关约定，先斩后奏，私募基金管理人如何分类处理与应对?**

同样的，仍建议私募基金管理人及时与被投公司取得联系，主动了解、搜集公司的重大决策事项，确认被投公司的通知行为是否满足投资协议中的“通知与送达”条款和决策对应的议事规则约定。若公司已经根据投资协议向私募基金管理人完成了通知和送达，但因疫情影响导致私募基金管理人未能接收到通知（如主要联系人被物理隔离、信件物流受阻）进而未参与决策的，则极有可能视为私募基金放弃相应权利，还请特别关注。对于未尽到通知义务，先斩后奏的情况，通常，私募基金管理人可按违约处理；但也应根据实际情况，权衡此类决策对保护公司利益是否有帮助，如果对公司利益确有帮助，私募基金可以选择事后书面认可。同时，无论是否认可，也应注意向公司告知私募基金通畅的联系方式，并告知类似事宜再次发生的不利后果以作警示。

（四）反稀释条款

通常在投资协议中会规定私募基金享有反稀释权以保障私募基金的投资权益，避免因公司进行降价融资而被严重稀释，如协议约定“在本次投资完成后，公司后续各轮增资时新投资人的新股认购价格应不低于投资人本次投资完成后的股权价格”。若在疫情期间，被投公司违反该约定，在新一轮增资中降价融资，私募基金管理人如何应对？对此，需要明确以下两方面内容：（1）投资协议中反稀释条款的具体约定；（2）公司折价融资的必要性与合理性。

关于反稀释条款的约定内容，首先应明确原融资价格、发生降价融资的措施以及违约责任等。如公司后续融资价格低于私募基金当时融资的价格，则私募基金要求行使反稀释条款的权利是具有合理性的。

在被投公司确实违约，进行折价融资的前提下，需考虑公司降价融资的必要性与合理性。由于本次疫情导致不少地方要求暂时停工停业，对企业的资金流造成严重影响。以“西贝”为例，其在全国60多个城市400多家门店停业，董事长贾国龙表示，疫情致2万多员工待业，即使贷款发工资也只能撑3个月。此种情况下，如公司确实因生存需求进行紧急融资，并最终完成了降价融资，是否具有必要性与合理性？笔者认为，私募基金应主动关注该公司在疫情暴发前后的经营状况，根据其专业判断，确认该公司是否确实无法运营，甚至影响公司生存。即便公司资金紧张，还要考虑公司是否已采取了其他必要的措施仍无法支撑公司运转，如接受政府扶持政策、向金融机构担保贷款等。如尽其所能仍不能保持公司运转，只有降价融资才能保证公司持续经营，则公司降价融资就具有合理性与必要性，此时降价融资可能被认定为受不可抗力影响而不违约。

三、应对建议

总结起来，疫情影响下私募基金管理人对投资协议履约管理，有四点建议：（1）核对投资协议，整理被投公司可能违约的条款，心中有数。（2）保持与被投公司的沟通，主动问询、搜集、整理、确认其受疫情影响的情况、损失以及应对疫情的措施。（3）核对基金协议，明确自身在投后管理的权限，以及信息披露职责，及时向私募基金投资人披露相关情况，按照基金协议与法律规定进行合规的投后管理决策。（4）保留对被投公司进行投后管理的相关痕迹（书面通知、邮件往来、线上通讯工具聊天记录、会议纪要等），及时咨询行业顾问、律师。

最后，虽然利益决定立场，但疫情的发生是任何人都无法预料的，被投公司违约可能是事实，但被投公司的健康发展，才能给私募基金带来最终回报。若疫情发展到足以影响投资协议核心条款甚至整个协议的履行，在能协商解决的前提下，建议私募基金选择对双方利益损害最小的方式积极协商修改投资协议，主动整合资源、提供帮助，与被投公司携手战“疫”，共克时艰。

A股IPO之发行人事业编制人员投资、兼职问题浅析

许志远

为加快实施创新驱动发展战略，大力推进大众创业万众创新，打通科技与经济结合的通道，鼓励高校、科研院所等事业单位以及其他创新主体、科技人员转移转化科技成果，推进经济提质增效升级，国务院及各部委、地方政府机关先后颁布了一系列支持和鼓励事业单位专业技术人员到企业挂职、兼职和离岗创新创业的政策文件，有效地促进了事业单位科技人员向企业的流动。

而为了增强资本市场对提高我国关键核心技术创新能力的服务水平，促进高新技术产业和战略性新兴产业发展，进一步服务于国家创新驱动发展战略，中国证券监督管理委员会于2019年1月公布《关于在上海证券交易所设立科创板并试点注册制的实施意见》（证监会公告〔2019〕2号），正式决定在上海证券交易所（以下简称“上交所”）设立科创板并试点注册制，上交所于2019年3月开始受理科创板IPO项目申报。截至2019年10月28日，上交所已有56家申报企业获得中国证监会注册，其中36家已实现科创板上市，在审、已过会及尚未完成注册的共有94家。

在已成功实现上市的企业以及在审的IPO企业中，不乏关于事业单位人员在企业投资、兼职合规性及对上市的影响等问题会被监管部门关注并反馈，而科创板的正式开闸更将加快前述情形的出现。

为此，笔者对近年来就事业单位有编制身份的人员（本文亦称“事业编制人员”）到企业投资、兼职的主要政策以及部分IPO案例进行了梳理、总结，认为：

1. 证券监管部门对事业编制人员到企业投资的主要关注点在于该等人员投资的合规性（该等人员作为发行人股东的适格性），以及无形资产出资可能牵涉职务成果出资问题。[1]

2. 证券监管部门对事业编制人员到企业兼职的主要关注点在于该等人员兼职的合规性，以及对发行人人员独立性的影响。

下面，笔者将结合相关规定及案例，就事业编制人员到企业投资、兼职的合规性进行分类总结。

一、事业编制人员投资、兼职相关的主要规定

据不完全统计，自 1999 年以来有关事业编制人员投资、兼职的主要规定如下：

表 1　事业编制人员投资、兼职相关主要规定

序号	文件名称
	一、参公事业单位相关
1	《公务员法》（2005 年 4 月 27 日公布，2017 年 9 月 1 日修正，2018 年 12 月 29 日修订）
2	《关于事业单位参照公务员法管理工作有关问题的意见》（组通字〔2006〕27 号）
3	中共中央组织部印发《关于进一步规范党政领导干部在企业兼职（任职）问题的意见》的通知（中组发〔2013〕18 号）及《执行中组发〔2013〕18 号文件有关问题的答复意见》
4	《中国共产党党员领导干部廉洁从政若干准则》（2015 年 10 月发布）
5	《关于改进和完善高校、科研院所领导人员兼职管理有关问题的问答》（中组部《组工通讯》2016 年第 33 期总第 2855 期）
6	中共中央组织部　人力资源社会保障部　国家工商行政管理总局　国家公务员局印发《关于规范公务员辞去公职后从业行为的意见》的通知（2017 年 4 月 28 日发布）
7	《党政领导干部选拔任用工作条例》（2019 年 3 月修订）

〔1〕因职务成果出资问题并非全文重点，本文暂未展开论述。

续表

序号	文件名称
二、科技成果转化、创新创业相关政策	
8	《促进科技成果转化法》（1996 年 5 月 15 日公布，2015 年 8 月 29 日修正）
9	《中小企业促进法》（2002 年 6 月 29 日公布，2017 年 9 月 1 日修订）
10	国务院办公厅转发科技部等部门《关于促进科技成果转化若干规定的通知》（国办发〔1999〕29 号）［失效］
11	关于印发《关于深化科研事业单位人事制度改革的实施意见》的通知（人发〔2000〕30 号）
12	国务院办公厅《关于强化企业技术创新主体地位全面提升企业创新能力的意见》（国办发〔2013〕8 号）
13	国务院《关于进一步做好新形势下就业创业工作的意见》（国发〔2015〕23 号）
14	国务院办公厅《关于建设大众创业万众创新示范基地的实施意见》（国办发〔2016〕35 号）
15	《关于印发实施〈中华人民共和国促进科技成果转化法〉若干规定的通知》（国发〔2016〕16 号）
16	中共中央办公厅　国务院办公厅印发《关于实行以增加知识价值为导向分配政策的若干意见》（2016 年 11 月发布）
17	人力资源社会保障部《关于支持和鼓励事业单位专业技术人员创新创业的指导意见》（人社部规〔2017〕4 号）
18	《关于推动创新创业高质量发展打造“双创”升级版的意见》（国发〔2018〕32 号）
19	人力资源和社会保障部《关于充分发挥市场作用促进人才顺畅有序流动的意见》（人社部发〔2019〕7 号）
20	科技部等六部门印发《关于扩大高校和科研院所科研相关自主权的若干意见》的通知（国科发政〔2019〕260 号）
三、高校相关政策	
21	科技部、教育部《关于充分发挥高等学校科技创新作用的若干意见》（国科发政字〔2002〕202 号）

续表

序号	文件名称
22	教育部《关于积极发展、规范管理高校科技产业的指导意见》（教技发〔2005〕2 号）
23	中共中央纪委　教育部　监察部《关于加强高等学校反腐倡廉建设的意见》（教监〔2008〕15 号）
24	中共教育部党组关于印发《直属高校党员领导干部廉洁自律“十不准”》的通知（教党〔2010〕14 号）
25	中共教育部党组《关于进一步加强直属高校党员领导干部兼职管理的通知》（教党〔2011〕22 号）
26	教育部《关于进一步规范和加强直属高等学校所属企业国有资产管理的若干意见》（教财〔2015〕6 号）

注：限于篇幅，上述规定涉及的主要相关内容摘录未在表 1 列示。

二、事业编制人员投资、兼职（任职）管理

结合本文第一部分相关规定，笔者就事业编制人员投资、兼职（任职）管理，按照参公管理人员、非参公管理的高校及科研院所等事业编制人员、高校事业编制人员三个层面进行总结如下：

（一）参公管理人员

表 2　参公管理人员类型

参公管理人员类型	到企业投资、兼职（任职）管理
参公管理人员（所有）	不得违反有关规定从事或者参与营利性活动
参公管理的现职及不担任现职但未办理退（离）休手续的领导干部	不得在企业兼职（任职）
原系领导成员、相当于县处级以上领导职务的人员在离职或退休 3 年内	不得到与原工作业务直接相关的企业或者其他营利性组织任职；不得从事与原工作业务直接相关的营利性活动
其他参公管理人员在离职或退休 2 年内	

续表

参公管理人员类型	到企业投资、兼职（任职）管理
参公事业单位的领导干部辞职或者退（离）休后3年内	不到原任职务管辖的地区和业务范围内的企业兼职（任职），不得从事与原任职务管辖业务相关的营利性活动；经批准可在原任职务管辖区域、业务范围外的企业兼职但不得获取经济利益
参公事业单位的党政领导干部辞去公职或者退（离）休满3年后	经党委（党组）审批、组织（人事）部门备案后，可到企业兼职（任职）

（二）非参公管理的高校、科研院所等事业编制人员

表3　非参公事业编制人员类型

非参公事业编制人员类型	到企业投资、兼职（任职）管理
高校、科研院所领导班子正职以外其他成员	根据工作需要，按照干部管理权限可在本单位出资企业兼职，兼职数量一般不超过1个，不取酬，不超过2届、10年
高校、科研院所所属的院系所及内设机构领导人员	可视需要在企业兼职，按干部管理权限由党委（党组）审批，兼职数量适当控制；个人兼职获得的报酬全额上缴本单位，由单位给予适当奖励
国务院部门、单位和各地方所属研发机构、高等院校等事业单位（不含内设机构）正职领导，以及上述事业单位所属具有独立法人资格单位的正职领导	如该等领导是科技成果主要完成人或者对科技成果转化作出重要贡献的，可获得现金奖励，原则上不得获取股权激励
国家设立的研发机构、高等院校的科技人员	科研机构、高校应建立健全科技成果转化内部管理与奖励制度，自主决定科技成果转化收益分配和奖励方案，……以科技成果作价入股作为对科技人员的奖励涉及股权注册登记及变更的，无须报科研机构、高校的主管部门审批；以科技成果作价投资实施转化的，应当从作价投资取得的股份或者出资比例中提取不低于50%的比例用于奖励；在完成本职工作、征得单位同意后，可到企业兼职取酬（需签约、公示并履行收入报告义务），或者离岗创业，在原则上不超过3年内保留人事关系，从事科技成果转化活动；经所在单位批准，可离岗创业从事科技成果转化活动

续表

非参公事业编制人员类型	到企业投资、兼职（任职）管理
事业单位专业技术人员	鼓励到企业挂职、兼职和离岗创新创业
高校和科研院所专业技术人员	鼓励以挂职、参与项目合作、兼职、在职创业等方式从事创新活动

（三）高校事业编制人员

表 4　高校事业编制人员类型

高校事业编制人员类型	到企业投资、兼职（任职）管理
高校技术持有人和参与成果转化、产业化的主要人员，以及企业管理人员	鼓励持有高校控、参股企业的股份；在以无形资产投资入股企业时，给予技术持有人和其他主要人员不低于所占股权 20%、原则上不超过 50% 的奖励
高校和科研院所内设研发机构负责人	可依法依规获得科技成果转化现金和股权奖励
高校校级领导（党政领导班子成员）	不得在所属企业兼职（任职），不得在校内外其他经济实体中兼职；除作为技术完成人，不得通过奖励性渠道持有高校企业的股份（国发〔2016〕16 号文实施后原则上禁止）
教育部直属高校党员领导干部	不准违反规定在校内外经济实体中兼职或兼职取酬，以及从事有偿中介活动；不准以本人或借他人名义经商、办企业
教育部直属高校处级（中层）党员领导干部	原则上不得在经济实体和社会团体等单位中兼职，确因工作需要兼职的，需经学校党委审批，兼职不取酬
教育部直属高校辞去公职或者退（离）休党政领导干部	按照中组部有关规范党政领导干部在企业兼职（任职）的规定执行

三、事业编制人员投资、兼职的 IPO 案例总结

（一）事业编制人员投资的部分 IPO 案例

经不完全统计，笔者就近年来 IPO 企业涉及事业编制人员投资的部分相关案例总结如下：

表 5　事业编制人员投资的部分 IPO 案例

公司简称	上市时间	事业编制人员持股处理方式
海天瑞声	2019 年终止审核	援引人发〔2000〕30 号文、国发〔2015〕23 号文、国发〔2016〕16 号文、人社部规〔2017〕4 号文、中科院有关规定，以及公务员、党员/党政领导干部相关规定进行论证
中简科技	2019 年	取得山西煤化所关于相关人员持股合规的确认文件
上海瀚讯	2019 年	援引国发〔2015〕23 号文、人社部规〔2017〕4 号文、中科院及微系统所有关规定，取得中科院办公厅的书面确认进行论证
久吾高科	2017 年	援引《促进科技成果转化法》、教监〔2008〕15 号文、《中国共产党党员领导干部廉洁从政若干准则》、高校内部规定、高校书面确认论证
运达科技	2015 年	援引教技发〔2005〕2 号文论证持股无障碍

（二）事业编制人员兼职的 IPO 案例

经不完全统计，笔者将 2009 年以来 IPO 企业涉及事业编制人员兼职的部分相关案例总结如下：

表 6　事业编制人员兼职的 IPO 案例

公司简称	上市时间	在编人数	公司任职情况	科研院所、高校任职情况	社保、住房公积金缴纳情况	处理方式
山大地纬	在审	9 人	董事长、监事会主席、高管（个别兼董事）、核心技术人员	教师、校产集团董事高管	山东大学代缴五险一金及职业年金，发行人及在编人员按承担比例返还	留职停薪、上级部门确认
中科软	2019 年	7 人	董事、监事、高管、核心技术人员、技术管理人员	公开资料中未提及	事业编制人员安置政策不明确、补偿及福利标准不统一，暂由软件所代缴	3 人退休，4 人放弃编制（多轮反馈）
中简科技	2019 年	5 人	董事长、总经理，董事、副总经理，核心技术人员，副总工	科研院所研究员、博导、某实验室副主任，副研究员，专职科研	公开资料中未提及	1 人缴薪留职（董事兼常务副总、总工），4 人放弃编制
上海瀚讯	2019 年	6 人	董事长、技术人员	微系统所宽带无线技术实验室主任，工作人员	微系统缴纳社保	论证合规性，中科院及微系统所出函确认，5 名兼职技术人员承诺从微系统所离职，全职到公司工作
科创信息	2017 年	3 人	中层管理人员及骨干	教职工	公开资料中未提及	中南大学人事处、党委组织部出函，高校确认已履行兼职手续

续表

公司简称	上市时间	在编人数	公司任职情况	科研院所、高校任职情况	社保、住房公积金缴纳情况	处理方式
克来机电	2017 年	20 人	3 名高管、1 名监事会主席	（副）教授、博导、硕导、（副）研究员、讲师、助教、实验员，工程师、高工	公开资料中未提及	4 名核心人员及部分人员放弃编制，部分保留编制
吉大通信	2017 年	80 人	独董及吉大控股提名董事以外的其他核心人员	公开资料中未提及	吉大代发薪酬，代缴养老、医疗保险、职业年金、住房公积金；后因当地事业单位养老转移接续政策尚未出台细则，养老保险（含职业年金）暂由吉大代缴	3 名退休、10 名离开公司、其余人员放弃编制
辰安科技	2016 年	7 人	2 名董事、5 名高管	工程物理系副主任、某研究院院长、研究所所长	公开资料中未提及	2 名董事为股东委派未作处理，5 名高管停薪留职
石大胜华	2015 年	55 人	2 名董事、1 名职工监事、5 名高管及其他非核心人员（5 名退休，3 名离开公司）	公开资料中未提及	中国石油大学代缴，公司承担；事业单位人员向企业流动时社保及公积金补偿政策明确后转移	高校停薪留职

续表

公司简称	上市时间	在编人数	公司任职情况	科研院所、高校任职情况	社保、住房公积金缴纳情况	处理方式
运达科技	2015年	7人	1名董事、3名董事兼高管、2名高管、1名曾任高管	曾任西南交通大学研究院、高工、副教授、讲师、高校在编员工	人事关系在西南交大	高校停薪留职
康尼机电	2014年	37人	1名董事、2名董事兼管理人员、6名高管（6/11）、核心技术人员、员工	部分曾担任南京工程学院教学或行政职务	南京工程学院缴纳社保、代缴公积金	高校停薪留职
津膜科技	2012年	17人	董事长、总经理或中干（个别兼任董监事）、技术人员、普通职员	公开资料中未提及	申报前已规范（董事长已达退休年龄）	董事长保留事业编制，1名退休，部分放弃编制，部分离开公司
华中数控	2011年	10人	技术研发人员	担任华中科技大学教师	华中科技大学缴纳	离开公司
天喻信息	2011年	22人	董事、高级管理人员、核心人员、员工	曾从事高校教学任务	华中科技大学缴纳	董事长、3名副总、4名其他核心人员在高校停薪留职，其他人员离开公司
博云新材	2009年	9人	2名董事兼高管、2名高管、2名核心技术人员、3名其他员工	5名董事、高管及核心技术人员曾从事高校教学任务或担任（副）研究员	人事关系在中南大学	高校停薪留职（其中3名高管、1名核心技术人员仍担任博导）

四、总结

结合上述法律文件规定，以及对相关案例的考察，发行人事业编制人员投资、兼职问题可从如下方面着手处理：

（一）事业编制人员的投资

鉴于拥有事业编制身份的人员向企业投资入股的政策规定最早可追溯至2000年前，相关政策限制的主体范围较窄，因此实务中主要从该等人员投资时可适用的法律法规及政策文件的有无相应的限制，去论证其持股的合法合规性，辅以事业单位的书面文件来进一步确认该等持股亦符合单位内部规定。

（二）事业编制人员的兼职

仅在发行人处担任董事、监事职务的事业编制人员，可以从兼职程序的履行以及事业单位行使发行人股东权利推荐董事等方面入手进行反馈，一般可以获得监管部门的认可。

对于在发行人处担任高管、中层管理人员以及其他核心人员、普通员工的事业编制人员，既涉及兼职的合规性问题，还涉及发行人员、技术等方面的独立性问题，以及事业单位为在发行人处全职工作的事业编制人员代缴代垫五险一金及企业年金等相关费用的关联交易和规范性问题。因此，如遇到此类问题，首先要核实兼职的合理性、必要性，再结合兼职人员的数量、对发行人技术研发及经营的重要性、事业单位对该等事业编制人员的独立性影响等因素，审慎评估兼职情形对发行人独立性的影响；如确需保留兼职的，再结合本文所述规定完善相关手续。

从本文第三部分总结的案例来看，2016年前的IPO案例较多采用的方式是事业编制人员在事业单位停薪留职，并全职在发行人处工作、领薪，2017年以后采取停薪留职方式获得监管部门认可的案例涉及的停薪留职人员及属于发行人核心人员的数量较少，同时也出现了停薪留职的处理方式未获认可，从而导致事业编制人员面临放弃事业编制或从发行人处离职的两难选择，尤其是中科软就事业编制问题遭遇多轮反馈，最终采取放弃事业编制的方式通过IPO审核非常值得关注。

随着近年来国务院及各部委支持和鼓励科研院所、高校等事业单位科技人员/专业技术人员兼职开展创新创业活动政策的进一步贯彻和落实，证券监管部门对发行人员工保留事业编制身份的审核理念是否会发生变化，山大地纬科创板 IPO 中多名高管、核心技术人员保留事业编制、山东大学代缴人事费用的处理方式究竟能否最终得到监管部门的认可，同样值得期待。

国企推进混合所有制改革的措施与例证

袁　也

改革开放以来，国有企业改革不断取得重大进展。2015 年中共中央、国务院出台《关于深化国有企业改革的指导意见》。2016 年国务院和相关部门出台了 7 个专项配套文件，形成国企改革“1 + N”文件体系。这些文件体系及相关细则，共同形成了我国国企改革的设计图、路线图。2017 年众多行业国企在混合所有制改革、税改、金融改革、价格改革等领域取得了新突破、新进展。尤其是中央企业和地方国有企业在探索混合所有制改革方面取得了宝贵的经验和成果，对经济社会发展起到了积极的推动作用。近年来国家发展和改革委员会、国务院国有资产监督管理委员会组织开展了两批共 19 家央企混改试点，央企二级公司有 10 家，三级公司有 9 家。这些试点单位的示范带动作用正在逐步显现，已有超过 1/3 的试点企业基本完成引入投资者、设立新公司、重构公司治理机制、建立内部激励机制等工作。如 2017 年中国联通第一大股东的股权已从 62% 下降到了 36.7%，此次改革最大的变化是国有部分股权实现了多元化，使公司更加市场化。2017 年 12 月，有 31 家中央和地方国有企业纳入第三批混合所有制改革试点范围。混合所有制改革呈现出步伐加快、领域拓宽的整体态势。

2018 年是贯彻党的十九大精神的开局之年，是改革开放 40 周年，也是围绕推动高质量发展的关键一年。推动国有资本做强做优做大，培育具有全球竞争力的世界一流企业，继续推进混合所有制改革是 2018 年国有企业改革的重中之重。笔者对照中央、国务院关于企业改革推进混合所有制的要求和精神，结合法律服务实践经验，对其进行梳理，寻找可复制、可推广的制度性经验，以期各方交流。

一、当前国企推进“混改”面临的问题与难点

一般而言，积极发展混合所有制经济，对于推动国有经济改革和效益提升、引导非公经济的健康发展、完善社会主义市场经济体制、促进国民经济的持续稳定增长具有重要意义。但是目前，我国市场经济体制仍不完善，众多利益关系尚未协调捋顺，一些具体的制度细则仍有待持续补充和优化；同时，国内经济面临的下行压力依然较大，世界经济在深度调整的过程中复苏依然乏力，改革的内外部环境中不稳定、不确定因素有所增多，风险隐患亦有所增加。我国混合所有制经济的发展仍面临着一系列的问题和难点：

（一）国有经济占比较高的地区正面临着较大的经济下行压力

“混改”与地方经济社会稳定的协调难度有所增加。例如，2016 年以来，东北地区和一些资源型省份在本轮经济调整过程中受到了较大的冲击，社会就业压力攀升，部分群众的收入和生活水平有所下降，对改革成本的承受能力不及既往。央企和本地大中型国企作为支撑这类地区经济社会系统运转的中流砥柱，肩负着保障地区就业和居民生活的重担，是重要的社会稳定器。在混合所有制改革过程中，其一时还无法骤然甩掉包袱，需要积极地寻找改革发展与社会稳定的平衡点。

（二）国有企业去“行政化”问题

国企“混改”未能充分发挥非公经济的积极作用，社会资本的参与热情有待提高。保障非公经济必要的发言权，鼓励其参与和监督混合所有制企业的经营管理活动，不仅是贯彻“权利平等、机会平等、规则平等”原则的需要，也是通过取长补短做活做优国有经济的需要。但在部分混合所有制企业中，僵化的行政式管理体制迟迟未能转变为现代法人治理结构，非公经济缺乏将自身的活力和创造力注入企业的渠道。上述问题的存在进一步增大了社会资本参与混改的顾虑，在一些资本沉淀率较高的 PPP 项目中，这一点体现得尤为明显。

（三）如何建立规范透明的公司治理的问题

混合所有制是一个具有中国特色的企业管理制度，是所有制改革的进步，

它结合了国有企业或政府的强大资源优势，加上民营企业管理的灵活和进取的理念优势，呈现的是一个双赢的局面。但是，这其中又难免存在诸多的问题。比如，国有企业的价值评估问题，如何避免国有资产流失；股权结构如何合理分配，党的领导如何体现；公司内的财权、人事权、责任权的合理划分问题；如何避免内耗、互不信任等问题。例如，华锐风电由于董事会缺乏足够的独立性，导致董事会的监督职能流于形式，使得公司治理存在缺陷，内部控制出现问题，造成财务重述的产生。后因涉嫌违反证券法律法规，收到证监会《立案调查通知书》。

（四）缺乏有效的约束机制，企业激励机制不足

搞好混合所有制改革，不能认为单纯地引入社会股东就达到了改革目的，重点要看是否建立了有效的现代企业管理制度。据有关资料统计，在对国企经营者进行调查中，有39.3%的人希望流向三资企业，14.1%的人希望流向私营企业，4.1%的人希望流向乡镇企业，而愿意留在国有企业的仅占42.5%。从一些企业混合所有制改革来看，仅仅强调约束国企管理人员的行为，而忽视对激励机制的建立，不能很好地实现激励与约束相结合。因此，建立有效激励机制调动广大干部员工的积极性，是当前国企改革的工作难点与重点之一。

（五）懂“混改”的专业人才缺乏

国有企业混合所有制改革涉及政策法律、金融、投资、资本运作、公司治理、人力资源、党建等众多领域。国家和各地方关于发展混合所有制经济的政策比较原则，不能拿来就用、照抄照搬，需要结合企业实际发挥主观能动性，创造性地进行混合所有制改革实践。企业整体市场化水平不高，擅长“混改”的专业人才缺乏，一定程度上制约了“混改”的发展。总体而言，目前“混改”的办法措施不多，特别是多层次资本市场利用不充分，对产权市场、证券市场、金融工具、投资基金等方面的研究和利用尚处于起步阶段。

（六）存量国有资产缺乏市场吸引力

混合所有制改革不是仅凭一厢情愿就可以完成，国有资本和民营资本双方达成共识、形成合意是基本前提。民营资本追逐利润是与生俱来的天性，国有企业的资产状况是否良好，能否为民营资本带来更丰厚的投资回报，无

疑是民营资本参与“混改”的出发点和落脚点。企业国有资产主要集中在基础性行业，战略性新兴产业、高端成长型产业、现代服务业在整体资产中的占比不足15%，且比较分散、弱小，能够吸引资本市场眼球的“混改”项目不多，加上整体经济下行，投资需求不断萎缩，致使“混改”难以推进。

（七）“控股权”之争难以有效化解

在推进混合所有制改革的实践中，由谁占控股地位，是争议最大的问题，也是很多“混改”项目失败的关键因素。各方都想控股，都想掌握控制权。国资方面认为，民营资本一旦控股，企业的性质不再是国有企业，国有资产处于非常危险的境地，社会公共利益、企业职工利益得不到保障，“混改”效果无法保证。民营方面认为，如果继续由国有资本控股，民营股东缺少话语权，会导致经营管理权旁落，投资收益难以保障。国企的特殊性让民营资本难下决心。同时，一些国有企业的历史遗留问题没有解决，也导致民营资本不敢贸然进入。但不乏存在国企让渡控股权，成为国企混改标杆的例子。例如，2017年6月浦东科投召开股东会，上实资产、浦东投控分别将其持有的浦东科投10%、1%的股权转让给宏天元创投。上述事项完成后，宏天元创投持有浦东科投51%股份，成为其控股股东；朱某东、李某军、王某华等浦东科投管理团队通过宏天元创投控制浦东科投，成为其实际控制人。本次权益变动前，上海国资委与浦东国资委合计间接持有浦东科投60%股权；变动之后，国资方面合计持股比例降至49%。浦东科投混改加码，让渡国资控股权，具有地方混改标杆意义，体现了本轮“真混改”强调“注重提高社会资本在国企中权利”的内在诉求。

二、发展混合所有制经济的措施和案例

（一）以推动股权多元化为抓手，深化国有企业改革

1. 经典案例

案例1：云南白药控股有限公司：白药控股层面引入战略投资者，实施股权多元化。白药控股层面股权设置采取a+b+c的模式，形成云南省国资委、B公司、C公司股权比例45∶45∶10。以战略资本为杠杆，放大国有资本

功能。通过增资扩股的方式引进社会资本，为白药控股发展以及做大做强优势产业提供强大的资金支持。以混合所有制改革为契机，引入社会资本，建立更为灵活的体制机制，增强白药控股的竞争力，为持续健康发展奠定良好的基础。通过全面深化改革，打造生物医药及大健康领域具有较强影响力和竞争力的品牌企业。

案例 2：重庆市水务资产经营有限公司：德润环境混合所有制改革是水务资产公司构建股东多元化、机制市场化的环境产业投资平台的重要措施，盘活了存量资产，实现了国有资本增值，带动了存量环境产业的市场化发展，取得了增量环境产业布局的突破。

2. 改革措施

一是综合采用整体上市、民营企业参股、国有企业并购等方式加快国有资产优化重组，推动酸资产资本化、证券化，进一步扩大社会化融资渠道，优化调整股权结构，推进国有企业产权制度改革。二是加大非公有市场主体的培育力度，积极引导非公有资本参与国有企业改革，灵活采用兼并重组、产权转让、国有股减持、发行可转债、增资扩股等多种形式优化国有资产配置和产业布局，实现国有资本跨空间流动和在国内国际市场的整合配置，提升国有资产市场竞争力。三是深入推进国有企业的管理体制和运行机制改革，通过吸引非公资本参与企业经营和项目建设，强化技术引进和管理机制改革，坚决推进国有企业去行政化，加快建立现代企业制度，实现政企分开，实现市场化运营。

（二）推动重组整合，理顺管理体制

1. 经典案例

案例 3：山东省交通运输集团有限公司（以下简称“山东交运”）：设计“混改”路线，实施资产重组。山东交运“混改”通过“存量 + 增量”方式进行 A 轮融资，“混改”后净资产达到 6. 8 亿元，旨在通过“混改”优化股权结构、完善治理机制、调整业务结构和提升经营业绩；股改后、上市前再择机启动 B 轮融资，净资产规模达到 10 亿元以上，进一步重组优质标的企业，稳步扩大经营规模。经过 3 ~ 5 年的培育发展，实现资产证券化，进入国内同行业前列。本次“混改”按照上市目标进行产业整合资产结构设计。“混改”钱，6 户主业相关企业划入山东交运，12 户“僵尸企业”和瑕疵资

产整体打包剥离给山东国惠进行专业化处置。通过资产调整，山东交运的主业更加聚焦，优势更加集中，为未来持续发展和上市奠定了基础。

2. 改革措施

推动重组整合，理顺管理体制。充分运用无偿划转、吸收合并、共同新设等方式，推动央地企业之间、省市县企业之间、企业集团之间、集团内部子企业之间大范围、多层次、高频率重组整合。剥离低效无效资产，减少系统内部产业重复、同业竞争，通过优化资源配置，加快形成一批优质资产、优质企业，并在此基础上推动混合所有制改革。也可以在重组过程中一并引入民营资本参与，实现简化步骤、一步到位。要严格按照《公司法》规定，理顺国资监管体制，加快实现从管资产向管资本转变，尊重契约精神，维护股东权利，切实杜绝政府对国有控股企业的不当干预，有效增强“混改”项目的市场吸引力。

（三）加快推进员工持股试点

1. 经典案例

案例 4：深圳市建筑科学研究院股份有限公司：为做好改革方案设计，建科院坚持统筹考虑、精心设计，合理把握战略投资层和管理层、核心骨干持股比例。深圳市国资委旗下平台持股 60%，管理层与核心骨干持股 15%，中关村发展集团、深圳市创新投资集团和英龙建安集团合计持股 25%。管理层和核心骨干持股人员组建深圳市建科投资股份有限公司，以该公司形式持有 15% 的员工股，平均每人持有该公司的股权比例为 0.96%；经营班子成员 4 人，共占比 19.1%，管理层个人最高持股比例为员工平均持股比例的 8.1 倍。持股资金由持股人自筹，全部为现金出资，且持股 3 年内不得转让。

案例 5：陕西延长石油（集团）有限责任公司：2016 年陕西省省政府确定延长石油下属先元创科技公司开展混合所有制企业员工持股试点工作。西安元创科技公司试点探索骨干员工股权激励，编制完成股权激励方案，履行有关决策程序，加快成立持股平台，完成员工股权激励工作。

案例 6：中国瑞林工程技术有限公司：核心骨干员工持股，设计院是人力资本型企业，管理技术骨干应该考虑持有一定的股份；设计院属于工程咨询业，其性质是独立性、公正性和科学性，不应成为某企业下属的设计院，企业不应控股。

2. 改革措施

首先，员工持股有利于完善企业激励机制，激发核心员工的积极性。主张从“对企业经营业绩和持续发展有直接或较大影响的科研人员、经营管理人员和业务骨干”开始，着重激发对于企业发展和绩效提升有重要作用的人员积极性，保证员工持股实现的激励机制的显著性。其次，推进国有企业混合所有制的改革过程中，推行适合条件的员工股东，吸纳包括风险型、福利型、集资型等各类员工股东的参与。最后，从员工持股本身的操作过程看，必须做到公开透明，操作规范，保证方案从开始推出到最终通过实施都是在企业内部有效的监督机制下进行。员工持股总比例不超过企业总股本的20%，单个员工持股比例不超过企业总股本的1%，以此保证员工持股的有序推进，避免出现平均化、形式化员工持股导致的激励效果不明显，国有资产流失的不良后果。

（四）完善内部治理机制

1. 经典案例

案例7：青港岛（集团）有限公司：为满足中国证监会、香港联交所及资本市场的相关要求，青岛国际完善现代企业制度，构建了包括股东大会、董事会、监事会的三会治理结构，明确了“以经济效益为中心”的经营理念，健全了公司内部各项管理制度及流程。

案例8：四川航空集团有限责任公司：通过治理规范化健全现代企业制度，建立权责明确的法人治理结构。川航集团投资的21家企业中，有17家已基本实现股权多元化，建立了现代企业制度，股东会、董事会、监事会、经营层各司其职、协调运转、有效制衡，进一步推动企业市场化进程。通过融合各股东的优势资源，引进先进的技术管理思想，健全和完善了市场化商业模式，增强了市场竞争力，提高了管理层整体素质，同时也极大地激发了员工的工作激情，为企业健康可持续发展打下了坚实的基础。

案例9：江苏高科技投资集团有限公司：在上级部门支持下，江苏高科技投资集团有限公司将毅达资本合伙人的身份由体制内转为体制外，任命权由组织部门转到企业董事会，促进了公司治理规范化，释放了公司法人法理结构的“治理”空间，在制度安排上实现了“责、权、利”三者有机统一。

2. 改革措施

发展混合所有制，建立规范的法人治理结构，必须明确公司内股东会、董事会、监事会和经理层的职责。董事会是公司重大决策的权力机构，实现集体决策，个人负责的制度。发挥好董事会的作用，关键在于正确处理好董事会与经理层之间的关系。监事会的主要职责就是代表全体股东对董事会和经理层进行监督，保护企业和股东的利益。监事会一般由股东代表和一定比例的职工代表组成，并聘请有关的专家学者作为独立监事。监事会可以审核公司财务，监督公司一切经营活动，并向股东大会提交监督报告，有权对董事、总经理任免和奖励等提出建议。

（五）建立有效的激励约束机制

1. 经典案例

案例 10：重庆商社（集团）有限公司：在选人、用人方面，坚持党管人才与市场化选聘相结合，建立公开透明的选人、用人机制，实施干部任期制、业绩末位淘汰交流机制，推行“带目标，带方案”竞聘上岗。探索开展职业经理人试点，已选聘职业经理人 8 名。在绩效考核方面，以业绩导向为核心、岗位管理为重点，科学设置企业负责人绩效考核指标、考核内容和考核方式，建立起以财务利润指标为主、为财务指标为辅的考核体系，实施个性化考核，将考核结果作为薪酬分配、聘任解聘的重要依据。在薪酬分配方面，实施市场化薪酬分配机制，参照行业市场薪酬水平及签订的业绩目标，合理确定企业负责人薪酬水平。实施新店培育期经营团队利润分成机制。在创新激励方面，坚持“总部平台化、基层创客化”，实施经营管理创新奖励，试点探索模拟股权、模拟合伙制、定额承包、众创众筹等激励方式，全面激发基层一线活力。

2. 改革措施

首先，要建立科学合理的薪酬机制。企业必须设计合理的激励机制吸引海内外优秀职业经理人的加盟，改变国有企业的官僚作风，重塑企业竞争文化需要高度的智慧和技巧。其次，要建立科学合理的考核制度，建立经营者优胜劣汰的市场竞争机制。建立科学合理的考核制度必须兼顾国家、企业、经营者的利益。建立科学合理的考核制度，需要根据实际需要建立一套科学合理的考核指标体系，这套指标体系的建立，要遵守定量与定性相结合的原则，既要能够科学地反映企业的短期经营绩效，也要能准确地评价企业的长期发展绩效。

政府产业引导基金操作实务[1]

梅映雪　邹　毅　刘　通

近年来，政府产业引导基金（或称政府出资产业投资基金）已经成为我国各级政府广泛使用的投融资工具。各类金融机构及包含律师事务所在内的中介机构亦积极参与政府产业引导基金的相关工作。本文特邀请高级合伙人刘志强律师团队，就该团队近期服务的数起政府产业引导基金工作进行概要梳理，力求简练务实，以期分享交流。

一、背景和意义

党的十八大提出，优化政府投资方式，发挥政府资金的引导作用和放大效应，提高政府资金使用效率，吸引社会资金投入政府支持领域和产业，因此，政府产业引导基金已经成为我国各级政府非常重要的投融资创新手段。各级财政探索政府投资基金等市场化方式支持产业，有效引导了社会资本投向，促进了企业和产业发展，但也存在投向分散、运作不规范、指导监督机制不完善等问题。尤其随着地方债的规范管理、地方稳增长压力加大等背景下，政府产业引导基金的功能定位、设立程序、投资方向、管理机构、运作模式、终止退出等方面，仍有必要进一步思考、探索，进一步加强顶层设计，坚持市场化运作，规范有序推进，发挥财政资金带动社会投资、培育市场需求、促进企业创业成长等作用，加快经济结构调整和发展方式转变。

---

〔1〕在本文写作过程中，笔者综合引用了清科私募通、投中研究院、SOHU 财经、21 世纪经济报道、经济参考等机构和媒体的相关数据，并借鉴了部分观点，在此一并致谢。本文文责自负。

二、现状

2015 年以来，政府产业引导基金发展迅猛。“中国政企合作投资基金”“中国国有资本风险投资基金”“中国国有企业结构调整基金”等千亿级别的政府引导基金相继落地。除长三角地区、环渤海地区及珠三角地区以外，中部地区设立政府引导基金的热情同样高涨，西部地区也逐渐开始探索设立政府引导基金，以“一带一路”“科技成果转化”等为主题的引导基金不断涌现。

从设立数量来看，截至 2015 年 12 月 31 日，北京市累计成立 88 支政府引导基金，居各地区之首；另外，广东省和浙江省引导基金设立相对活跃，基金数量分别为 85 支和 84 支。其次是华南地区，基金规模和数量分别为 114. 785 亿元和 23 支。

从基金设立规模来看，截至 2015 年 12 月 31 日，湖北省以 5471. 28 亿元规模稳居各地区之首，紧随其后的是北京市和广东省，基金规模分别为 4367. 25 亿元和 1451. 83 亿元。

截至 2016 年 12 月 31 日，政府引导基金已设立 1013 支，总目标规模 53, 316. 50 亿元，已到位资金达 19, 074. 24 亿元。

三、主要依据

1. 《公司法》；

2. 《合伙企业法》；

3. 财政部《关于印发〈政府投资基金暂行管理办法〉的通知》（财预〔2015〕210 号）；

4. 《关于财政资金注资政府投资基金支持产业发展的指导意见》（财建〔2015〕1062 号）；

5. 《私募投资基金监督管理暂行办法》（证监会令〔105〕号）；

6. 中国证券投资基金业协会《关于发布〈私募投资基金管理人登记和基金备案办法（试行）〉的通知》（中基协发〔2014〕1 号）；

7.《关于取消豁免国有创业投资机构和国有创业投资引导基金国有股转持义务审批事项后有关管理工作的通知》（财资〔2015〕39 号）；

8. 国家发展改革委《关于印发〈政府出资产业投资基金管理暂行办法〉的通知》（发改财金规〔2016〕2800 号）；

9.《关于进一步规范地方政府举债融资行为的通知》（财预〔2017〕50 号）；

10.《企业国有资产交易监督管理办法》（财政部令第 32 号）；

11. 各级人民政府及相关主管部门出台的有关文件。

四、定位和功能

在此，需要说明的是，“财预〔2015〕210 号文、建〔2015〕1062 号文”与“发改财金规〔2016〕2800 号文”对于政府产业引导（投资）基金的定位和功能规定有不同之处：

财预〔2015〕210 号文指出，各级财政部门一般在以下领域设立投资基金，包括支持创新创业、中小企业发展、产业转型升级和发展、基础设施和公共服务领域。财建〔2015〕1062 号文进一步指出，基金应该“聚焦重点产业”，解决好产业发展的瓶颈制约。公共财政运用政府投资基金方式支持产业，限定于具有一定竞争性、存在市场失灵、外溢性明显的关键领域和薄弱环节。推动产业发展方面，主要支持外部性强，基础性、带动性、战略性特征明显的产业领域及中小企业创业成长。

发改财金规〔2016〕2800 号文则指出，政府出资产业投资基金应主要投资在以下领域，包括非基本公共服务、基础设施、住房保障、生态环境领域、区域发展、战略性新兴产业和先进制造业、创业创新等领域。

可见，两部委规定的侧重点不同：财政部侧重于“具有一定竞争性、存在市场失灵、外溢性明显的关键领域和薄弱环节”，发展和改革委员会（以下简称“发改委”）侧重于国家政策导向的传统基础设施领域，以及战略性新兴产业、先进制造业、双创领域。通俗地讲，财政部的思路是“补缺”“补弱”；发改委的思路是国家鼓励的产业方向导向。当然，国家鼓励的产业有些也是新兴产业或“弱产业”，既有不同，也有重叠。

五、设立及管理模式

（一）普遍的设立模式

政府产业引导基金是由政府通过财政出资发起设立，政府财政部门根据本级政府授权代行政府出资人职责，资金来源于公共预算、政府性基金预算等财政性资金。财预〔2015〕210 号文指出，政府设立政府产业引导基金可采用单独出资或社会资本共同出资设立。发改财金规〔2016〕2800 号文还指出，社会资本部分应当采取私募方式募集。目前，主流模式为政府单独出资设立政府产业引导基金。

在此，需要说明的是，发改财金规〔2016〕2800 号文施行前后设立的政府产业引导基金均需按照发改财金规〔2016〕2800 号文规定到发展改革部门进行登记。另外，各省市对其辖区范围的股权投资基金设立也有相应的细化规定，因此，各省市地方政府产业引导基金的设立还应符合其所属地方法规规定。

（二）管理模式

政府部门通常会建立引导基金工作协调机制，或成立引导基金管理委员会进行管理。工作协调机制或管理委员会通常由政府所在地财政部门、经济信息委员会、发展和改革委员会、国有资产监督管理委员会等相关职能部门的负责人组成，其主要职责在于制定产业引导基金的发展战略与规划、制定投资经营与绩效考核的相关制度、进行政策指导促进基金与项目对接等，不参与政府产业引导基金的日常管理事务。

政府产业引导基金采取新设管理机构或委托外部专业化机构负责基金日常管理，负责建立规范基金的运营管理机制、甄选私募基金管理人及其他社会资本等运营管理工作。同时，政府产业引导基金的基金资产一般会委托给中国境内设立的商业银行进行托管，并开设基金托管专户，由托管人进行管理。

需要注意的是，发改财金规〔2016〕2800 号文对担任政府产业引导基金的基金管理人作出了明确要求，从注册资本、高级管理人员的资历、营业场所及内控制度等方面规定了基金管理人的设立条件。因此，若基金管理人存在不符合发改财金规〔2016〕2800 号文规定的应当尽快进行规范。

六、运作模式

（一）普遍的运作模式

发改财金规〔2016〕2800 号文指出，政府产业引导基金可以综合运用参股基金、跟进投资、融资担保、政府出资适当让利等方式进行运作。目前，政府产业引导基金采用的运作模式多数为按市场化母基金方式运作，即采用参股基金的投资方式，政府产业引导基金作为“母基金”，与私募投资基金管理人及其他国有资本、社会资本合作设立项目投资基金（“子基金”），项目投资基金对其基金章程中约定的产业领域进行投资，从而实现通过引导基金的运作以提高政府对产业的宏观调控能力，进而推动创业创新及产业结构调整。该模式还能进一步提高财政资金使用效益，起到财政资金的杠杆放大作用。

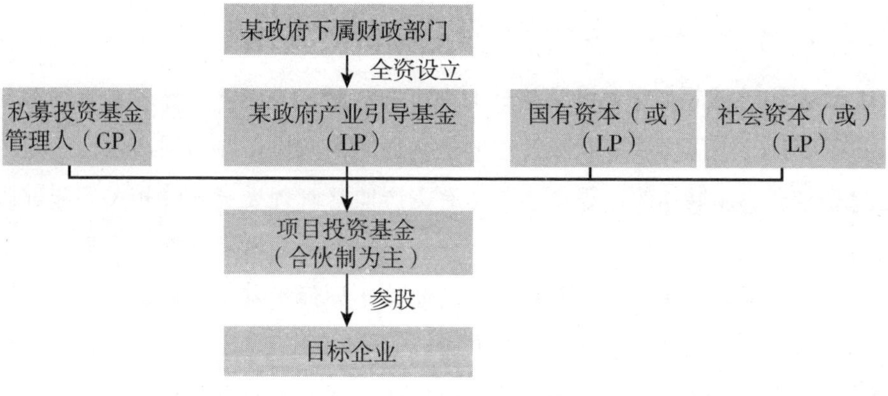

图 1　政府产业引导基金运作模式

（二）运作步骤

在本团队近期服务的数起政府产业引导基金案例中，政府产业引导基金的运作步骤如下：

1. 在主管政府部门的支持下，联合国内著名证券公司、会计师事务所、律师事务所等中介机构共同组建项目团队，对政府辖区内属于投资产业领域的企业进行筛选，建立产业投资备选项目库。

2. 甄选国内私募投资基金管理人，并与其签订战略合作协议。

3. 政府产业引导基金与私募投资基金管理人及其他国有资本、社会资本合作设立各类项目投资基金。

4. 针对进入备选项目库的企业，各项目投资基金根据基金章程（或合伙协议）约定的产业领域及方向进行实际投资。

5. 在约定投资期限届满或达到预期目标后，政府产业引导基金退出项目投资基金。

（三）注意事项

1. “财预〔2015〕210 号文”及“发改财金规〔2016〕2800 号文”指出，政府产业引导基金禁止从事融资担保以外的担保、贷款、股票、期货、房地产、证券投资基金、企业债券、金融衍生品等投资。同时，“发改财金规〔2016〕2800 号文”还指出，政府产业引导基金对各项目投资基金的投资额不得超过基金资产总值的 20%。

2. 项目投资基金多数以合伙制形式设立，私募投资基金管理人担任普通合伙人，政府产业引导基金公司与其他国有资本、社会资本担任项目基金的有限合伙人。

3. 政府产业引导基金参股项目投资基金遵循参股不控股原则。另外，各级地方政府产业引导基金一般会要求项目投资基金在其辖区范围内注册。

七、投资领域

目前而言，政府产业引导基金的投资领域主要分为以下四个方向：

（一）高科技新兴产业

由于高科技新兴产业成长期较长，投资回收期长，社会资本参与度较低，不能有效推动产业发展，需要政府通过产业引导基金带动社会资本促进高科技新兴产业的发展，实现产业升级。故，政府产业引导基金重点投资生物产业、新兴信息产业、节能环保、新能源、新能源汽车、高端装备制造业和新材料等属于国家、省市重点战略规划发展的高科技新兴产业。

根据各高科技产业发展的不同阶段以及产业政策，所投资的高科技产业的具体方向会有所侧重。根据投中研究院2016年的调研数据显示，2016年政府引导资金的投资方向以医疗健康、人工智能为主，大数据与物联网也成为新的投资热点。

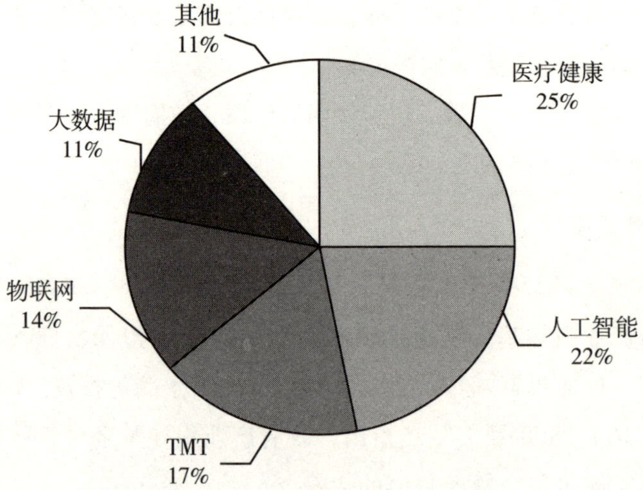

图2　2016年政府引导基金关注的投资方向

数据来源：投中调研2017.03

（二）现代服务业

现代服务业也是政府产业引导基金投资的重点。具体而言，政府产业引导基金关注在现代服务业中有着良好市场前景的新兴领域。例如，软件与信息服务、文化创意、教育、旅游、金融、物流等领域。同时，各省市也会结合自身的特点，进行针对性投资。

（三）地方优势传统产业

各省市的政府产业引导基金也注重于对地方优势传统产业以及基础设施建设的投资，对有规模、有效益的传统产业予以支持。如吉林股权基金要求投资现代农业、秸秆综合利用领域，根据自身的产业优势推动新农业发展。

（四）基础设施建设

基础设施建设也是政府产业引导投资基金的投资范围之一。基础设施建设资金需求量大、建设期长，社会资本参与程度较低，政府产业引导基金的参与能够释放市场需求，激发市场活力，推动基础设施建设。

八、终止和退出

（一）终止方式

财预〔2015〕210号文指出，政府投资基金一般应当在存续期满后终止。确需延长存续期限的，应当报经同级政府批准后，与其他出资方按章程约定的程序办理。

发改财金规〔2016〕2800号文指出，基金一般应在存续期满后终止，确需延长存续期的，应报经政府基金设立批准部门同意后，与其他投资方按约定办理。

在此，需要说明的是，“发改财金规〔2016〕2800号文”并没有对“政府基金设立批准部门”进行明确规定，因此，结合“财预〔2015〕210号文”规定，对于确需延长存续期限的政府产业引导基金，其应当报同级政府批准。

（二）退出方式

政府产业引导基金带有政策性目标，力求在产业发展过程中发挥政府引导作用，因此，多数不以营利为导向；在退出方面，政府产业引导基金主要有以下三种退出方式：

1. 期满退出

政府出资部分一般应在项目投资基金存续期满后退出。

2. 适时退出

项目投资基金存续期未满但达到预期目标，可通过股权回购机制等方式退出。

3. 提前退出

在项目投资基金章程中，可会同其他出资人约定，有下述情况之一的，政府出资无须其他出资人同意，选择提前退出：

（1）投资基金方案确认后超过一年，未按规定程序和时间要求完成设立手续的；

（2）政府出资拨付投资基金账户一年以上，基金未开展投资业务的；

（3）基金投资领域和方向不符合政策目标的；

（4）基金未按章程约定投资的；

（5）其他不符合章程约定情形的。

需要注意的是，通过适时退出和提前退出两种方式退出的，一般采取转让或回购政府出资人持有的股权（份额）；因涉及国有产权转让，该等转让或回购还需按照《企业国有资产交易监督管理办法》（财政部令第32号）以及所在省、市政府制定的地方性法规及规范性文件的规定履行特定转让程序。

基金行业中的“国有”问题研析

杨　岳

基金已经成为目前国内投融资领域比较主流的一种形式，无论是有限合伙型基金、契约型基金和公司制基金，均在行业内受到广泛运用。而资金实力雄厚的各种国有背景的实体也纷纷加入基金运作的大潮。然而，由于“国有”的特殊身份，该类实体进入基金行业在很多方面需要遵守特殊的规定，如《合伙企业法》规定国有独资公司、国有企业不得成为合伙企业的普通合伙人，亦如《境内证券市场转持部分国有股充实全国社会保障基金实施办法》规定的进行 IPO 的公司含有国有股份的，应当将国有股份的 10% 转让给全国社保基金持有，即“国有股转持”的规定。

本文在结合行业主流观点和笔者实际操作经验，旨在对基金行业中的“国有”问题进行梳理。

一、基金管理人的国有问题

通常，基金的形式为有限合伙型基金、契约型基金和公司制基金。契约型基金和公司制基金的管理人通常不承担无限连带责任，而有限合伙型基金的管理人一般由普通合伙人（GP）担任，承担无限连带责任。而根据《合伙企业法》第 3 条规定“**国有独资公司、国有企业、上市公司以及公益性的事业单位、社会团体不得成为普通合伙人**”。但是在实际经济活动中，国有背景的实体往往通过成立基金管理公司作为普通合伙人发起成立有限合伙基金，是否违反了上述法律的规定？回答这个问题，需要对“**国有独资公司、国有企业**”的定义予以梳理：

（一）国有独资公司

主要适用法律文件：《公司法》、《企业国有资产交易监督管理办法》（以下简称“32 号令”）。

根据《公司法》，国有独资公司是指国家单独出资、由国务院或地方人民政府授权本级人民政府国有资产监督管理机构履行出资人职责的有限责任公司。根据 32 号令，认定为国有独资公司应参照“政府部门、机构、事业单位出资设立的国有独资企业（公司），以及上述单位、企业直接或间接合计持股 100% 的国有全资企业”。

上述规定对国有独资公司的定义比较明确，举例来说，某省属的国有平台公司登记的唯一股东为某省国有资产监督管理委员会，则该国有平台公司毫无疑问为国有独资公司。难点在于其下属的二级、甚至三级公司的国有属性认定上，从 32 号令的规定来看，该平台公司直接设立的全资子公司或直接间接全资持股（如平台公司持有 51%，但另外 49% 的股权由该平台公司另一全资子公司持有，则归属于该平台公司的股权比例达 100%）的子公司应当认定为国有独资公司。

在此认定过程中注意进行穿透核查，以确定最终股权归属，并以此作为认定是否为国有独资公司的依据。但总体来说，国有独资公司的认定相对简单，应认定国有资产监督管理委员会（以下简称“国资委”）、政府其他机构、事业单位直接全资出资的公司和该类公司直接或间接持有 100% 股权份额的公司为国有独资公司。该类主体不得成为普通合伙人。

（二）国有企业

“国有企业”的概念在法律层面并未予以明确的定义，其主要适用于部分规范性文件：工商总局/国家统计局《关于划分企业登记注册类型的规定》、国务院办公厅《关于进一步完善国有企业法人治理结构的指导意见》根据工商总局和统计局的“划分规定”，国有企业是指“企业全部资产归国家所有，并按《企业法人登记管理条例》规定登记注册的非公司制的经济组织。不包括有限责任公司中的国有独资公司”。据此规定，国有企业是区分于有限责任公司的一种全民所有制的非公司实体，即使某有限责任公司的股东均为国资背景，也不将被认定为国有企业。

另外，国务院办公厅“指导意见”虽并未直接对“国有企业”进行定义，但其在文件中提及“2017 年年底前，国有企业公司制改革基本完成”，笔者倾向于认为指导意见并未将国有企业纳入公司的组织形式，与“划分规定”契合。

但需要注意的是，国家发展和改革委员会曾发布的《股权投资企业备案文件指引》（现已失效）却作出了完全不同的解释，其规定“本指引所称国有企业，系指国有股权合计达到或超过 50% 的企业”，而指引中的“企业”未明确定义为非公司制的组织形式，故也可以认为企业既包括公司又包括非公司制的实体。虽然该文件已经失效，但各地国资管理部门也对此把握的尺度不一，部分地区仍然按照此指引的理解予以认定。

因此，对“国有企业”的认定一直以来都是行业内的难点，毕竟工商总局的“划分规定”为管理性质的规定，是对工商登记的操作指引，其效力层级有限，在一些国资管理部门较为谨慎、保守的地区并不一定能够作为判断依据。

（三）律师建议

实际操作中，仍有相当数量担任普通合伙人的基金管理公司的股权全部为国有背景，如绵阳科技城产业投资基金的管理人中信产业投资基金管理有限公司，其股东中信证券、中科城环保集团和中国高新投资集团均为国资公司；此外，近年来流行的 PPP 基金的普通合伙人也大多为当地国有平台公司、国有证券公司和国有施工单位共同投资设立的基金管理公司。但谨慎起见，比较安全的方法为：

1. 国有公司与其他民营企业合资成立基金管理公司，国有公司不控股但担任第一大股东，公司的运营管理由国有公司和民营企业共同实施；

2. 国有公司和某民营合作伙伴设立有限合伙企业，国有公司为有限合伙人（LP），持有有限合伙企业大部分份额，再由该有限合伙企业作为普通合伙人发起设立另一有限合伙人基金，并担任管理人；

3. 国有公司发起设立契约型基金或公司制基金，通过契约或公司章程获得基金管理权限，避免成为合伙制基金的普通合伙人。

二、基金的国有问题

基金的国有性质认定意义在于基金在运营期间是否应当符合相关国有资产管理的规定。基金，特别是创投基金一般会投资一些高估值的公司，而该估值的计算依据往往不是根据成本法，而是根据收益法或市场比较法进行测算，根据国有资产交易的相关规定，投资的评估价值需要报国资委审批或备案；同样，在基金的退出阶段，若该基金认定为国有基金，其持有的被投企业股权应视为国有资产的范畴，则相应股权的转让应当履行国有资产进场交易的规定。另外，对于那些投资中后期、Pre－IPO 轮的基金，如认定为国有基金，则其持有的上市公司股份在 IPO 时涉及国有股转持的问题。

因此，一旦被贴上国有基金的标签，其运作就会受到国有资产特殊规定的限制，各种烦琐的评估和进场交易流程在一定程度上影响基金运作的效率、保密性，且基金所投的项目都是精挑万选的，到达 IPO 时股权比例可能已经被稀释得很低了，再通过国有股转持制度转让 10% 的股权对于基金和基金投资人来说难以接受，虽然财政部有相关规定，对符合条件的创投基金或引导基金予以豁免转持义务，但绝大部分的其他国有基金均需履行转持。

如何认定一支基金是否为国有基金，一般按照如下思路：

（一）总体原则

根据国务院 32 号令第 4 条对国有属性的定义，行业内一般认为应采取一种“资金比重为主，实际支配为辅”的认定标准。该标准在认定公司制基金上相对较为简单，即按照本文前述基金管理公司的逻辑判断即可，难点在于认定有限合伙制基金和契约型基金。

（二）有限合伙制基金

32 号令在措辞上使用了“企业（公司）”的表述，使得 32 号令确定的规则可以适用于有限合伙企业，具体有如下几类情况：

1. GP 为国有性质的管理人：

（1）50% 以上的投资人（LP）份额为国有资金，且国有 LP 委派人员担任基金的投资决策委员会或风险控制委员会等核心决策机构的，应当认为该基金为国有基金；

（2）基金份额50%以上的LP为非国有资金，但非国有资金不能影响GP或者基金的决策，笔者亦倾向于认定该基金为国有性质；

2. GP为非国有性质的管理人：

（1）当LP份额全部为国有资金成分的，应当认定为国有基金；

（2）LP的份额50%以上的资金为国有成分，且单一最大份额的LP为国有资金的，应当认定为国有基金；

（3）多个国有LP合计持有50%以上的份额，但是财产份额占比最大的LP是非国有公司时，倾向于不认定该基金为国有属性的基金；

（4）当国有LP合计持有的份额不到50%，但财产份额占比最大的LP是国有资金，并且该LP通过人员安排、协议安排等足以影响基金的决策的，应当被认定为国有基金。

以上仅列举了一些比较常见的基金组成形式，但是并没有穷尽实际操作中所有的情况，但一般认为只要按照“资金比重为主、实际支配为辅”的原则进行具体分析，最终得出的结论也是论据充分的。

（三）契约型基金

由于契约型基金没有一个实体，各个投资人和管理人仅通过一份合同确定各方的权利和义务，很难认定该契约体是个何种性质的组织，且现行用于认定国有成分的法律法规也仅能适用于公司、企业等实体类型，所以契约型基金在认定国有属性上缺乏文件支持。

但是从理论上讲，仍可以按照“资金比重为主、实际支配为辅”的原则进行判断，也应当避免通过管理人GP的国有性质判断契约型基金就是国有性质的简单逻辑。

不过需要指出的是，企业IPO时是不能有契约型基金作为股东的，此时契约型基金应当提前清理，故契约型基金不存在国有股转持的问题。

综上，是否为“国有”性质在基金行业是一个复杂却有重要实际意义的问题。其影响了整个基金的运作方式和投资收益。笔者综合了行业内的一些观点和自身实际操作中的经验，对该问题进行了梳理。由于各地方国资主管部门把握的尺度和对文件理解的不一致，上述观点并不一定适用于每一个案例。但本文对基金的“国有”问题认定提供了一个判断逻辑和思路，实操中可以此与国资管理部门沟通。

新三板挂牌股权代持问题浅析

李广玲

拟挂牌新三版的企业常会面临股权代持问题的困扰，本文将从股权代持产生的原因、合法性、风险、解决途径这几方面对股权代持进行分析，从而减少企业挂牌中的困扰。

一、股权代持的含义及产生原因

股权代持又称委托持股、隐名投资或假名出资，是指实际出资人与他人约定，以该他人名义代实际出资人履行股东权利义务的一种股权或股份处置方式。股权代持情形下，工商管理部门登记的股东为名义出资人即代持股人，而实际出资人作为隐名股东，往往会与名义出资人签订股权代持协议，以确认股份的实际持有人。

产生股权代持的原因通常有以下几种情形：（1）真实出资人身份受限，无法公开，找他人代持。（2）为规避竞业限制或关联交易，找他人代持。（3）为规避国家法律对某些行业持股上限的限制，找他人代持。（4）有些公司对股东身份有特别要求，不合要求的人为成为股东，找他人代持。（5）股东人数分散，为决策及工商登记便利需要，集中由他人代持。

二、股权代持的合法性分析

1.《民法通则》规定民事活动应当遵循自愿、公平、等价有偿、诚实信用的原则，尊重社会公德，不得损害社会公共利益，破坏国家经济计划，扰乱社会经济秩序。同时规定民事法律行为从成立时起具有法律约束力，行为人非依法律规定或者取得对方同意，不得擅自变更或者解除。

根据上述规定，只要股权代持协议符合民法自愿、公平的基本原则，不存在损害社会公共利益，扰乱社会经济秩序等情形，在协议成立时起即具有法律效力。

2.《合同法》规定依法成立的合同，自成立时生效；规定一方以欺诈、胁迫的手段订立合同，损害国家利益的；恶意串通，损害国家、集体或者第三人利益的；以合法形式掩盖非法目的；损害社会公共利益的；违反法律、行政法规的强制性规定的合同无效。

据此，只要股权代持协议不存在上述无效情形，在满足合同成立条件时亦应具有法律效力。

3. 最高人民法院《关于适用〈中华人民共和国公司法〉若干问题的规定(三)》中第25条规定有限责任公司的实际出资人与名义出资人订立合同，约定由实际出资人出资并享有投资权益，以名义出资人为名义股东，实际出资人与名义股东对该合同效力发生争议的，如无《合同法》第52条规定的情形，人民法院应当认定该合同有效。前款规定的实际出资人与名义股东因投资权益的归属发生争议，实际出资人以其实际履行了出资义务为由向名义股东主张权利的，人民法院应予支持。名义股东以公司股东名册记载、公司登记机关登记为由否认实际出资人权利的，人民法院不予支持。实际出资人未经公司其他股东半数以上同意，请求公司变更股东、签发出资证明书、记载于股东名册、记载于公司章程并办理公司登记机关登记的，人民法院不予支持。

根据上述规定，《公司法》并未明确禁止股权代持，同时，认可实际出资人的合法权利，保护无《合同法》规定的无效情形的股权代持。

三、新三板挂牌对股权代持的限制性规定

根据《全国中小企业股份转让系统股票挂牌条件适用基本标准指引》（以下简称《指引》）的规定，拟申请挂牌的企业需满足以下6项标准：(1）依法设立且存续满2年；(2）业务明确，具有持续经营能力；(3）公司治理机制健全，合法规范经营；(4）股权明晰，股票发行和转让行为合

法合规；（5）主办券商推荐并持续督导；（6）全国股份转让系统公司要求的其他条件。其中股权明晰指公司的股权结构清晰，权属分明，真实确定，合法合规，股东特别是控股股东、实际控制人及其关联股东或实际支配的股东持有公司的股份不存在权属争议或潜在纠纷。

虽然《指引》并未提及股权代持，但依照上述第 4 项标准，股权代持显示有违股权结构清晰与权属分明的规定。因此，存在股权代持的拟挂牌企业，如不进行纠正与清理，将难以通过审核。

四、股权代持的风险

股权代持难以通过审核的原因在于，股权代持可能带来以下风险：

1. 实际出资人面临的风险

（1）因代持股人客观上的原因给实际出资人造成的风险。

由于登记在工商管理部门的股东并非实际出资人，当名义出资人即代持股人出现不能偿还的债务时，法院和其他有权机关可依法查封其所代持的股权以偿债。实际出资人如未能及时阻止，只有依据代持股协议向代持股人主张赔偿责任。

另外，代持股人如离婚或意外离世，其名下的代持股权有可能成为被分割的夫妻共同财产或被继承的遗产，实际出资人如想维护自己的权益取回财产，将不得不卷入上述纠纷。

（2）代持股人主观上滥用股东权利为实际出资人造成的风险。

有些实际出资人并不参与公司的经营管理，股东的资产受益、重大决策、选择管理者等权利都由代持股人行使，一旦代持股人存在道德缺陷，将会为实际出资人带来利益损失。如代持股人私自将股份转让、质押或以其他方式处分，且第三人善意，该行为便受法律保护，实际出资人除向代持股人追偿损失外，别无他法。

（3）实际出资人股东资格无法取得的风险。

最高人民法院《关于适用〈中华人民共和国公司法〉若干问题的规定（三）》规定：实际出资人未经公司其他股东半数以上同意，请求公司变更股东、签发出资证明书、记载于股东名册、记载于公司章程并办理公司登记机关登记的，人民法院不予支持。同时，《公司法》规定：股东向股东以外的人转让股权，应当经其他股东过半数同意。经股东同意转让的股权，在同等条件下，其他股东有优先购买权。两个以上股东主张行使优先购买权的，协商确定各自的购买比例；协商不成的，按照转让时各自的出资比例行使优先购买权。

根据上述规定，实际出资人如想解除代持协议取得股东资格，需克服两个障碍：一是其他股东未有过半数同意，二是其他股东要求行使同等条件下的优先购买权。否则，将难以取得股东资格。

2. 代持股人面临的风险

对代持股人来说，最大的风险是替实际出资人履行出资义务的风险。由于代持协议不能对抗善意第三人，一旦实际出资人违约未出资或出资不实，公司或善意第三人有权要求代持股人补足出资并承担相应违约责任，此时，代持股人不得以代持协议相对抗，只能在履行完相应义务后向实际出资人追偿损失。

3. 拟挂牌企业面临的风险

（1）股权代持往往会引发权属争议或者其他纠纷，导致公司的股权结构混乱，权属模糊，有违《指引》对拟挂牌企业股权明晰的要求，将面临无法通过审核的风险。

（2）对故意规避国家法律而签订的股权代持协议，一旦有人以此为依据请求确认违法和无效，将很可能影响拟挂牌企业的生产和经营，使企业难以达到《指引》对拟挂牌企业持续经营能力的要求。

五、股权代持的解决途径

面对股转系统越来越严格的审核机制，拟挂牌企业必须重视股权代持问题，积极整改与清理，方能扫除挂牌障碍。

目前，股权代持现象可从以下几方面进行规范：

1. 可视情形解除代持协议，在履行必要的法定程序后，由实际出资人出面持股成为显名股东。

2. 实际出资人可将其所持股份转让，由代持股人或其他具有持股资格的人受让相应股份。

3. 请求司法确权，在挂牌前通过法院判决的方式确认实际出资人的身份。

综上所述，股权代持并不违反我国法律规定，依据民法意思自治的原则，只要股权代持不存在《民法通则》和《合同法》规定的无效情形就会受到法律保护。但根据《指引》规定，存在股权代持的企业如申请挂牌新三版，需对代持情形进行纠正和规范，达到股权明晰的要求后，方能清除障碍成功挂牌。

跨境电商企业新三板挂牌反馈要点研究

谭　妍　王鸿擂

跨境电商是指分属于不同国家的交易主体，通过电子商务手段将传统进出口贸易中的展示、洽谈和成交环节电子化，并通过跨境物流及异地仓储送达商品、完成交易的一种国际商业活动。跨境电商极大地缩短了传统外贸的供应链，省去买卖双方多个中间环节成本，拓宽了海外营销渠道，在资源配置和效率提升方面的优势已得到广泛认可。

一、我国跨境电商行业的现状与发展——万亿新“蛋糕”

（一）我国跨境电商行业现状

1. 跨境电商交易规模持续扩大，在我们进出口贸易所占比重越来越高。根据国家统计局数据统计，跨境电商的交易规模从2010年的1.3万亿元增长到2015年的5.2万亿元，跨境电商占进出口贸易额比例从2010年的6.3%增长到2015年的17.6%。据商务部测算，2016年我国跨境电商交易规模将从2010年的1.3万亿元增长到6.5万亿元，占整个外贸规模的19%，年均增速近30%。

2. 从进出口结构来看，出口跨境电商仍为跨境电商的主角，跨境电商出口占比近九成。2014年，我国跨境电商中出口占比达到86.7%，进口占比在13.3%。2015年上半年，中国跨境电商的进出口结构出口占比达到84.8%，进口比例15.2%。跨境进口方面，随着网购市场的逐步开放以及消费者网购习惯的形成，未来进口电商将会有很大的发展空间，预计未来几年跨境电商进口的份额占比将逐步提升。跨境电商出口方面，出口电商规模逐年增长。

随着国家对“互联网+”及货物出口的双重政策支持、物流配套及跨境支付方式的持续升级，出口电商的规模也将继续增长。

3. 以业务运营模式来看，跨境电商可分为跨境商业（B2B）和跨境零售（B2C、C2C）。其中，外贸 B2B 在跨境电商中居于主导地位，而跨境零售（B2C、C2C）则居于次要地位。从 2014 年我国跨境电商的交易模式看，跨境电商 B2B 交易占比达到 92.4%，占据绝对优势，预计 2017 年我国跨境电商中 B2B 交易占比仍将达到 89% 左右。

（二）跨境电商行业未来发展趋势

1. 在经济全球化趋势下，伴随着世界经济的发展，国际人均购买力的增强，网络普及率的提升及物流水平的进步，都将极大地促进跨境贸易特别是跨境电商贸易的发展。根据之前艾瑞的预测，2017 年我国跨境电商规模将达 8 万亿元、复合增速 26%，行业仍将处于快速增长阶段。

2. 在“一带一路”及“互联网+”经济快速发展的时代背景下，跨境电商迎来利好政策爆发期。2015 年 7 月 15 日召开的国务院常务会议部署了六项促进外贸的具体措施，具体可归结为减轻外贸企业负担和提高通关效率两个方面。特别是最后一项大力支持外贸新型商业模式，尤其利好跨境电商的发展。2015 年 6 月 16 日，国务院出台《关于促进跨境电子商务健康快速发展的指导意见》，强调促进跨境电子商务健康快速发展，用“互联网+外贸”实现优进优出，有利于扩大消费、推动开放型经济发展升级、打造新的经济增长点。在此基础上，国家也推出了更多的税收优惠政策，以鼓励商品出口。

二、跨境电商企业的资本运作

2015 年，跨境电商资本运作日益频繁，主要体现在 A 股市场和新三板上市两个方面。A 股上市公司通过频繁的投资并购，在跨境电商领域开发及扩展业务。跨境电商概念在 A 股市场受到投资者的追捧。除了 A 股市场，新三板也涌现出不少跨境电商企业。2015 年 9 月，广州百事泰成为第一家登陆新三板的出口跨境电商企业。2015 年 11 月，主营服饰的无锡择尚和主营 3C 电子产品的深圳傲基也陆续登陆新三板。2015 年 12 月，宝贝格子成为第一家登陆新三板的进口跨境电商企业。无论是A股市场的投资并购，还是新三板的挂牌上市，都为跨境电商企业提供了丰富的融资渠道。在行业竞争日益加剧的未来，资本无疑将成为企业脱颖而出的制胜法宝。

三、跨境电商新三板挂牌特有问题反馈及回复要点汇总

随着跨境电商贸易的日益发展，越来越多的跨境电商企业欲进入资本市场，参与资本运作。因新三板对待创新企业更为友好，挂牌审核流程较传统IPO流程更为迅速，在新三板市场挂牌也成为跨境电商企业进入资本市场，快速打开融资渠道的首选。泰和泰律师针对跨境电商行业的特点与新三板挂牌审核机关的审核思路，就跨境电商企业新三板挂牌审核过程中特有问题反馈及回复要点进行如下梳理分析。

（一）关于行业及产业政策的重点问题及回复要点

请律师核查以下事项并发表明确意见：（1）公司业务是否符合国家产业政策要求，是否属于国家产业政策限制发展的行业、业务；（2）若为外商投资企业，是否符合外商投资企业产业目录或其他政策规范的要求；（3）分析产业政策变化风险。

回复要点：

（1）因为不同的跨境电商所涉及的行业不同，在分析跨境电商企业的具体经营范围及从事的行业后，依据国家发展改革委发布的《产业结构调整指导目录（2019年本）》，判断公司业务是否属于该目录中限制类和淘汰类产业。

（2）通过查看公司工商档案、登录全国企业信用信息公示系统查询及询问公司管理层等多种途径，判断公司是否属于外商投资企业。

（3）国家近期颁布的促进跨境电商发展的相关政策有国务院办公厅《关于促进跨境电子商务健康快速发展的指导意见》、《“互联网＋流通”行动计划》、国务院《关于加快培育外贸竞争新优势的若干意见》等。公司所处行业为国家鼓励发展的产业，故产业政策一定时期内不会发生不利变化。

（二）关于跨境电商运营所需资质的重点问题及回复要点

请律师核查公司及子公司是否具有经营业务所需的全部资质、许可、认

证；是否存在超越资质、范围经营的情况；是否存在无法续期的风险，对公司持续经营的影响。

回复要点：

（1）公司从事跨境电商所需的资质证书：中华人民共和国电信与信息服务业经营许可证；报关单位注册登记证书；对外贸易经营者备案登记表；跨境电商所从事的具体行业所需获得的各项资质证书。（2）核查资质后如不存在到期或已过期情形时明确说明即可。如已到期，则逐步阐述根据法律、法规及规范性文件规定的换证流程所需满足的条件、换证申请人所需提供的材料；明确公司符合相关规定要求的换证条件、要求且已提交相关材料，换证手续正在办理过程中。

（三）关于子公司及子公司经营运作的重点问题及回复要点

（1）请公司披露与子公司的业务分工及合作模式，并结合公司股权状况、决策机制、公司制度及利润分配方式等披露如何实现对子公司及其资产、人员、业务、收益的有效控制。请律师发表意见。（2）请律师核查子公司报告期合法规范经营情况并发表明确意见。

回复要点：

（1）通过访谈、查阅协议等方式了解公司及子公司之间的业务分工及合作模式。通过查阅子公司营业执照、公司章程等工商登记文件、财务管理制度，判断公司是否能够对子公司及其资产、人员、业务、收益进行有效控制。（2）判断子公司是否在报告期内合法合规经营，需核实以下几个方面：子公司是否已取得经营主营业务的各项资质证书；子公司是否已取得各有权行政机关开具的合规证明；通过查阅中国裁判文书网、中国执行信息公开网等网站，核实子公司是否存在尚未了结或可预见的重大诉讼、仲裁及行政处罚案件；如公司下设海外子公司，需聘请当地的律师行出具《法律意见书》，以判断海外子公司在报告期内是否合法合规经营，是否存在已结诉讼，尚未了结的或可预见的诉讼，仲裁、行政处罚案件及其他可预见的未来终止营业之事由。

（四）关于海外子公司的设立及运营的重点问题及回复要点

报告期内，公司在海外新设立了三家海外子公司，请主办券商和律师就公司设立所履行的程序作进一步补充核查，并就以下事项发表明确意见：(1）子公司设立是否符合当时商务部门制定的规章及规范文件的规定；(2）子公司设立是否履行了必要的审批程序，是否合法、合规。

回复要点：

(1）查阅子公司设立时商务部门关于设立海外公司的相关规章及规范性文件来判断子公司设立是否符合当时商务部门制定的规章及规范性文件的规定。(2）根据现行法律要求，公司在海外设立子公司需取得商务部颁发的《企业境外投资证书》，外汇局颁发的《业务登记凭证》。

（五）关于海外销售及收入结转的重点问题及回复要点

1. 请主办券商、律师补充核查公司的海外销售及收入结转等是否合法合规，是否存在资金体外循环，是否存在挪用公司资金的情形，是否制定了后续的相关规范措施，并发表意见。

2. 请主办券商及律师对公司存在个人卡的情况是否符合“合法规范经营”的挂牌条件进行核查并发表意见。

回复要点：

1.（1）查询公司海外销售收入转入国内的具体流程。核查公司交易是否履行了报关及结汇手续，是否符合相关法律规定。(2）如果公司存在以个人信息设立的第三方支付平台账户进行收款的情况，需核实公司个人账户的收款流程及公司是否已建立良好的资金管理制度，以确保公司不存在与个人资金混淆及资金体外循环的情形。

2. 公司存在的个人卡情况如符合合法合规经营的要求，则应满足以下几个条件：个人卡情况的存在是合理的；公司制定了严格且有效的监控措施，保证资金流入公司账户，杜绝资金账外循环的情况；个人卡转入公司的收入已依法纳税。

（六）关于环保的重点问题及回复要点

结合《全国中小企业股份转让系统挂牌业务问答－关于挂牌条件适用若干问题的解答（一）》的规定，补充核查公司环保是否符合相关条件并对公司环保合法合规进行核查。

回复要点：

（1）依据现行有效的环保规范性文件，跨境电商行业不属于环保管理规范性文件界定的重污染行业。（2）如公司仅从事外贸进出口业务，则无须办理相关环评手续。如公司从事生产及外贸进出口双重业务，则公司需按照相应的环保规范性文件的要求，办理环评手续及排污许可证等。（3）公司在环保方面符合现有法律、法规和规范性文件的相关规定，在24个月内不存在因违反相关环保方面的法律、法规、规范性文件而被处罚的情形。

附：参考挂牌企业名录

序号	企业简称	证券代码（NEEQ）
1	傲基电商	834206
2	宝贝格子	834802
3	择尚科技	834101
4	百事泰	833663
5	软岛科技	836617

图书在版编目(CIP)数据

资本市场实务指引 / 泰和泰资本市场法律中心编
. -- 北京:法律出版社,2020
ISBN 978 - 7 - 5197 - 4496 - 0

Ⅰ. ①资… Ⅱ. ①泰… Ⅲ. ①资本市场－研究－中国
Ⅳ. ①F832.51

中国版本图书馆 CIP 数据核字(2020)第 075353 号

资本市场实务指引
ZIBEN SHICHANG SHIWU ZHIYIN

泰和泰资本市场法律中心 编

策划编辑 朱海波
责任编辑 朱海波 谢瑞忠
装帧设计 汪奇峰 臧晓飞

出版 法律出版社
总发行 中国法律图书有限公司
经销 新华书店
印刷 天津嘉恒印务有限公司
责任印制 吕亚莉

编辑统筹 法律应用出版分社
开本 710 毫米×1000 毫米 1/16
印张 15.5
字数 238 千
版本 2020 年 6 月第 1 版
印次 2020 年 6 月第 1 次印刷

法律出版社/北京市丰台区莲花池西里 7 号(100073)
网址/www.lawpress.com.cn
投稿邮箱/info@lawpress.com.cn
举报维权邮箱/jbwq@lawpress.com.cn
销售热线/400 - 660 - 8393
咨询电话/010 - 63939796

中国法律图书有限公司/北京市丰台区莲花池西里 7 号(100073)
全国各地中法图分、子公司销售电话:
统一销售客服/400 - 660 - 8393/6393
第一法律书店/010 - 83938432/8433 西安分公司/029 - 85330678 重庆分公司/023 - 67453036
上海分公司/021 - 62071639/1636 深圳分公司/0755 - 83072995

书号:ISBN 978 - 7 - 5197 - 4496 - 0
定价:58.00 元